10.24 0222

JN441916

성인학습 및 상담

전수경 · 장지은 · 이로미 · 이은주 · 장희선 · 박주희

KNOWLEDGE COMMUNITY 공동체

❙ 머리말 ❙

우리는 급변하는 사회 속에서 살고 있다. 기술 혁명, 글로벌화, 경제적 변화, 그리고 사회적 다양성은 인간의 삶에 깊은 영향을 미치고 있으며, 이에 따라 성인들이 계속해서 변화하는 환경에 적응하기 위해서는 지속적인 학습이 필요하다. 성인학습은 단순히 지식을 습득하는 것이 아니라 개인의 삶의 질을 향상시키고 사회적 참여를 증진시키며, 또한 자기실현의 기회를 제공하는 중요한 과정이다.

이 책은 성인학습과 상담의 관계를 깊이 이해하고자 하는 사람들을 위한 자료로, 성인학습의 필요성과 그에 따른 상담적 접근을 다룬다. 제1부에서는 성인학습의 이론적 배경과 주요 개념을 설명하며, 성인학습이 왜 중요한지, 성인학습자의 특성과 학습 이론, 그리고 성인기의 발달과 학습에 대해 다룬다. 각 장에서는 성인학습 이론과 관련된 다양한 연구와 사례를 소개하며, 성인학습이 실천적으로 어떻게 적용될 수 있는지를 구체적으로 논의한다.

제2부에서는 성인학습 상담에 대한 구체적인 실천적 접근을 제시한다. 성인학습 상담의 필요성과 방법, 상담자의 역량, 그리고 상담 실천의 과제까지 성인학습 상담의 다양한 측면을 다루며, 이를 통해 학습자와 상담자가 어떻게 협력하여 학습의 효과를 극대화할 수 있을지에 대한 깊은 통찰을 제공한다.

이 책은 성인학습의 중요성을 인식하고, 상담의 역할을 보다 잘 이해하려는 교육자, 상담자, 그리고 정책 입안자들에게 유익한 자료가 될 것이다. 이 책이 성인학습을 통해 삶의 질을 높이고자 하는 모든 이들에게 실천적인 도움을 줄 수 있기를 바란다.

각 분야의 전문가들이 함께 참여하여 성인학습과 상담에 대한 폭넓은 지식과 경험을 공유하는 이 책이 학문적 연구를 넘어 실제 교육과 상담 현장에서 실질적인 변화를 이끌어 내는 중요한 밑거름이 될 것이다.

이 책을 통해 성인학습과 상담의 중요성을 새롭게 인식하고, 더 나아가 지속가능한 학습 환경을 구축하는 데 도움이 되기를 기대한다.

2025년 5월

저자 일동

▌차 례▌

PART 02 성인학습 상담의 이해와 실천과제

PART 01

성인학습의 이해

01 CHAPTER 성인에게 학습이 왜 필요한가

1 성인학습의 필요성

성인학습은 현대 사회에서 매우 중요한 역할을 한다. 성인학습은 지속적인 전문성 개발을 위해 필요한데, 이는 성인이 자신의 직업 및 전문 분야에서 최신 지식을 유지하고, 새로운 기술을 습득하며, 직업적 성과를 극대화하기 위해 중요하다. 성인학습의 필요성은 다음과 같이 설명할 수 있다.

1) 신속한 기술 변화

현대 사회에서 기술은 빠르게 진화하고 있다. 이에 따라 성인은 지속적으로 새로운 기술을 배우고 기존 기술을 업데이트해야 한다. 이는 정보통신 기술(ICT)의 발전, 자동화, 인공지능(AI) 등의 분야에서 특히 중요하다(Billett, 2010). 예를 들어, 소프트웨어 개발자는 새로운 프로그래밍 언어와 툴을 지속적으로 학습해야 하며, 의료 전문가는 최신 의료 기술과 절차를 숙지해야 한다.

2) 고용 가능성 제고 및 경력 발전

성인학습은 개인의 고용 가능성을 높이는 데 중요한 역할을 한다. 새로운 기술을 습득하고 기존 기술을 향상시킴으로써 개인은 노동 시장에서 더 경쟁력 있는 후보가 될 수 있다(Merriam & Bierema, 2013). 또한 지속적인 전문성 개발은 경력 발전을 촉진하며, 이는 직무 만족도와 생산성 향상으로 이어진다. 예를 들어, 관리자는 최신 경영 기법을 학습함으로써 조직의 효율성을 극대화할 수 있다.

3) 조직 내 학습 문화 구축

조직 차원에서 성인학습을 장려하는 학습 문화를 구축하는 것이 중요하다. 이는 직원들이 지속적으로 학습하고 성장할 수 있는 환경을 조성하는 데 기여한다(Watkins & Marsick, 1993). 학습 문화는 직원들의 자율적 학습을 촉진하며, 팀 내 지식 공유와 협력을 증진시킨다. 이는 조직 전체의 혁신 능력을 강화한다.

4) 평생학습과 자기 주도 학습

성인학습은 평생학습의 일환으로서, 개인이 일생 동안 학습을 지속하는 것을 목표로 한다. 이는 자기 주도 학습(self-directed learning)을 통해 이루어진다(Knowles, 1975). 평생학습은 개인의 자아 실현과 자기 계발에 중요한 역할을 하며, 사회적 및 경제적 변화에 대응할 수 있는 능력을 길러준다.

5) 전문성 개발의 사회적 영향

성인학습을 통해 개인이 전문성을 개발하면, 이는 사회 전체에도 긍정적인 영향을 미친다. 예를 들어, 교육, 의료, 기술 등의 분야에서 전문성이 높은 인력이 늘어나면 전체 사회의 복지와 발전에 기여할 수 있다(Field, 2006).

6) 소득 증가

성인학습은 개인의 소득 잠재력을 향상시킨다. 교육 수준이 높을수록 평균 소득이 증가하는 경향이 있으며, 이는 다양한 연구 결과로 입증되었다(OECD,

2019). 학습을 통해 새로운 기술을 습득한 개인은 더 높은 급여를 제공하는 직업으로 이동할 가능성이 높아지며, 이는 경제적 안정과 삶의 질 향상으로 이어진다(Schultz, 1961).

7) 생산성 향상

성인학습은 노동자의 생산성을 향상시키는 데 기여한다. 지속적인 학습을 통해 최신 기술과 최선의 업무 방식을 습득한 노동자는 더 효율적이고 효과적으로 업무를 수행할 수 있다(Billett, 2010). 이는 조직 전체의 생산성을 높이며, 궁극적으로 경제 성장에 기여한다(Becker, 1993).

성인학습은 개인이 최신 기술과 지식을 습득하게 함으로써 생산성을 향상시킨다. 이는 특히 빠르게 변화하는 산업에서 중요한 역할을 한다. 예를 들어, 정보통신 기술 분야에서 성인학습을 통해 새로운 소프트웨어와 시스템을 익히는 것은 필수적이다(Billett, 2010). 또한 성인학습은 문제 해결 능력과 비판적 사고 능력을 증진시켜 개인이 보다 효율적으로 업무를 수행할 수 있도록 한다(Merriam & Bierema, 2013).

8) 경제적 혁신 촉진

성인학습은 경제적 혁신을 촉진하는 역할을 한다. 창의성과 문제 해결 능력을 향상시키며, 이는 새로운 제품과 서비스를 개발하는 데 기여한다(Freeman & Soete, 1997).

특히 기업가 정신과 관련된 학습 프로그램은 개인이 새로운 사업 기회를 탐색하고 성공적인 창업을 이끄는 데 도움을 준다(Henry, Hill, & Leitch, 2005). 성인학습은 경제 전반의 생산성을 향상시켜 경제 성장을 촉진한다. 이는 교육과 훈련을 통해 노동자의 기술 수준을 높이고, 이를 통해 생산성을 극대화함으로써 이루어진다(Becker, 1993). 예를 들어, OECD 국가들에서는 성인 교육과 훈련 프로그램을 통해 노동력의 기술 수준을 향상시키는 정책을 추진하고 있으며, 이는 경제 성장에 긍정적인 영향을 미치고 있다(OECD, 2019).

9) 사회적 불평등 감소

성인학습은 사회적 불평등을 감소시키는 데 기여할 수 있다. 교육 기회를 통해 저소득층이나 소외 계층의 경제적 지위가 향상될 수 있으며, 이는 사회 전체의 경제적 복지를 증진시킨다(Schutz, Ursprung, & Woessmann, 2008). 성인학습 프로그램은 다양한 배경의 사람들에게 접근 가능하게 제공되어야 하며, 이를 통해 더 포괄적인 경제 발전을 도모할 수 있다(UNESCO, 2016). 성인학습은 개인의 경제적 안정과 사회적 지위 향상을 통해 사회 전체의 복지를 증진시킨다. 이는 교육을 통해 취업 기회를 확대하고, 소득 격차를 줄이는 데 기여한다(Schultz, 1961). 또한 성인학습을 통해 개인의 자아 실현과 자기 계발이 이루어지며, 이는 전반적인 삶의 질을 향상시키는 결과를 가져온다(Field, 2006).

2 성인학습의 자기 계발 및 자아 실현

성인학습은 개인의 자기 계발과 자아 실현을 촉진하는 중요한 역할을 한다. 이는 개인의 삶의 질을 향상시키고 사회적 및 경제적 지위를 높이는 데 기여한다. 성인학습의 자기 계발 및 자아 실현에 대한 주요 학문적 논의를 살펴보면 다음과 같다.

1) 자기 계발의 중요성

자기 계발은 개인이 자신의 잠재력을 최대한 발휘하고 스스로를 성장시키는 과정을 의미한다. 성인학습은 이를 통해 개인이 새로운 지식과 기술을 습득하며 자신의 능력을 향상시키는 데 기여한다(Knowles, 1975). 성인학습을 통해 개인은 자기 효능감(self-efficacy)을 강화하고, 자신의 목표를 설정하며 이를 달성하는 과정에서 성취감을 느낄 수 있다(Bandura, 1997).

2) 자아 실현의 과정

자아 실현은 개인이 자신의 잠재력을 최대한 발휘하고, 자신의 능력과 가치를 인식하며, 스스로를 완전하게 실현하는 과정을 의미한다. 이는 매슬로우의 욕구 위계 이론에서 최상위 단계로 설명된다(Maslow, 1943). 성인학습은 자아 실현을 위한 중요한 도구로 작용한다. 개인은 학습을 통해 자신의 능력과 흥미를 탐색하고, 이를 통해 자신의 삶을 더욱 풍요롭게 만들 수 있다(Rogers, 1969).

3) 삶의 질 향상

성인학습은 개인의 삶의 질을 향상시키는 데 중요한 역할을 한다. 학습을 통해 개인은 더 나은 직업 기회를 얻고 경제적 안정성을 확보하며, 전반적인 삶의 만족도를 높일 수 있다(Schuller & Watson, 2009). 또한 성인학습은 개인의 정신적 · 정서적 건강을 증진시키며, 이는 전반적인 삶의 질 향상으로 이어진다(Field, 2006).

4) 사회적 참여 및 연대감 증진

성인학습은 개인이 사회적 참여를 증진시키고 더 큰 사회적 연대감을 느끼도록 돕는다. 이는 개인이 사회적 상호작용을 통해 새로운 인맥을 형성하고 커뮤니티에 기여하는 데 중요한 역할을 한다(Putnam, 2000). 사회적 참여는 개인의 자아 실현을 돕고 사회 전체의 결속력을 강화하는 데 기여한다(Brookfield, 1986).

5) 평생학습의 중요성

평생학습은 개인이 일생 동안 지속적으로 학습하고 성장하는 과정을 의미한다. 이는 성인학습의 중요한 측면으로, 개인의 자기 계발과 자아 실현을 위한 지속적인 동기를 제공한다(Jarvis, 2004). 평생학습을 통해 개인은 끊임없이 변화하는 사회와 경제 환경에 적응하며, 자신의 삶을 더욱 풍요롭게 만들 수 있다(Merriam & Bierema, 2013).

3 성인학습 관련 이론

성인학습은 사회적 상호작용과 네트워킹을 통해 개인과 사회 모두에 중요한 영향을 미친다. 이는 학습자가 다른 사람들과의 상호작용을 통해 지식을 공유하고, 새로운 관계를 형성하며, 사회적 자본을 구축하는 과정을 포함한다.

1) 사회적 학습 이론

앨버트 반두라(Albert Bandura)의 사회적 학습 이론은 사람들이 관찰과 모방을 통해 학습한다고 주장한다. 이는 성인학습자가 다른 사람의 행동을 관찰하고 이를 통해 새로운 지식과 기술을 습득하는 과정을 설명한다(Bandura, 1977).

사회적 상호작용은 학습 과정에서 중요한 역할을 하며, 이는 학습자가 상호작용을 통해 자신의 지식을 확장하고 적용할 수 있는 기회를 제공한다.

2) 상황 학습 이론

진 레이브(Jean Lave)와 에띠엔느 웬거(Etienne Wenger)의 상황 학습 이론은 학습이 실제 생활과 밀접한 상황 속에서 이루어진다고 주장한다. 이는 성인학습자가 실제 문제를 해결하면서 다른 사람들과 협력하고 지식을 습득하는 과정을 강조한다(Lave & Wenger, 1991).

상황 학습은 학습자가 사회적 상호작용을 통해 자신의 경험을 공유하고, 다른 사람의 경험을 통해 배울 수 있는 기회를 제공한다.

3) 네트워킹의 중요성

성인학습은 네트워킹을 통해 개인의 사회적 자본을 구축하는 데 기여한다. 사회적 자본은 개인이 사회적 네트워크를 통해 얻는 자원과 기회를 의미하며, 이는 직업적 성공과 사회적 지위 향상에 중요한 역할을 한다(Coleman, 1988).

성인학습자는 학습 과정에서 새로운 사람들과의 관계를 형성하고, 이를 통해 다양한 배경과 경험을 가진 사람들과의 상호작용을 통해 자신의 관점을 확장할 수 있다.

4) 학습 커뮤니티와 협력 학습

성인학습은 학습 커뮤니티를 형성하고 협력 학습을 촉진하는 데 중요한 역할을 한다. 학습 커뮤니티는 학습자들이 함께 학습하고 성장할 수 있는 환경을 제공하며, 이는 상호 지지와 협력을 통해 학습 효과를 극대화한다(Wenger, 1998).

협력 학습은 학습자들이 공동의 목표를 달성하기 위해 협력하고, 이를 통해 서로의 강점과 약점을 보완하며 학습을 촉진한다(Johnson & Johnson, 1999).

5) 평생학습과 사회적 통합

평생학습은 성인학습자가 일생 동안 지속적으로 학습하고 성장하는 과정을 의미하며, 이는 사회적 통합을 촉진하는 데 중요한 역할을 한다(Jarvis, 2004).

평생학습을 통해 성인학습자는 변화하는 사회와 경제 환경에 적응할 수 있으며, 이는 사회적 연대감을 강화하고 사회 전체의 복지에 기여한다(Field, 2006).

4 성인학습의 인지 기능 유지 및 강화

성인학습은 인지 기능 유지 및 강화를 위해 중요한 역할을 한다. 이는 학습을 통해 뇌를 지속적으로 자극하고 새로운 정보를 처리하며, 기존 지식을 강화하는 과정을 포함한다. 다음은 성인학습이 인지 기능에 미치는 영향에 대한 주요 학문적 논의들이다.

1) 뇌 가소성

뇌 가소성(neuroplasticity)은 뇌가 새로운 경험과 학습을 통해 구조와 기능을 변화시킬 수 있는 능력을 의미한다. 성인학습은 이러한 뇌 가소성을 촉진하여 인지 기능을 유지하고 강화하는 데 기여한다(Doidge, 2007).

성인학습을 통해 새로운 기술을 습득하거나 새로운 정보를 학습할 때 뇌의 신경 회로가 재구성되고 강화된다. 이는 뇌 건강을 유지하고 나이가 들어감에 따라 인지 기능 저하를 예방하는 데 도움을 준다(Kempermann, 2008).

2) 작업 기억과 학습

작업 기억은 정보 처리와 문제 해결 과정에서 중요한 역할을 한다. 성인학습은 작업 기억을 향상시키고, 이를 통해 복잡한 인지 과제를 효율적으로 수행할 수 있도록 한다(Baddeley, 2003).

예를 들어, 새로운 언어를 학습하거나 새로운 기술을 습득하는 과정에서 작업 기억을 지속적으로 사용하게 되며, 이는 작업 기억 용량을 확장하고 기능을 강화하는 데 기여한다(Ericsson & Kintsch, 1995).

3) 인지 유연성

인지 유연성은 다양한 인지 과제를 수행할 때 유연하게 사고하고 적응하는 능력을 의미한다. 성인학습은 인지 유연성을 향상시키며, 이는 변화하는 환경에 적응하고 새로운 문제를 해결하는 데 중요한 역할을 한다(Diamond, 2013).

성인학습을 통해 다양한 과제를 수행하고 새로운 정보를 처리함에 따라 인지 유연성이 강화되며, 이는 전반적인 인지 기능 향상에 기여한다(Miyake et al., 2000).

4) 기억력

성인학습은 장기 기억과 단기 기억을 모두 향상시키는 데 기여한다. 학습을 통해 새로운 정보를 반복적으로 처리하고 저장함으로써 기억력이 강화된다(Craik & Bialystok, 2006).

성인학습 활동은 기억력 유지에 중요한 역할을 하며, 이는 노화 과정에서 기억력 저하를 예방하는 데 도움이 된다(Nyberg et al., 2012).

5) 전반적인 뇌 건강

성인학습은 전반적인 뇌 건강을 유지하는 데 중요한 역할을 한다. 학습을 통해 뇌를 지속적으로 자극함으로써 신경 연결을 강화하고, 뇌의 기능적 능력을 유지할 수 있다(Greenwood & Parasuraman, 2010).

성인학습은 인지 기능 저하와 관련된 신경 퇴행성 질환의 발병 위험을 줄이는 데 기여할 수 있으며, 이는 전반적인 뇌 건강을 증진시킨다(Stern, 2012).

이상으로 성인학습이 필요한 이유를 다음 다섯 가지로 최종 정리할 수 있다.

- **지속적인 전문성 개발** : 급변하는 현대 사회에서는 새로운 기술과 지식을 습득하는 것이 필수적이다. 성인학습은 개인이 최신 정보와 기술을 습득하여 전문성을 유지하고, 변화하는 시장 요구에 적응하는 능력을 기르는 데 기여한다(Knowles, 1975).
- **경제적 이익** : 성인학습은 개인의 취업 가능성과 소득 잠재력을 향상시킨다. 학습을 통해 새로운 직업 기회를 얻고 경력 발전을 도모할 수 있으며, 이는 결국 경제적 안정과 성장으로 이어진다(Merriam & Caffarella, 1999).
- **자기 계발 및 자아 실현** : 성인학습은 개인의 자아 실현과 자기 계발에 중요한 역할을 한다. 학습을 통해 자신이 진정으로 원하는 것을 발견하고, 목표를 설정하며, 삶의 질을 향상시키는 데 도움이 된다(Mezirow, 1991).
- **사회적 상호작용 및 네트워킹** : 학습은 개인 간의 상호작용을 촉진하고, 새로운 인맥을 형성하는 데 도움을 준다. 이는 사회적 지지와 협력을 증진시키며 커뮤니티 형성에 기여한다(Brookfield, 1986).
- **인지 기능 유지 및 강화** : 학습은 뇌를 자극하고 인지 기능을 향상시키는 데 중요한 역할을 한다. 이는 노화 관련 인지 저하를 예방하고 전반적인 정신 건강을 유지하는 데 기여한다(Arnett, 2000).

연습문제

1. 성인들이 지속적인 학습을 통해 얻을 수 있는 가장 큰 이점은 무엇이라고 생각하나요? 이를 지원하는 구체적인 사례를 들어 설명하세요.

2. 성인학습의 필요성에 대해 반대 의견을 가진 사람의 입장을 상상해 보고, 그에 대한 반박 논리를 작성해 보세요.

참/고/문/헌

Bandura, A.(1977). *Social learning theory*. Prentice Hall.

Becker, G. S.(1993). *Human capital : A theoretical and empirical analysis, with special reference to education*. University of Chicago Press.

Billett, S.(2010). *Learning through practice : Models, traditions, orientations and approaches*. Springer.

Brookfield, S. D.(1986). *Understanding and facilitating adult learning*. McGraw-Hill Education.

Coleman, J. S.(1988). Social capital in the creation of human capital. *American Journal of Sociology, 94*, S95-S120.

Field, J.(2006). *Lifelong learning and the new educational order*. Trentham Books.

Freeman, C., & Soete, L.(1997). *The economics of industrial innovation*. MIT Press.

Henry, C., Hill, F., & Leitch, C.(2005). Entrepreneurship education and training : Can entrepreneurship be taught? Part I. *Education + Training, 47*(2), 98-111.

Jarvis, P.(2004). *Adult education and lifelong learning : Theory and practice*. Routledge.

Johnson, D. W., & Johnson, R. T.(1999). *Learning together and alone : Cooperative, competitive, and individualistic learning*. Allyn & Bacon.

Knowles, M. S.(1975). *Self-directed learning : A guide for learners and teachers*. Association Press.

Lave, J., & Wenger, E.(1991). *Situated learning : Legitimate peripheral participation*. Cambridge University Press.

Maslow, A. H.(1943). A theory of human motivation. *Psychological Review, 50*(4), 370-396.

Merriam, S. B., & Bierema, L. L.(2013). *Adult learning : Linking theory and practice*. John Wiley & Sons.

OECD(2019). *Education at a Glance 2019 : OECD Indicators*. OECD Publishing.

Putnam, R. D.(2000). *Bowling alone : The collapse and revival of American community*. Simon & Schuster.

Rogers, C. R.(1969). *Freedom to learn : A view of what education might become*. C. E. Merrill Pub. Co.

Schuller, T., & Watson, D.(2009). *Learning through life : Inquiry into the future for lifelong learning*. NIACE.

Schultz, T. W.(1961). Investment in human capital. *American Economic Review, 51*(1), 1-17.

Schutz, G., Ursprung, H. W., & Woessmann, L.(2008). Education policy and equality of opportunity. *CESifo Economic Studies, 54*(4), 589-618.

UNESCO(2016). 3rd Global Report on Adult Learning and Education : The impact of adult learning and education on health and well-being, employment and the labor market, and social, civic and community life. UNESCO Publishing.

Watkins, K. E., & Marsick, V. J.(1993). *Sculpting the learning organization : Lessons in the art and science of systemic change*. Jossey-Bass.

Wenger, E.(1998). *Communities of practic e : Learning, meaning, and identity*. Cambridge University Press.

02 CHAPTER

성인학습의 주요 이론

성인학습 이론은 성인이 학습하는 방식과 관련된 다양한 접근법을 포함하며, 이는 성인교육의 효과를 높이는 데 중요한 역할을 한다. 성인학습 주요 이론을 살펴보면 다음과 같다.

1 자기 주도 학습 이론

주요 학자 말콤 노울즈(Malcolm Knowles)

자기 주도 학습 이론은 성인이 학습 과정에서 주도적인 역할을 하며, 자신이 무엇을 배우고 싶은지, 어떻게 배울지를 스스로 결정한다고 본다. 이는 성인이 자신의 경험과 필요에 기반하여 학습 목표를 설정하고, 학습 자료와 방법을 선택하는 능력을 강조한다.

자기 주도 학습 이론(Self-Directed Learning Theory)은 말콤 노울즈(Malcolm Knowles)가 제안한 이론으로, 성인학습자들이 학습 과정에서 능동적인 역할을 하며, 학습 목표 설정, 학습 자료 선택, 학습 방법 결정 등을 스스로 주도하는 것을 강조한다. 이는 성인학습의 중요한 측면으로, 개인의 자율성과 책임감을 증진시키는 데 기여한다.

1) 이론의 배경 및 개요

노울즈는 성인학습이 아동학습과는 다르다고 주장하며, 성인학습의 특성을 설명하기 위해 자기 주도 학습 이론을 개발했다(Knowles, 1975). 이 이론은 성인이 학습 과정에서 주도적인 역할을 하며, 학습 경험을 통해 자율성과 독립성을 발휘한다고 설명한다.

자기 주도 학습은 학습자가 자신의 학습 목표를 설정하고, 이를 달성하기 위한 전략을 수립하며, 학습 과정에서 필요한 자원을 스스로 선택하는 것을 포함한다.

2) 자기 주도 학습의 요소

(1) 학습 준비성

성인은 학습을 통해 실생활 문제를 해결하고 자신의 목표를 달성하려는 동기가 높다. 학습 준비성은 학습자가 자신의 필요와 목표를 인식하고 이를 위해 학습을 계획하고 실행하는 능력을 의미한다(Tough, 1971).

(2) 학습 자원 선택

성인학습자는 다양한 학습 자원을 활용하여 자신의 학습 목표를 달성하려고 한다. 이는 책, 온라인 자료, 실습 경험 등 다양한 형태의 학습 자원을 포함하며, 학습자는 자신의 필요에 맞는 자원을 선택하고 활용한다(Brookfield, 1986).

(3) 자기 평가 및 피드백

자기 주도 학습에서는 학습자가 자신의 학습 과정을 주기적으로 평가하고, 필요한 경우 피드백을 통해 학습 전략을 수정하는 것이 중요하다. 이는 학습자가 스스로의 학습 효과를 모니터링하고 개선할 수 있는 기회를 제공한다(Knowles, 1984).

3) 자기 주도 학습의 이점

(1) 자율성과 독립성 증진

자기 주도 학습은 학습자의 자율성과 독립성을 증진시켜 자신의 학습 과정을 스스로 조절할 수 있는 능력을 키운다. 이는 성인이 자신의 학습 목표를 달성하는 데 중요한 역할을 한다(Garrison, 1997).

(2) 문제 해결 능력 향상

자기 주도 학습을 통해 성인은 실생활 문제를 해결하는 능력을 향상시킬 수 있다. 이는 학습자가 자신의 경험을 바탕으로 학습 전략을 수립하고, 이를 통해 문제를 해결하는 과정을 포함한다(Candy, 1991).

(3) 자기 효능감 강화

자기 주도 학습은 학습자의 자기 효능감을 강화하는 데 기여한다. 자기 효능감은 학습자가 자신의 능력을 신뢰하고, 학습 목표를 달성할 수 있다는 자신감을 의미한다(Bandura, 1997).

4) 교육적 적용

자기 주도 학습은 성인교육 프로그램에서 중요한 역할을 한다. 교육자는 학습자가 주도적으로 학습할 수 있는 환경을 조성하고 필요한 자원을 제공하며, 학습자가 자신의 학습 과정을 스스로 조절할 수 있도록 지원해야 한다(Tough, 1971).

또한 학습자는 자기 주도 학습 기술을 습득하고, 이를 통해 자신의 학습 목표를 달성할 수 있는 능력을 키워야 한다. 이는 평생학습을 위한 중요한 기반이 된다(Merriam & Caffarella, 1999).

2 변혁적 학습 이론

주요 학자 잭 메지로(Jack Mezirow)

변혁적 학습 이론은 성인이 기존의 관점과 신념을 재검토하고, 이를 통해 새로운 이해와 통찰을 얻는 과정을 설명한다. 이는 비판적 성찰과 대화를 통해 이루어지며, 개인의 변화와 성장을 촉진한다.

변혁적 학습 이론(Transformative Learning Theory)은 잭 메지로(Jack Mezirow)가 제안한 이론으로, 성인학습자가 자신의 기존 관점과 신념을 비판적으로 검토하고, 이를 통해 새로운 이해와 통찰을 얻는 과정을 설명한다. 이는 개인의 성장을 촉진하고 사회적 변화를 이끄는 중요한 역할을 한다.

1) 이론의 배경 및 개요

변혁적 학습 이론은 1978년 메지로가 미국성인교육학회(American Association for Adult and Continuing Education)에서 처음 제안한 이론이다(Mezirow, 1991). 이 이론은 성인학습자가 기존의 신념, 관점, 감정 등을 비판적으로 검토하고, 이를 통해 새로운 의미를 구성하는 과정을 설명한다.

변혁적 학습은 비판적 성찰(critical reflection)과 대화(dialogue)를 통해 이루어지며, 이는 학습자가 기존의 신념 체계를 재검토하고 새로운 이해를 형성하는 데 중요한 역할을 한다.

2) 주요 개념

(1) 의미 체계

의미 체계(meaning perspectives)는 개인이 세상을 이해하고 해석하는 방식으로, 이는 개인의 경험, 신념, 가치, 감정 등을 포함한다. 변혁적 학습은 이러한 의미 체계를 비판적으로 검토하고 재구성하는 과정이다(Mezirow, 2000).

(2) 비판적 성찰

비판적 성찰은 개인이 자신의 경험과 신념을 비판적으로 검토하고 이를 통해 새로운 통찰을 얻는 과정이다. 이는 변혁적 학습의 핵심 요소로, 학습자가 자신의 기존 관점을 재평가하고 변화시키는 데 중요한 역할을 한다(Brookfield, 1987).

(3) 대화

대화는 변혁적 학습 과정에서 중요한 역할을 하며, 학습자가 다른 사람들과 상호작용하고 토론을 통해 새로운 관점을 형성하는 데 도움을 준다. 이는 학습자가 자신의 신념을 검토하고 다양한 관점을 수용하는 과정을 포함한다(Mezirow, 1997).

3) 변혁적 학습의 단계

(1) 의문 제기

변혁적 학습은 학습자가 자신의 기존 신념과 관점에 의문을 제기하는 단계에서 시작된다. 이는 학습자가 새로운 경험이나 정보와 마주하며 발생할 수 있다(Mezirow, 1991).

(2) 비판적 성찰

학습자는 자신의 기존 신념과 관점을 비판적으로 검토하고, 이를 통해 새로운 의미를 구성하는 과정을 거친다. 이는 자신의 경험과 감정을 분석하고 재평가하는 단계이다(Cranton, 1994).

(3) 대화 및 협력

학습자는 다른 사람들과의 대화와 협력을 통해 자신의 신념을 검토하고 다양한 관점을 수용하게 된다. 이는 학습자가 새로운 관점을 형성하고 통합하는 데 도움을 준다(Taylor, 2008).

(4) 행동 변화

변혁적 학습은 학습자가 새로운 관점을 바탕으로 행동을 변화시키는 단계로 이어진다. 이는 학습자가 자신의 신념 체계를 재구성하고 이를 바탕으로 새로운 행동 방식을 채택하는 과정을 포함한다(Mezirow, 2000).

4) 교육적 적용

변혁적 학습 이론은 성인교육에서 중요한 역할을 한다. 교육자는 학습자가 비판적 성찰과 대화를 통해 자신의 신념을 검토하고 새로운 이해를 형성할 수 있도록 지원해야 한다(Brookfield, 2000).

또한 학습자는 자신의 경험과 신념을 비판적으로 검토하고 다양한 관점을 수용하는 능력을 키워야 한다. 이는 평생학습을 위한 중요한 기반이 된다(Merriam & Bierema, 2013).

3 경험 학습 이론

주요 학자 데이비드 콜브(David Kolb)

경험 학습 이론은 경험을 통해 학습이 이루어진다고 주장한다. 콜브의 모델은 구체적인 경험, 반성적 관찰, 추상적 개념화, 적극적 실험의 네 단계로 구성되며, 학습자는 이 단계를 순환하며 학습한다.

경험 학습 이론(Experiential Learning Theory)은 데이비드 콜브(David Kolb)가 제안한 이론으로, 학습이 경험을 통해 이루어진다는 개념을 중심으로 한다. 이 이론은 경험, 반성, 개념화, 실험의 네 가지 주요 단계를 포함하며, 학습자는 이 단계를 순환하면서 학습을 지속적으로 발전시킨다.

1) 이론의 배경 및 개요

경험 학습 이론은 콜브의 연구를 바탕으로 개발되었으며, 이는 학습자가 직접적인 경험을 통해 지식을 습득하고 이해하는 과정을 강조한다(Kolb, 1984). 콜브는 학습을 단순한 정보 전달이 아닌 학습자가 주도적으로 참여하여 경험을 통해 이해를 형성하는 과정으로 본다.

이 이론은 듀이(John Dewey)와 피아제(Jean Piaget)의 이론적 접근을 토대로 하고 있으며, 학습자가 경험을 통해 인지적, 감정적, 행동적 변화를 경험하는 과정을 설명한다.

2) 경험 학습의 주요 단계

경험 학습 이론은 다음의 네 가지 주요 단계로 구성된다.

① **구체적 경험**(Concrete Experience) : 학습자가 실제로 어떤 경험을 하는 단계이다. 이는 새로운 상황에 직면하거나 기존의 경험을 재해석하는 과정을 포함한다.

② **반성적 관찰**(Reflective Observation) : 학습자가 경험을 반성하고, 그 경험에서 무슨 일이 일어났는지 분석하는 단계이다. 이는 학습자가 자신의 경험을 비판적으로 검토하고 성찰하는 과정을 포함한다.

③ **추상적 개념화**(Abstract Conceptualization) : 학습자가 반성적 관찰을 바탕으로 새로운 개념을 형성하거나 기존의 개념을 수정하는 단계이다. 이는 이론적 틀을 구성하고, 이를 통해 경험을 이해하는 과정을 포함한다.

④ **적극적 실험**(Active Experimentation) : 학습자가 새롭게 형성한 개념을 실제 상황에 적용하고 실험하는 단계이다. 이는 학습자가 자신의 가설을 검증하고, 이를 통해 학습을 확장하는 과정을 포함한다.

이 네 가지 단계는 순환적 과정으로 이루어지며, 학습자는 이 단계를 반복하면서 경험을 통해 지속적으로 학습을 발전시킨다.

3) 학습 스타일

콜브는 학습자들이 각 단계에서 선호하는 학습 스타일이 다를 수 있음을 강조했다. 이에 따라 학습 스타일을 적응형, 발산형, 융합형, 조합형의 네 가지로 구분했다(Kolb, 1984).

① 적응형(Converging) : 추상적 개념화와 적극적 실험을 선호하며, 문제 해결에 강한 학습 스타일
② 발산형(Diverging) : 구체적 경험과 반성적 관찰을 선호하며, 창의적이고 감정적으로 풍부한 학습 스타일
③ 융합형(Assimilating) : 추상적 개념화와 반성적 관찰을 선호하며, 논리적이고 이론적인 학습 스타일
④ 조합형(Accommodating) : 구체적 경험과 적극적 실험을 선호하며, 실용적이고 행동 지향적인 학습 스타일

4) 교육적 적용

경험 학습 이론은 교육 현장에서 중요한 역할을 한다. 교육자는 학습자들이 실제 경험을 통해 학습할 수 있는 기회를 제공해야 하며, 이를 통해 학습자들이 자신만의 학습 스타일을 개발할 수 있도록 지원해야 한다(Merriam & Caffarella, 1999).

또한 교육자는 학습자가 네 가지 단계를 균형 있게 경험할 수 있도록 학습 활동을 설계해야 하며, 학습자들이 성찰과 개념화를 통해 자신의 경험을 효과적으로 이해하고 적용할 수 있도록 도와야 한다(Kolb & Kolb, 2005).

4 상황 학습 이론

주요 학자 진 레이브(Jean Lave), 에띠엔느 웬거(Etienne Wenger)
상황 학습 이론은 학습이 실제 생활과 밀접한 상황 속에서 이루어진다고 주장한다. 이는 학습이 사회적 상호작용과 문화적 맥락 안에서 이루어지며, 학습자가 실생활 문제를 해결하면서 지식을 습득한다고 강조한다.

상황 학습 이론(Situated Learning Theory)은 진 레이브(Jean Lave)와 에띠엔느 웬거(Etienne Wenger)가 제안한 이론으로, 학습이 실제 생활과 밀접한 상황 속에서 이루어진다는 개념을 중심으로 한다. 이는 학습자가 실제 문제를 해결하는 과정에서 지식을 습득하고, 사회적 상호작용을 통해 학습이 이루어진다고 설명한다.

1) 이론의 배경 및 개요

상황 학습 이론은 레이브와 웬거의 연구를 바탕으로 개발되었으며, 이는 학습자가 실제 생활과 밀접한 맥락에서 학습하는 과정을 강조한다(Lave & Wenger, 1991). 이 이론은 학습이 단순한 지식 전달이 아닌, 학습자가 실제 문제를 해결하고 경험을 통해 지식을 습득하는 과정으로 본다.

이 이론은 학습이 사회적 상호작용과 문화적 맥락에서 이루어진다고 주장하며, 학습자가 자신의 역할과 책임을 수행하면서 지식을 습득하는 과정을 설명한다.

2) 주요 개념

(1) 합법적 주변 참여(Legitimate Peripheral Participation)

학습자가 처음에는 주변적인 역할을 수행하면서 학습 커뮤니티에 참여하고, 점차적으로 중심적인 역할을 맡아가는 과정을 의미한다. 이는 학습자가 경험을 통해 점진적으로 지식을 습득하고 능력을 향상시키는 과정을 설명한다(Lave & Wenger, 1991).

(2) 학습 커뮤니티(Communities of Practice)

학습 커뮤니티는 공통의 관심사나 목표를 가진 사람들이 모여 지식을 공유하고 학습하는 그룹을 의미한다. 이는 학습자가 다른 사람들과의 상호작용을 통해 지식을 습득하고 자신의 역할을 수행하는 과정을 포함한다(Wenger, 1998).

3) 상황 학습의 요소

(1) 맥락(Context)

상황 학습 이론은 학습이 실제 생활의 맥락에서 이루어진다고 주장한다. 이는 학습자가 실제 문제를 해결하는 과정에서 지식을 습득하고, 이를 통해 자신의 경험을 확장하는 과정을 설명한다(Brown, Collins, & Duguid, 1989).

(2) 사회적 상호작용(Social Interaction)

상황 학습은 학습자가 다른 사람들과의 상호작용을 통해 학습하는 과정을 강조한다. 이는 협력적 학습과 지식 공유를 통해 학습자가 자신의 경험을 풍부하게 만드는 데 기여한다(Vygotsky, 1978).

(3) 실천(Practice)

학습자는 실제 생활의 문제를 해결하는 과정을 통해 지식을 습득한다. 이는 학습자가 자신의 경험을 바탕으로 실천을 통해 지식을 내재화하는 과정을 포함한다(Rogoff, 1990).

4) 교육적 적용

상황 학습 이론은 교육 현장에서 중요한 역할을 한다. 교육자는 학습자가 실제 문제를 해결할 수 있는 기회를 제공하고, 이를 통해 학습자가 실제 상황에서 지식을 습득할 수 있도록 지원해야 한다(Herrington & Oliver, 2000).

5 사회적 학습 이론

주요 학자 앨버트 반두라(Albert Bandura)
사회적 학습 이론은 사람들이 관찰과 모방을 통해 학습한다고 주장한다. 이는 개인이 다른 사람의 행동을 관찰하고, 이를 통해 새로운 지식과 기술을 습득하는 과정을 설명한다.

사회적 학습 이론(Social Learning Theory)은 앨버트 반두라(Albert Bandura)가 제안한 이론으로, 사람들이 다른 사람들의 행동을 관찰하고 모방하며 학습하는 과정을 중심으로 한다. 이 이론은 학습이 단순한 행동 변화뿐만 아니라 인지적 과정과 사회적 상호작용을 통해 이루어진다고 설명한다.

1) 이론의 배경 및 개요

사회적 학습 이론은 1960년대 반두라에 의해 개발되었으며, 이는 행동주의 이론의 한계를 극복하고자 하는 노력의 일환으로 제안되었다(Bandura, 1977). 반두라는 사람들이 단순히 보상과 처벌에 의해 학습되는 것이 아니라 다른 사람들의 행동을 관찰하고 이를 모방함으로써 학습할 수 있다고 주장했다.

이 이론은 학습이 관찰, 모방, 모델링을 통해 이루어진다고 설명하며, 인지적 과정과 사회적 상호작용이 학습에 중요한 역할을 한다고 본다.

2) 주요 개념

(1) 모델링

모델링(modeling)은 학습자가 다른 사람의 행동을 관찰하고 이를 모방하는 과정을 의미한다. 이는 학습자가 모델의 행동을 관찰하고 이를 통해 새로운 행동을 학습하거나 기존의 행동을 수정하는 과정을 포함한다(Bandura, 1986).

(2) 관찰 학습

관찰 학습(observational learning)은 학습자가 다른 사람의 행동을 관찰하고 이를 통해 학습하는 과정을 설명한다. 이는 학습자가 직접 경험하지 않고도 다른 사람의 행동과 그 결과를 통해 학습할 수 있는 능력을 의미한다(Bandura, 1977).

(3) 자기 효능감

자기 효능감(self-efficacy)은 개인이 특정 상황에서 성공적으로 행동할 수 있다는 믿음을 의미한다. 반두라는 자기 효능감이 학습자의 동기와 성과에 중요한 영향을 미친다고 강조했다(Bandura, 1997).

3) 사회적 학습의 과정

(1) 주의집중

학습자는 모델의 행동을 관찰하기 위해 주의를 집중해야 한다. 모델의 행동이 흥미롭거나 중요하다고 느껴질 때 주의집중(attention)이 잘 이루어진다.

(2) 기억

학습자는 모델의 행동을 기억(retention)하고 저장해야 한다. 이는 학습자가 관찰한 행동을 나중에 재현할 수 있도록 인지적으로 처리하는 과정을 포함한다.

(3) 재현

학습자는 모델의 행동을 실제로 재현(reproduction)해야 한다. 이는 학습자가 기억한 행동을 실행할 수 있는 신체적 및 인지적 능력을 포함한다.

(4) 동기

학습자는 모델의 행동을 재현할 동기(motivation)가 있어야 한다. 이는 보상과 처벌, 자기 효능감, 사회적 인정 등의 요소에 의해 영향을 받는다(Bandura, 1986).

4) 교육적 적용

사회적 학습 이론은 교육 현장에서 중요한 역할을 한다. 교육자는 학습자가 모델의 행동을 관찰하고 모방할 수 있는 기회를 제공해야 하며, 긍정적인 모델을 제시해야 한다(Schunk, 1987).

또한 학습자가 자기 효능감을 강화할 수 있도록 지원해야 하며, 이를 통해 학습자가 자신감을 가지고 새로운 행동을 학습할 수 있도록 도와야 한다. 이는 피드백과 칭찬을 통해 이루어질 수 있다(Zimmerman, 2000).

연습문제

1. 노울즈(Malcolm Knowles)의 '자기 주도 학습(Self-Directed Learning)'의 핵심 개념을 설명하고, 이를 실생활에서 어떻게 적용할 수 있을지 예시를 들어보세요.

2. 반두라(Albert Bandura)의 '사회적 학습 이론(Social Learning Theory)'에 따르면, 성인은 관찰을 통해 학습한다고 합니다. 이 이론의 주요 요소와 원칙을 설명하고, 성인학습자가 이러한 방법을 통해 학습하는 상황을 예시로 들어보세요.

참/고/문/헌

Bandura, A.(1977). *Social learning theory*. Prentice Hall.

Brookfield, S. D.(1987). *Developing critical thinkers : Challenging adults to explore alternative ways of thinking and acting*. Jossey-Bass.

Candy, P. C.(1991). *Self-direction for lifelong learning : A comprehensive guide to theory and practice*. Jossey-Bass.

Cranton, P.(1994). *Understanding and promoting transformative learning : A guide for educators of adults*. Jossey-Bass.

Garrison, D. R.(1997). Self-directed learning : Toward a comprehensive model. *Adult Education Quarterly, 48*(1), 18-33.

Knowles, M. S.(1975). *Self-directed learning : A guide for learners and teachers*. Association Press.

Kolb, D. A.(1984). *Experiential learning : Experience as the source of learning and development*. Prentice Hall.

Lave, J., & Wenger, E.(1991). *Situated learning : Legitimate peripheral participation*. Cambridge University Press.

Merriam, S. B., & Bierema, L. L.(2013). *Adult learning : Linking theory and practice*. John Wiley & Sons.

Merriam, S. B., & Caffarella, R. S.(1999). *Learning in adulthood : A comprehensive guide*. Jossey-Bass.

Mezirow, J.(1991). *Transformative dimensions of adult learning*. Jossey-Bass.

Rogers, C. R.(1969). *Freedom to learn : A view of what education might become*. C. E. Merrill Pub. Co.

Tough, A.(1971). *The adult's learning projects : A fresh approach to theory and practice in adult learning*. Ontario Institute for Studies in Education.

Vygotsky, L. S.(1978). *Mind in society: The development of higher psychological processes*. Harvard University Press.

Wenger, E.(1998). *Communities of practice : Learning, meaning, and identity*. Cambridge University Press.

03 CHAPTER

안드라고지의 이해와 실천

1 성인학습 이론으로서의 안드라고지

'성인'이라는 집단은 유아기, 아동기, 청소년기를 거치며 서로 다른 경험을 쌓아온 사람들을 포괄하기에 이들의 학습을 보편적으로 설명할 수 있는 이론에는 상당한 폭과 깊이가 요구된다. 성인학습 이론은 학교교육과 직업교육을 포함하여 다양한 배경과 경험을 가진 성인이 참여하는 모든 조직적인 교육활동을 뜻하는 성인교육(adult education)의 바탕이 되며, 일생을 통해 계속되는 평생학습(lifelong learning)과도 의미 있는 접점을 가짐으로써 학습에 대한 이론과 지식 중 특별한 위치를 차지하고 있다.

무엇보다도 성인학습 이론은 이러한 교육활동을 성인에게 계획하고 제공하는 데 중요하게 활용된다. 미국의 성인교육학자인 말콤 노울즈(Malcolm Knowles)는 '왜 학습이론을 탐구해야 하는가?'라는 질문에 '학습이론을 이해한다면 학습자의 학습 경험에 대한 보다 나은 이해를 하게 되고, 이에 근거를 둔 의사결정을 할 수 있음은 물론, 바람직한 결과를 얻게 될 것이기 때문'이라고 대답한 바 있다(Knowles et al., 2005 : 10). 19세기부터 심리학의 주도로 학습이론들이 큰 반향을 얻은 이후, 1970년대 이래로 성인을 대상으로 한 학습 및 성인학습에 관한 경험적 연구들이 크게 증가한 결과 성인학습 이론은 학습이론의 영역에 본격적으로 그 이름을 올리게 된다. 성인은 자율적이며 삶의 경험을 학습 과정에 통합하는 능력을 갖추고 있으므로 성인의 이런 특성은 학령기 아동이나 청소년 학습자와는 많이 다르다는 가정을 가진 성인학습 이론들이 주목을 받기 시작한 것이다. 이들 이론 중 가장 유명세를 치르며 확산된 이론이 바로 노울즈가 제시한 안드라고지(andragogy)이다.

2 안드라고지의 역사

사실 노울즈가 '안드라고지'라는 용어를 처음 사용한 학자는 아니다. 독일에서 고등학교 교사인 알렉산더 캅(Alexander Kapp)이 1833년 성인의 학습이론을 일컫는 말로 처음 사용하였지만 잘 알려지지 않았고 이후 오랫동안 잊혀졌다. 그러다가 미국의 교육학자 에드워드 린드만(Edward Lindeman)이 미국에 소개하면서 '성인을 가르치는 핵심 방법(a key method for teaching adults)'으로 설명했다고 알려져 있다(Henschke, 2011). 성인의 학습을 설명하는 이론으로서의 '안드라고지'라는 용어를 처음 사용한 사람이나 시기, 그리고 역사에 대해서는 이러저러한 다른 설명들도 존재한다. 그러나 한 가지 확실한 사실은 노울즈가 1968년 '페다고지가 아니라 안드라고지(Androgogy, Not Pedagogy)'라는 글을 낸 것이 많은 주목을 받은 이후 사실상 그가 '안드라고지의 학자'로 자리매김하게 된 일이다.[1]

여기서 논문 제목상 뚜렷하게 대비되는 두 개념으로 제시된 '안드라고지(andragogy)'와 '페다고지(pedagogy)'는 성인의 교육학, 그리고 아동의 교육학을 뜻하는 것으로 각각 소개되었다. '교육학'을 영어로 번역하면 '페다고지'라는 단어가 '에듀케이션(education)'보다 먼저 나오기도 한다. 그만큼 교육학은 과거 글자 그대로 '아동의 교육'을 지칭했다. '페다고지'는 그리스어 접두어로 '어린아이'를 뜻하는 'paid(파이드)'에 '~의 지도자'라는 뜻의 'agogos(아고고스)'

1 여기에서 노울즈는 철자를 androgogy라고 썼지만 이후 정정하였다.

를 붙여 만든 단어이다. 반면 'andros(안드로스)'라는 그리스어 어원은 '성인'이다. 자연스럽게 페다고지는 교사에게 거의 모든 결정권과 책임이 부여된 교사 주도적 교육으로, 그리고 안드라고지는 자신의 교육과 학습에 상당한 결정권과 책임을 가지고 있는 성인의 교육으로 이해될 수 있다. 그런데 여기에서 이해를 멈춘다면 자칫 '수박 겉핥기'가 될 수 있다. 사실 안드라고지는 학자들과 실천가들의 수많은 논쟁을 통해 성장한 이론으로서, 그 과정과 결과를 좀 더 들여다볼 필요가 있다.

3 안드라고지와 구성주의

노울즈는 자신이 내세운 안드라고지를 '성인학습의 총체적인 이론(comprehensive theory of adult learning)'이라고 명명하였다. 과거 학습에 대한 가장 일반적인 정의는 '인간 행동의 변화'였으며 여기에는 짐작할 수 있듯 행동주의(behaviorism)의 영향이 강력하게 나타나 있다. 예를 들어 보자. 아동에게 바람직한 행동을 습득하게 하는 방법으로서의 긍정적 및 부정적 강화(예 칭찬과 벌)는 교육학을 전공하는 학생들이 지금도 가장 먼저 배우는 학습이론일 것이다. 그러나 학습에 대한 이러한 행동주의적 설명은 학습자가 의미를 구성하고 경험을 해석하는 과정과 그 결과에 대해서는 설명력이 약할 수밖에 없다. 노울즈는 행동주의에서 벗어나는 교육적 사고의 전환을 강조한 학자들 중 하나였다.

노울즈는 학습에 가장 중요한 것은 '세계에 대한 개인의 경험'이라고 보았다. 따라서 학습은 외부에 독립적으로 미리 존재하는 어떤 세상을 '발견'하는 것이 아니라 학습자가 스스로 세계와의 경험을 통해 의미를 '구성'하는 것이라는 구성주의(constructivism)의 입장을 취했다. 따라서 학습은 객관적이기보다는 주관적이며, 개인이 받아들인 지식의 해석과 통합에 중점을 둔다. 따라서 구성주의 관점으로 보면 학습자는 환경으로부터 지식을 수동적으로 받아들이는 것이 아니다. 즉, 학습은 학습자가 외부 세계를 관찰하고 이해해서 그것을 보기 좋게 제시하는 과정이 아니라 학습자가 경험을 바탕으로 스스로, 그리고 적극적으로 의미를 만들어 가는(meaning making) 과정이다.

4 안드라고지의 여섯 가정

학습자로서 성인의 특성에 대한 노울즈의 가정(假定)은 안드라고지의 핵심을 형성한다. 성인학습 이론으로서의 안드라고지는 자기개념, 사전경험, 학습 준비성, 학습 지향성, 학습 동기, 그리고 마지막으로 학습 필요성에 대한 여섯 가지 가정을 가지고 있다. 이를 하나씩 검토해 보자(Knowles et al., 2005).

1) 성인의 자기개념(Concept of the Learner)

성인은 자신의 삶에 대한 책임을 크게 느끼므로 이에 의거하여 의사결정을 한다. 그래서 이들은 학습에 있어서도 자기 주도적일 수 있으며, 시간이 갈수록 점진적으로 더 자기 주도적이 될 수 있다고 가정된다.

2) 사전경험(Role of Learners' Experience)

성인들은 상대적으로 살아온 기간이 아동보다 길기 때문에 이들보다 양적으로 더 많고 질적으로도 색다른 경험을 가지고 교육에 참여한다. 따라서 이들의 경험은 학습의 풍성한 자원으로 작용할 수 있다고 가정된다.

3) 학습 준비성(Readiness to Learn)

성인은 삶 속의 다양한 일들과 문제들로 인해 발전하는 존재이다. 그래서 그들은 실제 삶의 상황에 더 효과적으로 대응하기 위해 그들이 할 수 있는, 그리고 알아야 할 필요가 있는 것들을 학습할 준비가 되어 있다고 가정된다.

4) 학습 지향성(Orientation to Learning)

성인의 삶은 다분히 생활 중심, 과업 중심, 또는 문제 중심적이므로 학습도 이에 연결되어 발생하게 된다고 가정된다. 따라서 성인의 학습은 직무나 일상 속의 문제를 기반으로 하는 경우가 많은데, 이는 아동들과 청소년들의 학습에 대한 과목 중심의 관심과는 대조적이다.

5) 학습 동기(Motivation)

성인은 내재적 동기와 호기심으로 인해 학습한다고 가정된다. 이들은 더 좋은 직업, 승진, 더 높은 급여 등과 같은 일부 외적인 동기유발 요소들에도 반응하지만 가장 강력한 동기유발 요소는 더 높은 직업 만족도, 자부심, 삶의 질 같은 내적인 욕구에 더 잘 끌리는 존재이다.

6) 학습 필요성(The Need to Know)

성인은 무엇인가를 학습하기 이전에 왜 그것을 배워야 하는가를 알아야 한다고 가정된다. 따라서 학습 촉진자(facilitator)는 학습자가 학습 필요성을 스스로 찾아내도록 도와야 하고, 그 연장선상에서 현재 지점과 목표 지점 간의 차이를 찾아내는 데에도 지원을 아끼지 말아야 한다.

노울즈는 처음에는 네 가지의 가정을 제시하였으나 이내 학습 동기와 학습 필요성 두 가지를 추가하였다. 다섯 번째 가정인 학습 동기는 1984년, 여섯 번째 가정인 학습 필요성은 1990년에 추가되었다(Knowles, 1990). 안드라고지는 이런 시간의 숙성을 거치며 보완되었으며 이 과정에서 많은 학자들의 논의 또는 논란을 촉발하면서 단단해졌다.

5 안드라고지와 페다고지

제시한 바와 같이 노울즈가 초기에는 주로 아동과 성인의 차이에 근거하여 성인만의 학습이론을 수립하려고 했다는 점은 많이 알려져 있다. 그래서 성인들을 위한 독점적인 교육학적 접근으로서의 이론을 '안드라고지'로 명명하고 기존의 페다고지와 대비해서 설명해 보려 한 것이다.

이런 식의 대비 중심의 관점은 서로의 차이에 근거하여 뚜렷하게 이해할 수 있는 장점이 있을 뿐만 아니라 상식적인 차원에서도 쉽게 받아들여져 많은 학자 및 실천가들의 호응을 얻었다. 예를 들어, 미국의 교육심리학자인 조지 영(George D. Yonge)은 교수자 역할과 관련하여 안드라고지와 페다고지의 핵심 원칙을 세 가지로 설명하였다(Yonge, 1985). 그는 성인은 자기 주도적 학습을 실현하는 사람으로 학습 목표와 과정을 스스로 선택하고 설계한다고 보았다. 또한 성인에게는 이전의 경험이 학습의 중요한 자원으로 활용되므로 그의 학습은 기존의 지식과 경험을 바탕으로 이루어지며 새로운 지식은 이를 보완한다고 했다. 또한 성인의 학습은 학습자의 필요와 목표가 중심이 되며, 개인적인 필요나 관심사와 밀접하게 연관되어 있고 실질적인 문제 해결과 직접적인 응용에 초점이 맞춰져 있다고 하였다. 이에 비해 페다고지는 주로 나이 어린 학습자를 대상으로 하며, 교사의 지도가 중심 역할을 한다고 보았다. 이 접근법은 학습자가 교사의 지시를 통해 점진적으로 학습을 이루는 것으로서, 핵심원칙 역시 교사 주도(teacher-directed learning)의 체계적이고 점진적인 지식 전달을 표방한다. 영이 제시한 안드라고지와 페다고지의 특성은 이상의 대비되는 요소를 바탕으로 다음 〈표 3-1〉과 같이 나타낼 수 있다.

〈표 3-1〉 페다고지와 안드라고지의 비교

구 분	페다고지	안드라고지
학습자와 교사의 역할	학습자는 수동적 수용자이며 교사는 지시자 역할	학습자는 능동적 참여자이며 교사는 조력자 역할
학습의 초점	지식의 체계적 전달과 기본 개념 이해	실제 문제 해결과 개인의 필요에 기반한 학습
학습 환경	구조화되고 지시적인 환경	협력적이고 자율적인 환경

출처 : Yonge(1985).

영은 이렇게 안드라고지와 페다고지를 교육과 학습 면에서 가장 자주 비교되는 두 가지 접근법으로 보면서, 이 두 이론이 무엇보다도 학습자가 자신의 목표를 달성하도록 돕는 교수자의 '동반(accompaniment)'의 개념에서 대비된다고 설명한다. 즉, 페다고지와 안드라고지 모두 학습자가 자신의 잠재력을 실현할 수 있도록 돕는 교수자의 역할을 가정하지만, 연령이나 경험, 또는 자율성의 수준에 따라 '동반의 방식'에서 차이가 난다는 것이다.

우선 안드라고지에서의 동반은 교수자가 학습자로 하여금 자신의 학습경로를 스스로 설정하고 주도할 수 있도록 지원하는 방식을 띤다. 따라서 교수자는 조력자로서 학습자의 자율성과 독립성을 존중하며 학습자가 자신의 경험을 통해 의미를 구축하도록 돕는다. 이 접근법은 성인의 고유한 학습 방식과 경험을 중심으로 이루어진다. 따라서 학습자는 스스로 목표를 설정하고 학습 방향을 주도하는 한편, 교수자는 학습자를 지원하고 자원을 제공하며 피드백을 통해 학습자의 자기 주도적인 학습을 돕는 역할을 한다.

반면 페다고지에서의 동반은 학습자가 아직 학습을 독립적으로 주도할 수 있는 능력이 충분하지 않으므로 교수자(주로 교사)가 이들에게 명확한 지시와 구체적인 방향을 제시하는 역할을 한다. 즉, 교사는 아동이 학습 목표를 달성할 수 있도록 체계적으로 계획된 교육 과정을 마련하고, 학습자는 이것을 교수자의 지시를 따라 점진적으로 학습하며, 교수자는 학습자의 이해도를 평가하고 필요에 따라 교육적 지침을 제공한다.

이렇게 안드라고지와 페다고지는 교수자 역할을 중심으로 볼 때 교수자의 서로 다른 역량을 강조한다. 안드라고지와 페다고지의 교수자는 각자의 방식으로 학습자와 동반자 관계를 형성하는데, 안드라고지의 교수자가 학습자의 자율성과 독립성을 강조하며 지원하는 역할을 한다면, 페다고지의 교수자는 학습자의 발달 수준에 맞춰 주도적으로 이끌고 학습자의 능력을 점진적으로 키워주는 역할을 맡는다고 보았다.

이렇게 페다고지와 분명히 구분되는 설명은 안드라고지에 대한 뜨거운 관심을 불러일으켰다. 그러나 양자 간 뚜렷하게 대비되는 특성을 부각하는 설명은 논란을 불러오기에도 충분했다. 즉, 두 접근법이 과연 아동·청소년과 성인의 학습에 나타나는 차이인지에 대해 많은 학자들이 문제를 제기해 온 것이다.

처음에 노울즈는 페다고지와 안드라고지를 완전히 구분하는 입장을 취했다. 그러나 논란이 거세지자 처음에 붙였던 'pedagogy vs. andragogy'라는 '대비'를 강조한 제목(Knowles, 1970)을 후에는 'pedagogy to andragogy'라는 연속선상 이행의 의미로 수정하게 된다(Knowles, 1980). 결국 노울즈는 두 이론을 '교수자 중심 교육'에서 '학습자 중심 교육'에 이르는 연속적인 차원 속 구별 가능한 두 가지 이론으로 보아야 한다는 결론에 이르게 된다. 즉, 페다고지와 안드라고지는 각각 아동과 성인의 교육학이기보다는 상황에 따라 성인과 아동 모두에게 적용 가능한 접근법이 될 수 있다고 하면서, 자신이 초기에 제시했던 이분법적 사고를 폐기하였다. 예를 들면, 성인학습자가 특정 교육 내용에 대해 사전 지식이나 경험이 없거나 적을 경우에는 페다고지가 영향력을 발휘할 수 있는 반면, 아동학습자가 학교 밖의 학습활동에 자연스럽게 호기심을 갖고 스스로 학습하려는 성향이 강할 경우 안드라고지가 유용할 수 있다. 즉, 학습자 개인의 특성에 따라 하나의 스펙트럼상에 다양하게 나타날 수 있다는 것이다.

이렇게 페다고지와 안드라고지의 관계에 대한 논의를 이분법론(dichotomy) 또는 연속체론(continuum)으로 정리할 수 있다. 여기에 안드라고지와 페다고지를 양 축으로 놓는 직교론적(orthogonal) 관계로 보는 관점도 일부 지지를 얻고 있어 모두 세 가지로 정리하기도 한다(차갑부, 1998). 연속론적 관계에서는 어떤 학습자가 페다고지적 성향이 덜할수록 안드라고지적 성향이 더하다는 의미로 1차원적이지만, 직교론적 관계는 한 개인에 있어 한 면은 안드라고지, 다른 한 면은 페다고지와 경계를 이루는 2차원적 공간을 구성하며, 학습자의 성숙도(learner maturity)에 따라 교수적 전략이 다르게 적용되어야 하는 여러 단계가 나타난다.

6 안드라고지에 대한 환호와 비판

평생학습 사회를 표방하며 성인학습에 대한 관심이 폭증하고 있는 현재, 노울즈가 말한 자기 주도적, 경험적, 문제 중심적 학습 접근 원칙들은 성인의 학습에 지대한 영향을 끼쳤다는 평가를 받고 있다. 성인이 일과 여가, 그리고 자아실현을 위한 학습 등이 다양하게 펼쳐지는 성인학습의 현장에서 안드라고지는 여전한 '현역'이다. 이러한 안드라고지는 개인을 교육의 중심에 두는 학습이론으로서, 한 사람의 학습은 자신의 잠재력을 실현하기 위한 성장으로 이어져야 한다는 믿음, 자율성과 자기 주도가 개인의 성취를 달성할 수 있다는 믿음은 민주주의의 이상과 의미 있는 접점을 갖는다(Knowles et al., 2005).

결과적으로 안드라고지는 성인의 학습을 잘 설명하였으며 학습자로서의 성인의 특성이 유효하게 반영되어야 하는 정책과 사업, 그리고 교육 프로그램이 진행되는 성인 대상의 각종 평생교육 현장에서 학습자가 원하는 효과적인 학습 경험을 제공하는 데 여전히 왕성한 역할을 하고 있다. 많은 학자들은 논란에도 불구하고 안드라고지를 옹호한다. 학습자에게 초점을 맞추고 존중하며, 학습자가 선호하는 방법을 통해 학습을 개선할 수 있다는 주장이 안드라고지의 매력이라는 점을 내세우며 안드라고지가 모든 성인교육 이론 중 가장 학습자 중심적임을 인정하고 있다(Houle, 1996; Henschke, 2011).

그러나 한편 안드라고지만큼 강력한 이의제기에 부딪힌 학습이론도 드물 것이다. 가장 큰 논란은 앞서 거론한 페다고지와의 비교에 대한 다양한 견해와의 충돌이라고 할 수 있다. 미국의 성인교육학자 파트리샤 크로스(Patricia Cross)는 안드라고지의 초기 모습을 비판하면서 안드라고지가 페다고지와 대비되는 가정들로 구성되어 있지만 그것들이 페다고지보다 우월하다는 것도, 그리고 성인들에게만 적합한 것도 아니라고 했다(Cross, 1981; 차갑부, 1998). 크로스는 페다고지에서 안드라고지로 이어지는 '연속선'이라는 것은 사실상 존재할 수 없다고 보았다. 또한 교과 중심 학습과 문제 중심 학습은 일종의 대립적인 학습 성향을 나타내므로 연속적인 학습 성향으로 고려할 수 없다고도 하였다. 즉, 인간은 성숙함에 따라 학습에 활용할 경험을 점차적으로 축적해 나가지만, 교과 중심 학습과 문제 중심 학습은 실제 학습 상황에서 학습자에 따라 다르게 선호되기 때문이다(배을규, 2006 : 150).

이에 더해 안드라고지에는 성인교육의 철학적 기초가 결여되어 있다는 비판이 있다. 이를테면 사회의 계층적 또는 착취적 구조에 도전한 적이 없는, 개인주의적이고 기업가적인 이상으로 가득 차 결국 중산층의 관심만을 대변한다는 것이다(Pratt, 1993). 그러나 노울즈는 안드라고지를 통해 자연스럽게 자기실현을 이루는 과정이 결국 민주적 시민사회를 촉진할 것이라고 믿었다. 그러나 그는 개인의 성장과 자기실현을 중시하는 것을 중요하게 생각한 것과는 다르게 사회구조를 비판하거나 변화시키는 데는 큰 관심을 두지 않았다. 다시 말하면 노울즈의 접근법은 사회적 변화를 성인학습의 부수적 결과로 간주하며 주요 목표로 삼지 않는다고 볼 수 있다. 따라서 안드라고지는 사회적 불평등이나 권력구조에 도전하거나 이를 변화시키지 못한다는 비판이 가능하게 된다.

노울즈는 이런 비판을 인정하고 일부 받아들이기는 했지만 안드라고지가 사회변화와 비판이론 등을 반드시 포함해야 하는 것은 아니라고 항변하기도 했다. 심지어 비판철학적 관점은 성인학습의 특별한 형태에 관심을 가진 하위 분야일 뿐이라고 주장하기도 했다. 그러면서 자신의 안드라고지는 인본적

(人本的)이고 실용적(實用的)인 철학에 뿌리를 두고 있고, 이런 인본주의 관점은 주로 개인의 자아실현에 관심을 둔다는 점을 명확히 하고 있다(Knowles et al., 2005). 교육의 역할은 사람들이 변화할 수 있는 역량을 키우는 것이지 정의된 변화를 직접 만들어 내는 것이 아니라고 강조한 것이다(Pratt, 1993). 그러나 사회적 변화에 대한 기여보다는 개인의 성장에 우선순위를 둔 점은 비판이 존재할 수 있다(Henschke, 2011).

이 외에도 영국의 성인교육학자인 피터 자비스(Peter Jarvis)는 안드라고지가 성인교육에서 교리(教理)에 가까운 지위로 상승하기는 했지만 이런 위치를 정당화할 만한 충분한 경험적 연구가 없다고 했다(Jarvis, 1984). 역시 캐나다의 성인교육학자인 다니엘 프랫(Daniel D. Pratt)도 안드라고지가 모든 성인교육에 대한 '만병통치약'이 될 수는 없다면서, 노울즈의 접근방식에는 성인학습자가 단순히 심리적인 특성으로 축소되어 나타난다고 우려하였다. 이는 사회적, 정치적, 경제적, 문화적, 역사적 맥락이 학습자의 정체성과 세계를 해석하는 방식을 형성하는 데 미치는 영향을 간과할 수 있고, 학습자가 무의식적으로 사회적 규범이나 의미를 받아들이는 방식을 제대로 다루지 않는다면 학습자를 마치 사회적 구조를 초월한 독립적인 존재로 묘사할 우려가 있다는 것이다(Pratt, 1993). 따라서 안드라고지는 소위 '심리적 환원주의'로 비난받을 만한 여지가 있다. 이는 부분적으로 안드라고지가 등장한 미국, 복잡한 사회적 및 교육적 문제가 심리적 용어로 표현되는 미국 사회의 교육에서 우월한 위치를 차지하고 있는 심리학의 지위를 반영한다고 볼 수도 있다(Henschke, 2011).

7 안드라고지 방법론

많은 사람들에게 안드라고지는 학령기 아동의 교육학과 대조되는 독특한 교육 형태를 구성하는 일련의 절차와 관행으로 성인교육을 제공하는 교육자들에게 큰 환영을 받았다. 노울즈는 이를 '안드라고지적 교육 과정 설계'라고

부르며 일곱 단계를 제시하였다. 이 7단계는 학습자의 자율성을 존중하며 학습자가 스스로 학습을 주도할 수 있도록 지원하는 기술적 접근으로서, 각각의 단계를 보면 다음과 같다(Pratt, 1993).

① **학습 환경 조성** : 학습자와 교수자 간 신뢰와 상호존중이 바탕이 되는 심리적 환경을 조성한다.

② **학습자와의 상호계획** : 학습 목표와 과정에 대해 학습자와 협력하여 계획을 세운다.

③ **학습자 스스로 필요를 진단하도록 돕기** : 학습자 스스로 자신의 학습요구를 파악하도록 지원한다.

④ **학습 목표 설정에 학습자 참여** : 학습자는 자신만의 목표를 설정하고 이를 학습 과정에 반영한다.

⑤ **학습 계획 설계** : 학습자가 학습 활동과 전략을 계획한다.

⑥ **학습 계획 실행 지원** : 교수자는 학습자가 설정한 계획을 실행할 수 있도록 도와준다.

⑦ **학습 평가 과정에서 학습자 참여** : 학습자는 스스로 자신의 학습 성과를 평가한다.

한편으로는 호주의 성인교육학자인 브라이언 델라헤이(Brian, L. Delahaye) 등은 앞서 언급한 안드라고지와 페다고지와의 관계를 직교론적으로 설명한 학자들 중 하나로서 학습자 성숙도에 관심을 두어 교수자로부터의 서로 다른 지원이 필요한 학습자들을 교사 주도적 학습 방법과 자기 주도적 학습 방법 사이의 적절한 병용이 포함되는 4단계로 제시하고 있다. 학습자 성숙도(learner maturity)란 학습자의 과거 학습 경험, 앞으로의 학습에 대한 기대 및 태도, 선행지식의 유무 및 정도 등으로 구성되며, 낮은 성숙도에서부터 높은 성숙도로 이어지는 스펙트럼을 가진다. 페다고지를 가로축으로 하고 안드라고지를 세로축으로 해서 만들어지는 사분면이 서로 고-저로 구분되는 점에 착안하여 개인 학습

자의 성숙도를 고려하여 학습을 지원할 수 있는 방법으로 소개하였다. 즉, 1단계(고 페다고지–저 안드라고지)는 교사 주도적 방법을 통해, 3단계(저 페다고지–고 안드라고지)는 자기 주도적 학습을 지원하는 다양한 방법을 사용할 수 있고, 2단계(고 페다고지–고 안드라고지)는 학습자가 목표를 설정하는 데 대한 특별한 지원이나 동기를 부여할 수 있는 강의 제공, 정교한 전략이 담긴 토의 등 도전과제를 제공할 필요를, 그리고 4단계(저 페다고지–저 안드라고지)는 교수자의 도움이 거의 필요 없는 자기 주도적 학습단계로 가정하고 있다(Delahaye et al., 1994; 차갑부, 1998). 이를 그림으로 나타내면 |그림 3–1|과 같다.

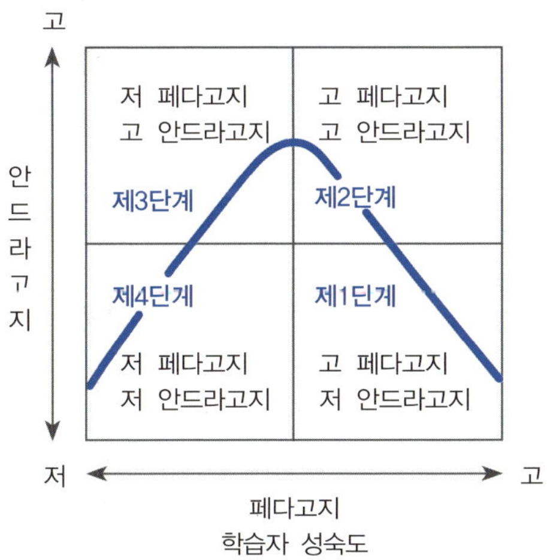

|그림 3–1| 네 가지 학습단계

출처 : Delahaye et al.(1994), 차갑부(1998) 재인용.

8 안드라고지의 현재와 미래

성인학습 이론으로서의 안드라고지는 다양한 교육 현장에서 유연하게 적용될 수 있다. 우선 노울즈 자신은 학습 계약(learning contract)을 성인학습을 위한 실질적인 도구로 소개해 온 바 있다. 학습 계약은 학습자가 자신의 학습 목표, 자원, 전략, 평가 등을 명확히 문서화하는 것을 의미하며, 성인학습자가 자신의 학습에 대한 주도권을 행사할 수 있도록 하는 데 초점을 맞춘다. 학습 계약 속 각각의 요소는 다음과 같다(Knowles et al., 2005).

- **학습 목표** : 학습 계약은 학습자가 자신이 추구하는 목적에 대해서 주인의식을 갖도록 하고 달성하고자 하는 구체적이고 측정 가능한 성과를 명확히 기술한다.
- **자원** : 같은 내용을 학습하더라도 목표를 달성하기 위해 사용할 자원(예 교재 또는 자료 등)은 학습자별로 다르게 선택하여 활용해서 할 수 있도록 한다.
- **전략** : 학습 방법으로 온라인 강의, 실습 등 각 학습자에게 자신의 학습을 체계화하는 가시화된 구조를 제공한다.
- **평가** : 학습 결과를 책임감 있게 평가하기 위해 명확한 기준과 방법(예 점수 또는 피드백)을 정하는 데 학습자를 참여시키는 체계적인 절차를 제공한다.

코로나19 이후 더욱 보편화된 온라인 학습에 안드라고지의 원칙을 적용한 연구도 참고할 만하다. 한 예로 미국의 교육학자 수잔 아이센버그(Susan Isenberg)는 온라인 학습 환경에서의 학습자의 자율성을 강조한다. 온라인 학습 환경에서 성인학습자의 자율성과 경험을 존중하고, 실생활과 연계된 학습 활동을 설계할 때 학습자에게 더 효과적이라고 주장하면서 기술의 발전을 통해 안드라고지 원칙이 더 풍부하게 구현될 수 있음을 강조한다. 그는 성인학습자가 온라인 학습 환경에서 어떻게 효과적으로 배울 수 있는지에 대해 몇 가지 원칙을 제시하고 있다(Isenberg, 2007).

- **학습 목표와 학습 경로 선택권 부여** : 온라인 학습은 성인학습자의 자율적이고 자기 주도적인 학습 경향에 따라 학습자가 스스로 목표를 설정하고 학습경로를 선택할 수 있어야 한다.

- **학습 유연성 제공** : 학습을 하는 데 시간과 장소에 구애받지 않는 유연성을 제공한다.
- **학습자 필요성에 기반한 콘텐츠 제공** : 학습자가 필요로 하는 주제와 관련된 학습 콘텐츠를 제공해야 한다. 성인학습자의 기존의 지식과 경험을 반영하거나 활용할 수 있는 콘텐츠가 바람직하다.
- **온라인 플랫폼에 필요한 기제** : 학습 시 학습자의 사전 지식에 대한 평가를 통해 학습 준비도를 고려해야 하고, 학습자가 스스로 학습 속도와 순서를 결정할 수 있는 구조(예 모듈 기반 학습)를 제공해야 한다. 학습관리 시스템(LMS : Learning Management System)으로 개인 진도를 추적하고 그때그때 즉각적인 피드백 시스템을 활용하여 학습을 독려함은 물론, 온라인상의 학습 커뮤니티(예 포럼 또는 그룹 프로젝트 등)를 통해 동료 학습자들과 협력하고 경험을 공유할 수 있도록 해야 한다. 또한 학습자 스스로 속도와 경로를 조정할 수 있는 기능이나 다양한 형식의 콘텐츠를 선택할 수 있는 권한을 부여하는 것도 좋다.
- **상호작용을 기반으로 한 콘텐츠 설계** : 콘텐츠는 학습자 간의 상호작용을 통해 경험을 공유하고 학습에 적용할 수 있도록 설계하거나 학습자가 현재 자신의 상황에서 유용하다고 느낄 수 있도록 실제 사례를 포함하고, 프로젝트 기반 학습이나 시뮬레이션 활용 등, 실제 문제 중심의 학습이 가능한 활동을 제공하는 것이 좋다.
- **성과를 파악할 수 있는 평가** : 평가는 개인화된 평가 도구를 통해 학습 진행 상황을 점검하고 학습자가 자신의 성장과 목표 달성을 느낄 수 있는 피드백 시스템(예 배지 등)을 도입해야 한다는 점을 제시한다.

살펴본 바와 같이 안드라고지는 여전히 성인학습 이론의 장에 다양한 성과와 과제를 제공하고 있다. 빠른 사회의 변화로 인해 성인학습의 중요성은 노울즈가 안드라고지를 처음 제시할 때보다 훨씬 커졌다. 기술의 변화로 인해 학습의 공간이 교육의 공간을 넘어선 지금, 교육 프로그램의 기획과 제공에 관계하는 기획자 및 교수자의 역할 변화에도 과거를 넘어서는 창의성이 필요하다. 이런 상황을 감안할 때, 그간 안드라고지 논의 속 되새겨 보아야 할 부분이 있다(Pratt, 1993).

첫째, 자유와 권위 간의 긴장관계는 여전히 유효하다. 학습 과정 속 학습자의 '자유'와 교수자의 '권위' 간 균형은 지금도 중요한 문제이다. 안드라고지는 학습자의 자율성을 강조하지만 이는 학습 과정과 평가에서 불확실성을 초래할 수 있고, 심지어 학습자에게 이롭지 않을 수도 있기 때문이다. 예를 들면, 디지털 리터러시(digital literacy)처럼 새로운 지식과 기술 분야는 성인의 선행지식이 아동보다 적거나 축적된 경험이 크게 도움이 되지 않을 수도 있어 페다고지와 안드라고지의 교육원리가 적절히 반영되는 것이 필요할 수 있다(장지은, 2022). 이런 경우, 성인학습자라도 교수자 주도의 정교한 교수법이 도움이 될 수 있을 것이다.

둘째, 인간 대 사회구조의 긴장이다. 안드라고지는 학습자의 자율성을 강조하지만 이들 학습자가 위치한 사회적 맥락에 대한 관심이 적다. 그러나 많은 교육학자들은 학습과 인지는 사회적 · 역사적 구조에 뿌리를 두고 있다고 주장하는데, 이 점에서 안드라고지는 비판을 받아 왔다고 볼 수 있다. 다양성의 시대를 맞아 앞으로는 학습자가 가지고 오는 다양한 가치관을 반영할 수 있는 방향으로 안드라고지 논의가 확산되어야 할 것이다.

성인은 '자립한 존재'이므로 교육의 대상이 아니라는 것이 과거 교육학계의 전통적인 시각이었다(차갑부, 1988). 그러나 지금은 평생학습 사회이자 연령통합 사회이다. 최근 고등교육기관인 대학이 평생교육 기능을 본격적으로 수행하기 시작했지만 그 내용은 여전히 전통적 학생집단을 염두에 둔 페다고지 모형에 근거하고 있다는 분석이 있다. 장원섭(2021)은 대학에 안드라고지 모형을 적용한다면 야간과 주말 등에도 교육시간을 제공하거나 적극적인 온라인 콘텐츠 제공과 결합된 하이브리드 러닝, 학위 또는 수료증 등 교육이수를 통한 역량을 증명하는 학습이력 관리 등을 더욱 체계화할 필요가 있으며 무엇보다도 교수자, 즉 대학의 교수들이 안드라고지적 교육역량을 갖추는 것이 필요하다고 주장한다(장원섭, 2021). 학습자를 중심에 둔 성인학습 이론인 안드라고지의 쓰임새가 줄어들기보다는 증가할 가능성이 커질 것이라고 예상할 수 있는 근거는 앞으로도 계속 늘어날 것이다.

연습문제

1. 안드라고지의 주요 원칙 중 하나는 학습자가 자신의 학습에 대한 책임을 지는 '자기 주도 학습'입니다. 이 원칙이 실제 교육 현장에서 어떻게 적용될 수 있는지 예시를 들어 설명해 보세요. 예를 들어, 성인학습자가 직장에서 새로운 기술을 습득할 때 자기 주도 학습이 어떻게 도움이 될 수 있는지 생각해 보세요.

2. 안드라고지 이론에 따르면 성인학습자는 학습의 필요성과 목적을 인식할 때 더 효과적으로 학습합니다. 이 원칙을 기반으로 성인학습자의 동기를 높이기 위한 학습 환경을 설계할 때 고려해야 할 요소들을 설명하고, 구체적인 방법을 제시해 보세요.

참/고/문/헌

배을규(2006). **성인교육의 실천적 기초 : 이론과 방법**. 학지사.

장원섭(2021). 위기의 대학, 안드라고지 체제로 대전환해야 한다. 대학지성 In & Out. 2021년 7월 18일자. https://www.unipress.co.kr/news/articleView.html?idxno=4054

장지은(2022). 가상은 현실이다 : 온라인 환경에서 학습과 디지털 리터러시. **휴먼웨어 연구**, 5(1), 19-46.

차갑부(1998). 페다고지와 앤드라고지의 세 가지 관계. **사회교육학연구**, 4(2), 273-256.

Cross, K. P.(1981). *Adults as Learners*. Jossey-Bass Publishers.

Davenport, J., & Davenport, J. A.(1985). A Chronology and Analysis of the Andragogy Debate. *Adult Education Quarterly, 35*(3), 152-159.

Delahaye, B. L., Limerick, D. C., & Hearn, G.(1994). The relationship between andragogical and pedagogical orientations and the implications for adult learning. *Adult Education Quarterly, 44*(4), 187-200.

Henschke, J. A.(2011). Considerations regarding the future of andragogy. *Adult Learning, 22*(1), 34-37.

Houle, C. O.(1996). *The design of education*(2nd ed.). San Francisco : Jossey-Bass.

Isenberg, S.(2007). *Applying andragogical principles to internet learning*. Cambria Press.

Jarvis, P.(1984). Andragogy : A sign of the times. *Studies in the Education of Adults, 16*, 32-28.

Knowles, M. S.(1970). *The Modern Practice of Adult Education : Andragogy versus Pedagogy*. Cambridge Book Company.

____________(1980). *The Modern Practice of Adult Education : From Pedagogy to Andragogy*. Cambridge Book Company.

____________(1990). *The Adult Learner : A Neglected Species*(4th ed.). Gulf.

Knowles, M. S., Holton, E., & Swanson, R.(2005). *The adult learner : the definitive classic in adult education and human resource development*(6th ed.). Elsevier.

Pratt, D. D.(1993). Andragogy after twenty-five years. In Sharan Merriam(Ed.), *Adult Learning Theory : An Update*. San Francisco : Jossey-Bass, Publishers, pp. 15-25.

Yonge, G. D.(1985). Andragogy and pedagogy : Two ways of accompaniment. *Adult education quarterly, 35*(3), 160-167.

CHAPTER 04

성인학습과 프로그램 개발

1 성인학습과 상담에 대한 프로그램적 접근의 필요성

성인학습자는 제도교육과 같이 의무적으로 학습에 참여하기보다는 자신의 생활과제나 삶의 행복과 관련하여 요구와 필요가 있을 경우 참여한다. 따라서 이러한 학습은 학습을 필요로 하는 상황이나 문제가 해결되면 언제든지 종료될 수 있다. 그러나 아직 문제해결이나 요구충족이 되어 있지 않은데 학습의 지속가능성이 와해된다면 학습의 미수행이나 미완료는 성인의 기대하였던 삶의 행복에 영향을 미칠 수 있을 것이다. 성인학습은 타인이 충분히 이해하지 못한 성인학습자 당사자의 의식 혹은 당사자의 삶에 영향을 미치는 사회적·문화적 환경과 깊은 관련이 있다. 따라서 성인학습은 학습자의 요구에 부합하는 성인학습 프로그램이 있어야 하고 이러한 프로그램이 아동과는 다른 성인성을 가진 자로서 삶에 영향을 주는 여러 가지 독특한 맥락과도 부합하는 것이 되어야 한다. 또한 학습의 결과가 삶에 연계되어 적절한 유용성이 있는 가치를 창조한다면 그야말로 성인학습자의 삶을 풍요롭게 할 것이다.

이러한 측면에서 볼 때, 성인학습은 표준화된 교육을 받는 학교교육과는 다른 학습 당사자로서의 성인에 대한 이해를 전제로 하고 있어 학습을 제공하는 측은 성인학습자와의 대화, 관찰, 조사 등을 통하여 성인학습자에 대한 이해 과정을 가져야 한다. 이러한 일련의 과정은 성인학습이 왜 상담을 필요로 하는지에 대한 논리를 만들어 준다. 이 장에서는 성인학습자의 요구의 이해, 효과적인 학습 참여, 학습 성과의 활용 등과 관련하여 성인학습자 상담에서 주목할 요인들을 프로그램 개발과 관련하여 확인하도록 하겠다.

2 성인학습 프로그램의 이해

1) 성인학습의 유형

우리나라 평생교육법에는 성인학습의 범위로도 이해할 수 있는 평생교육의 영역을 제시하고 있다. 평생교육법 제2조의 평생교육의 정의에 따르면, "'평생교육'이란 학교의 정규교육과정을 제외한 학력보완교육, 성인 문해교육, 직업능력 향상교육, 성인 진로개발역량 향상교육, 인문교양교육, 문화예술교육, 시민참여교육 등을 포함하는 모든 형태의 조직적인 교육활동을 말한다"고 되어 있다. 이와 같이 다양한 교육의 영역은 성인의 학습이 성인의 생활 및 삶의 과제에 밀접하게 관련되어 있는 것임을 보여준다. 평생교육의 영역은 학교교육과 같이 교과를 제시하고 있는 것이 아니라 성인의 삶에서 직면하는 과제의 영역, 활동의 영역을 의미하는 것으로 그 세부적인 내용은 학습 당사자에 따라 다양하게 선택되는 것이다. 나아가 생애에 걸쳐 변화하는 삶의 환경과 사회변화, 그 속에서 성인 당사자의 요구에 대응하여 유연하게 변화하고 확장되고 계속되는 것이다. 그리하여 성인학습은 성인학습자 개인의 특성, 그가 삶에서 직면하는 문제의 특성, 이와 같은 특성을 만들어 내는 데 영향을 미치는 환경의 특성을 이해하는 과정을 꼭 필요로 하고 그렇기 때문에 학습자 요구의 이해, 학습 프로그램의 매칭, 학습 참여 촉진을 위한 상담이 필요하다.

한편 평생교육의 유형은 학습의 내용을 기준으로 한 유형 분류도 있지만, 홀(Houle)이 제시하는 것과 같이 성인학습의 대상에 따라 개인 중심, 그룹 중심, 기관 중심, 대중 중심으로 분류하기도 한다(Houle, 1972). 또한 홀(1961)은 성인학습자의 교육참여 동기에 따라서는 목표 지향적 학습자, 활동 지향적 학습자, 학습 지향적 학습자로도 분류하였다(Houle, 1972, 1961, 배을규, 2006 재인용).

〈표 4-1〉 훌(Houle)의 교육참여 동기 유형

목표 지향적 학습자	다른 목적을 달성하기 위하여 교육을 수단으로서 이용하고자 하는 학습자
활동 지향적 학습자	학습활동 자체 그리고 사회적 교제를 위하여 교육에 참여하는 학습자
학습 지향적 학습자	지식 혹은 앎 그 자체를 위하여 교육에 참여하는 학습자

출처 : 배을규(2006).

또한 성인학습은 개인과 사회라는 양 측면에서 그 유형을 이해할 수도 있다. 개인의 표현 · 자유 · 향유 그리고 더 나은 지혜로운 자로서 교양 있게 살아가기 위하여 졸업 · 취업 · 전문성의 개발 등과 같은 유용한 목표 달성을 위하여 혹은 자신이 속한 집단, 공동체, 나아가 사회 및 국가가 직면한 문제의 해결, 개선, 사회변혁을 위한 참여를 위해 주권을 행사하기 위하여 힘과 권력을 얻고 역량 있게 사용하기 위하여 필요한 경우도 있다(강대중 · 김동진, 2013).

2) 성인학습과 요구

성인학습은 이와 같이 학습의 내용, 학습의 형태, 학습참여 동기 등에 따라 다양하게 분류될 수 있는데, 이와 같은 다양성을 포괄할 수 있는 성인학습의 성립요인으로서 성인교육 연구에서 많이 제기되어 온 것이 '요구'이다.

사전적으로 요구(needs)는 요건, 필수적인 의무, 또는 필요로 하는 무엇인가의 결핍, 상황에 따라 발생하는 필요성, 곤란할 때 또는 곤란한 상황 때문에 부각되는 상태이다. 이와 같은 요구는 인간의 향상심과 실천력의 중요한 기반이 된다. 사바(Sava, 2012)는 여러 문헌 속에 나타난 요구(needs)의 개념의 핵심을 정리하였다. 요컨대 '현재 상태(what is)와 마땅히 되어야 할(what should be) 상태의 간극(gap)', '공동체의 가치가 인정하고 또한 잠재적으로 변화해야 할 현실과 이상의 괴리' 또는 '개인의 현재의 지식 및 기술 상태와 특정한 기준과의 차' 등이다(Sava, 2012). 요구는 단순히 바라고 원하는 것이 아니라 목표를 가지고 변화를 지향하는 인간의 의지와 변화에의 노력의 가능성을 함의하고 있어 성인학습을 이해하는 중요한 토대가 된다(장지은 · 조성란, 2017).

요구에 대한 유형은 보다 다양한 논의를 토대로 하여 여러 가지 관점에서 이해할 수 있다. 1943년에 미국의 사회심리학자 아브라함 매슬로우(Abraham Harold Maslow)는 논문 「인간 동기이론」에서 욕구 단계 이론(hierarchy of needs theory)을 제기하고 20세기 말기에 이르러 욕구 단계를 다시 조정하여 생리적 욕구(physiological needs), 안전의 욕구(safety needs), 애정 · 소속의 욕구(love/belonging needs), 존중의 욕구(esteem needs), 자아실현의 욕구(self-actualization needs)의 다섯 가지 욕구 단계로 확정하였다. 이는 외재적에서 내재적으로, 하위 단계에서 상위 단계로, 기초적인 물질적 욕구에서 더 높은 정신적 욕구로의 발전 과정을 거치며 그중 첫 4단계는 결핍 욕구(deficit needs)로, 상위 단계는 성장 욕구(growth needs) 또는 자아실현(self-realization)으로 알려져 있다(Jin, M., & Luo, X., 2019; 주창호 · 최익서, 2024).

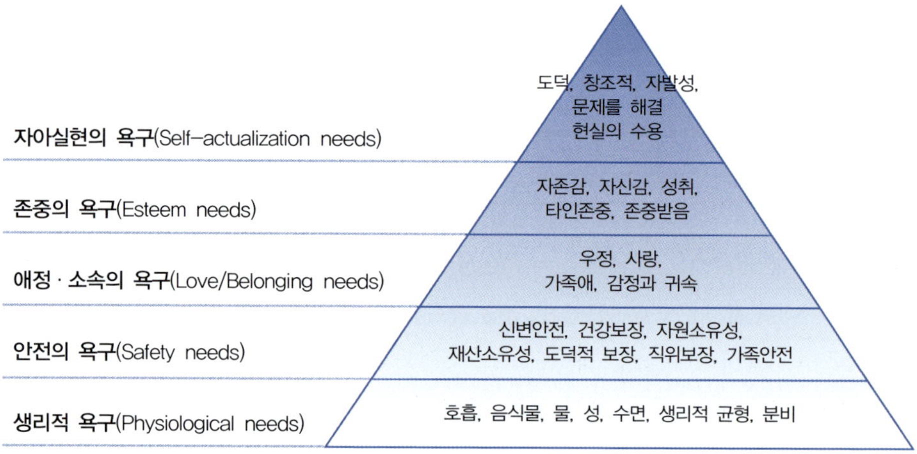

|그림 4-1| 매슬로우의 욕구 단계론

또 다른 한편에서는 성인학습의 요구는 성인의 생애에 걸쳐 만나는 생애발달 과제와 관련하여 다양하게 변화할 수 있다. 에릭슨의 생애발달 8단계에 나타나는 성인기의 발달의 특징은 가족이나 직장이나 일을 통하여 경험하는 생산성, 인생을 회고하고 성찰하며 얻는 통합적 태도 등으로 나타나고 있어 청소년기와는 다른 심리사회적 발달 특징을 가진다. 그리고 아동 및 청소년과는 다른 성인성을 기반으로 하여 전개되는 학습이라는 점에서 '성인성' 역시 성인학습의 내용과 방법을 이해하는 단서가 된다(가영희 외, 2007).

3) 성인학습, 요구, 프로그램

이상의 논의에서도 살펴본 바와 같이 성인학습의 성립은 성인학습의 내용, 학습집단 유형, 참여동기 유형, 나아가 학습자의 요구 등과 관련되어 있다. 그리고 이와 같은 여러 가지의 요인들은 일정의 체계 속에서 형식성을 구비하며 가시화되어 학습자의 참여를 유인할 수 있는 실체로서 존재할 수 있다. 학습을 성립시키는 다양한 요인들을 의미 있게 체계화하고 실체로 만들어 내는 일련의 계획 과정이 프로그램 개발이라고 할 수 있고 그 결과물이 프로그램이 될 것이다. 즉, 성인학습은 특정의 성인학습 프로그램이 존재하여야 비로소 가능하다.

물론 학습의 형식에는 학교교육에서와 같이 엄격한 체계성과 형식성을 가시화하여 공급되는 형식교육 프로그램도 있고 학습을 의도하지 않아도 배움의 계기를 얻는 비형식학습의 형태도 있지만 평생교육에서 정의하는 성인학습이란 학교교육의 형식성의 정도까지는 이르지 않더라도 요구와 필요에 기반을 두고 개발된 조직적 체계적인 학습을 의미한다(김한별, 2010). 이에 따라 성인학습에는 활동에 대한 일정의 체계성을 부여하는 과정으로서 프로그램 개발이 필요하다. 그리고 성인학습자의 특성, 요구, 참여 동기, 학습집단 유형, 학습 내용과 방법 등 성인학습을 성립하게 하는 요인들이 프로그램에 반영되는 학습활동이 되어야 할 것이다. 이와 같은 일련의 프로그램 개발이나 그 결과로서 존재하는 학습 프로그램, 나아가 프로그램 참여결과에 대한 평가와 학습 성과의 활용 등은 모두 학습자 및 학습자와 특정의 맥락을 형성하고 있는 환경에 관하여 상담과 같은 대화적 과정을 통하여 보다 기능과 작용의 원활화를 도모할 수 있다. 이러한 측면에서 프로그램에 대한 이해는 성인학습의 상담에서도 중요한 과제이다.

3 성인학습을 위한 프로그램의 개발

교육은 앎의 경험을 통하여 변화를 도모하는 미래적이고 의도적이며 계획적인 활동이다. 교육은 공급자, 교육자에 의하여 추진될 수 있지만 그 교육의 완성은 앎을 통하여 변화를 경험한 학습자를 통하여 가능하다. 모든 프로그램을 모든 사람의 학습을 만족하게 실현할 수는 없다. 그러나 보편화된 프로그램이라도 학습자에게 맞게 보완, 수정되면 특정 학습자의 학습을 도모할 수 있다. 계획하지 않는 것은 실패를 계획하는 것이라는 말이 있듯이 모든 조직적인 성인학습은 학습활동의 일련의 계획을 체계화한 프로그램을 전제로 하여 가능하다고도 할 수 있다.

프로그램이란 개인, 조직, 사회의 변화요구를 충족시키는 매개체이자 실행수단이고 변화를 주도하는 전체 과정과 실천전략을 보여주는 설계도이다. 노울즈는 성인학습은 의도적, 조직적, 지속적인 학습 행위라고 하였는데 바로 이러한 성인학습 행위를 실현하는 수단이 프로그램이다. 그리하여 분(Boone)은 학문으로서의 성인교육은 바로 이러한 프로그램 개발 과정, 전달체제, 평가방법, 그리고 관련조직을 연구하는 것이라고 하였다(기영화, 2001). 이러한 프로그램의 매개적 · 수단적 · 전략적 특성으로 인하여 개인이나 기관이 직면하는 서로 다른 상황, 사람, 문제는 서로 다른 프로그램을 필요로 한다.

인간의 모든 사회활동은 사실상 프로그램에 기반을 두고 있다. 사회의 모든 기관은 설립목적에 따라 운영하는 사업이 다르고 그중 하나로서의 교육기관 역시 기관마다 다른 설립 취지에서 다른 프로그램을 운영하고 있다. 여성인력개발원, 문해교육센터, 노인복지관, 디지털 배움터 등은 모두 서로 다른 취지의 프로그램을 가지고 기관의 차별화를 도모하며 설립목적을 실현하여 간다. 개별 프로그램 단위에서도 마찬가지다. 동일한 노인복지기관이라고 할지라도 보이스피싱 범죄의 피해를 방지하기 위하여 운영되는 디지털 리터러시 프로그램이 있는가 하면, 정서적 · 신체적 활기를 회복하기 위한 노래교실이나 댄스교실도 있다. 그리고 이와 같이 어떤 기관이나 집단의 프로그램이 성인학습으로서 운영되기 위해서는 일정의 요소를 구비한 프로그램 개발의 과정이 필요하다.

1) 프로그램 개발의 원리

프로그램 개발은 기본적으로 프로그램 계획을 통하여 추진된다. 기영화(2007)의 정리에 따르면, 쿤츠(Koontz, 1964)는 프로그램 계획을 '특정 목표를 수행하기 위해 고안된 행위의 과정에 대한 의식적인 선택'이라고 하였고, 베르니에르(Bernier, 1968)는 '바람직하게 여겨지는 목표를 수행하는 데 요구된 인적 · 물적 자원과 재원, 시간 등의 기초자원을 관리하는 기술'이라고 하였다. 요컨대, 프로그램 계획이란 프로그램 개발의 시작 단계를 의미하며, 프로그램 개발은 계획, 실행, 관리 등을 포함하는 광의의 개념을 가진다. 이러한 프로그램 계획의 기본 요소는 목표설정, 요구분석, 자원파악, 목표의 우선순위 결정, 대안선택, 실행, 평가, 변화된 결과의 파악 등이 포함된다(기영화, 2007).

프로그램은 요구와 목적을 가진 일련의 활동에 대한 계획 과정이다. 이러한 일련의 과정을 계획함으로써 미래에 대한 청사진을 가지고 프로그램에 필요한 자원이나 시간 등을 규정하고 프로그램에 대한 다양한 요구를 확인하여 반영하며 외부환경에서 오는 영향을 분석한다. 그 결과, 프로그램 운영에서 발생하는 의사결정의 지침을 마련하고 이를 통하여 잠재적 갈등을 완화할 수 있다.

이와 같이 프로그램이 계획될 경우 다음과 같은 원리를 따른다. 첫째, 목표 지향적이고 고안된 계획이 되어야 한다. 둘째, 연속적이거나 단계적인 과정을 가진다. 셋째, 협동적이고 능동적으로 프로그램 계획을 도모한다. 넷째, 조직의 업무나 활동에 효과성을 제공하여야 한다. 마지막으로 관련된 다양한 요소를 통합적으로 이해하며 계획을 수립하여야 한다.

2) 프로그램 개발의 유형

(1) 선형접근법과 비선형접근법

프로그램 개발은 먼저 프로그램 개발 단계의 연속성 여부에 따라 선형접근법(linear approach)과 비선형접근법(nonlinear approach)으로 분류된다. 선형접근법은 프로그램 개발이 단선적으로 일어나는 현상으로서 프로그램 개발을 단계적으로 세분화하여 그 절차를 도식화할 수 있다. 이러한 접근은 목표를 달성하는 데 필요한 논리적 경로를 제공하고 있어 프로그램 개발의 경험이 없는 초심자, 비전문가들도 유용하게 사용하는 접근이다. 그러나 이와 같은 프로그램 개발은 개발된 프로그램이 조직이나 학습자의 변화에 대처하는 데 필요한 유연성에 있어 제한점이 있다.

한편 비선형접근법은 프로그램 개발이 순차적 단계에 따라 진행되기보다는 프로그램 개발자의 경험에 기반하여 직관이 반영된다. 시간이나 자원 배분이 조정될 수 있고 프로그램 개발자의 자율성과 재량이 최대한 발휘되어 프로그램 개발이 가능하다. 또한 시간과 비용이 절감되고 절차적 형식의 준수보다는 사람의 경험과 판단이 중요하게 반영되므로 변화에 유연하게 대응할 수 있다. 반면 이러한 비선형적 접근을 통하여 프로그램을 개발할 수 있을 만큼의 역량 있는 인적 자원이 필요하여 전문가 중심의 접근이라고 할 수 있다. 이러한 두 가지 접근법의 특징을 그림으로 제시하면 다음과 같다(기영화, 2007).

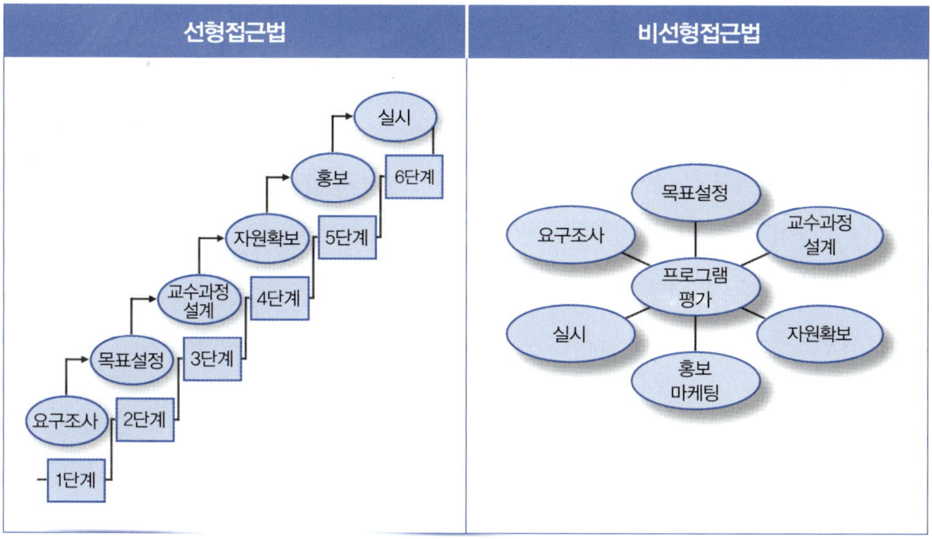

|그림 4-2| 선형접근법과 비선형접근법

(2) 비통합적 접근법과 체제분석 접근법

프로그램 개발에서 프로그램 참여자의 요구보다는 프로그램을 제공하는 교육기관에 의하여 일방적으로 프로그램이 개발되는 경우도 있다. 이른바 비통합적 접근법이다. 비통합적 접근법은 다른 유사조직의 프로그램을 그대로 모방하여 프로그램 개발자의 능력이나 스킬이 부족하여도 적절한 프로그램을 발견하여 사용하는 방법을 의미한다(기영화, 2007). 예를 들어, 학습자의 요구를 고려하지 않고 일방적으로 설계한 부모역할 훈련 강좌, 성인의 개별적인 경험이나 요구를 반영하지 않은 채 일방적으로 모든 학습자에게 동일 내용을 제공하는 직업 능력 향상 프로그램, 지역사회의 특성을 고려하지 않고 타 지역에서 성공하였다고 하여 그대로 사용하는 지역활성화 프로그램 등이 이에 해당할 수 있다. 디지털 리터러시 수업이 세대별 인지기능이나 디지털 환경에 대한 경험을 고려하지 않고 동일한 프로그램으로 운영되는 것도 그 일례이다.

프로그램을 개발할 때는 프로그램 개발의 타당성, 프로그램을 운영할 기관

내부와 외부 환경 분석, 프로그램에 참여할 잠재적 학습자 분석, 요구분석, 프로그램의 목표 설정, 내용의 구성, 전달방법과 매체 선정, 자원배분, 홍보 및 마케팅, 그리고 평가와 같은 일련의 개발을 위한 과제들과 단계가 필요하다. 그러나 비통합적 접근은 이와 같은 일련을 과정을 거치는 프로그램 개발을 하는 것이 아니라 이미 만들어진 다양한 프로그램을 찾아보고 유사한 프로그램을 발견하여 모방하여 사용하는 것을 말한다. 그렇기 때문에 비통합적 접근은 프로그램 개발에 소요될 수 있는 시간과 자원을 절약할 수 있고 비슷한 여건의 학습자, 조직, 지역의 문제에 대응할 경우, 프로그램의 효과성을 예측할 수 있는 유용성이 있다. 그러나 프로그램 참여 당사자의 요구분석이나 해당 기관 내외의 환경분석 등이 선결된 것이 아니라서 학습자의 지속가능한 참여 유도가 어렵고 장기적으로 프로그램을 활용하는 데 한계가 있다.

한편 비통합적 접근법과 다른 유형으로서 체제분석 접근법(system analysis approach)은 프로그램 개발을 위하여 체제분석 과정을 활용하는 것이다. 체제란 '전체의 목표를 성취하기 위하여 여러 구성요소들이 각기 독립성을 지니고 상호 의존성과 상호 관련성을 가지면서 환경과 끊임없이 영향을 주고받는 결합체'라고 할 수 있다. 체제분석 접근은 이러한 체제의 개념을 기본 관점으로 하여 해결하고자 하는 문제의 대상에 접근하는 경우를 의미한다(송영섭 외, 1998; 이현경, 2013). 이와 같은 체제분석 접근법은 전체를 부분으로 나누고 부분 간의 다양한 관계를 연구하여 프로그램을 개발하는 과정이다. 프로그램을 개발하거나 수정하는 데 과학적 근거를 전제로 하기 때문에 비통합적 접근보다 실패율이 낮다. 분석을 통하여 위험부담을 감소하고 프로그램 계획 과정에 개인과 조직, 환경의 가치와 요구가 동시에 고려되며 다음 |그림 4-3|과 같은 사항을 파악할 수 있기 때문이다(기영화, 2007).

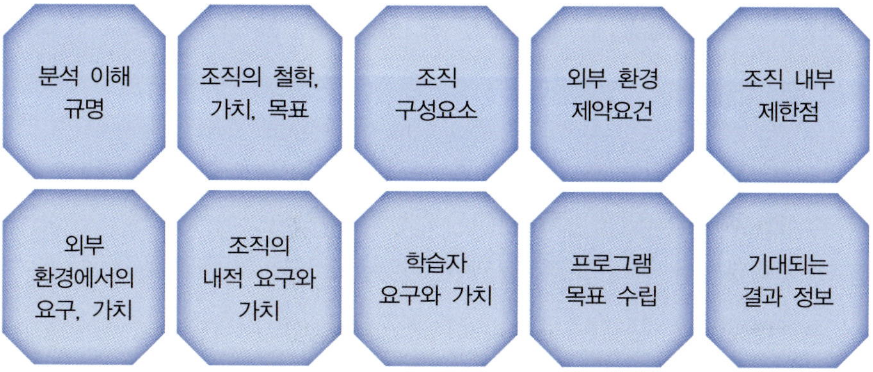

|그림 4-3| 체제분석 접근에서의 분석대상

이와 같이 프로그램 개발의 과정은 성인학습 프로그램에 참여하는 개인이나 기관이 프로그램을 통하여 요구의 충족이나 목표의 달성에 기여하게 함으로써 '변화'를 도모하는 미래의 활동을 미리 계획하는 과정이다. 그럼에도 불구하고 이러한 계획의 과정이 요구, 환경, 가치, 목적, 목표, 내용의 선정, 전달체계와 방법, 결과와 평가 등과 부합하는 가운데 성과에 연결되기 위해서는 비단 프로그램 참여자뿐만 아니라 프로그램 개발을 위하여 이해와 분석의 대상에 관련된 사람과 대화를 해나가는 힘이 프로그램 개발자에게 필요하다. 나아가 프로그램의 운영에 있어서도 프로그램 개발의 취지, 운영과정에서 발생하는 변화에의 대응, 목표의 성취 등의 일련의 현실화 과정에서도 대화적 맥락을 형성하는 가운데 프로그램의 가치와 진정성이 실현되도록 하는 것이 중요하다. 그리하여 성인학습에서 프로그램 공급자, 전달자, 참여자, 수혜자 모두가 프로그램에 대한 깊은 이해를 공유할 수 있도록 한다는 면에서 프로그램 개발과 운영에서는 늘 다양한 상담의 활용이 필요하다.

4 프로그램의 성과와 활용

성인학습에 참여하는 성인 중에는 학습 성과를 개인의 삶이나 사회생활에 활용하고자 하는 경우도 많다. 이러한 성향은 성인이 아동과는 다른 학습 동기를 가진다고 하는 안드라고지 이론에서도 제기되었다. 아동이 먼 미래의 삶을 위하여 계속적으로 학습을 축적하고 있는 것에 비하여, 성인의 경우 지금 생활에 관련되는 문제나 문제적 상황을 중심으로 학습하려는 성향을 가진다(김한별, 2010). 이와 같은 성인의 학습 지향성의 특징은 성인학습의 활용이 가지는 의미를 부각시킨다. 물론 성인의 학습이 항상 유용성을 전제로 한 활용을 추구하는 것만은 아니다. 유네스코의 보고서나 학자들이 제기한 바와 같이 성인학습의 목적은 다양하다. 폴 랑그랑(Paul Lengrand, 1970)은 준비하지 않으면 변화하는 사회에서 도태될 수밖에 없다는 관점에서 적응을 위한 학습을, 에드거 폴(Edgar Faure, 1972)은 사회참여를 위한 학습과, 휴머니즘과 과학주의의 균형을 구비한 완전한 인간을 추구하는 학습을, 로버트 허친스(Robert M. Hutchins, 1968)는 즐거움을 위한 학습, 보다 현명하게 되기 위한 학습 등을 제시하였다. 그러나 이와 같은 성인학습의 목적과 효과는 학습의 성과가 삶의 과제에 접목되어 배운 것이 사용됨으로써 더욱 실현되는 것이다. 그렇기 때문에 성인학습에서 학습 성과의 활용은 중요하다. 학습 결과의 활용은 교육학 담론에서 '학습 전이'와 관련하여 이해할 수 있다.

학습 전이란 프로그램 참여자가 교육 또는 훈련 프로그램에 참여한 결과, 배운 내용을 효과적으로 적용하는 것을 말한다. 그러나 학습 전이는 다른 학습 구성요소들과 복잡하게 연결되어 있다. 일하는 조직에 비유하면 직무만족도, 즉 자신의 조직이 자신의 기여를 중요하게 생각할 때 학습 전이가 보다 원활하다. 실제 직무에 만족하지 못하는 직원은 기술과 지식을 적게 이전한다고 한다(Jodlbauer, Selenko, Batinic, & Stiglbauer, 2012). 또한 학습을 통하여 얻은 새로운 지식, 기술, 태도는 가능한 한 빨리 사용되는 것이 학습 성과 유지에 효과적이므로 학습 성과를 신속하게 적용할 수 있는 환경 조성 여부도 중요한 학습 전이의 조건으로 제시되고 있다(Daffron, S. R., & North, M. W., 2011). 이와 같은 학습 전이의 이해를 위하여 HPT 프로세스(Broad, 2005), SOC모델(Hall & Hord, 2011) 등에 주목하면 다음과 같다. HPT 프로세스는 학습 전이의 특징을 학습 성과 획득의 관점에서 측정 단계를 설명한 것이고, SOC 모델은 학습 성취 및 성과 활용의 과정에서 발생할 수 있는 부정적 감정이나 인식의 해소에 주목한 것이다(Hall & Hord, 2019; Daffron, S. R., & North, M. W., 2011, Daffron, S. R., & Rosemary S. Caffarella, 2021 재인용).

〈표 4-2〉 학습 전이 유형

HPT(Human Performance Technology) Process	SOC(Stages of Concerns) Model
학습의 전이나 성과 향상에 대하여 측정 단계를 제시하여 놓은 것으로 다음과 같은 단계로 구성됨 1. 교육개시 전에 조직의 개입과 측정의 설정 2. HPT 결과와 격차를 확인함 3. 격차를 제거함 4. 실제의 성과를 다시 조사함 5. 측정기준을 사용하여 각각의 성과를 측정함	사람들이 변화에 직면하면서 감정과 인식의 진화를 패턴화하고 그들의 고민의 범주를 확인하여 주는 모델. 요컨대 사람들은 자기우려–과업우려–영향우려의 단계를 보인다는 것 1. 자기우려(새로운 아이디어의 사용이 나에게 미치는 영향 우려) 2. 과업우려(나는 모든 시간을 준비에만 소모하고 있지는 않은지) 3. 영향우려(내가 하는 일을 동료들이 하는 일과 연관시킬 수 있을까?)

출처 : Daffron, Sandra Ratcliff, & Rosemary S. Caffarella(2021).

이와 같은 학습 전이 모델을 참고로 하면, 성인학습과 상담은 프로그램 개발 단계, 운영 단계에서도 필요하지만 학습을 마무리하는 단계나 사후관리에서도 그 성과의 인지와 활용에서 계속적으로 필요함을 알 수 있다. HTP 프로세스에서는 학습 성과를 활용하기 위해서 필요한 평가 툴의 마련, 격차의 수용과 도전의식의 제고, 학습 전이 환경에 대한 발견이나 인지 등에 있어서 학습자 자율성에 의하여 온전히 실현되기 어려운 면이 있어 상담지원 등이 필요함을 시사한다. SOC 모델 역시 우리의 패턴이나 단계에 따라서 새로운 실천을 시행하거나 기술이 요구되므로 학습자의 우려 패턴에 관하여 보다 이해가 필요하며 지원을 위하여 학습자에 대한 상담지원이 필요하다는 것을 시사한다. 예를 들어, 학습을 잘 하여 왔음에도 불구하고 영향우려를 극복하지 못하는 경우, 즉 나의 학습 성취를 일과 동료의 일에 연관시킬 수 있을지에 대한 우려가 증폭할 때, 지원(코칭, 멘토링 등)이 필요할 수 있다.

이상을 통하여 성인학습 및 상담에서 프로그램 개발과 관련하여 숙지할 기초적인 내용을 살펴보았다. 프로그램 개발은 성인학습의 상담 과제와 직접 연결되지 않는 것처럼 보이나 성인학습의 전후 그리고 그 과정에 이르는 학습의 전체 구조와 흐름을 이해함으로써 학습자 상담의 폭을 넓힐 수 있다. 프로그램 개발의 배경에서 학습자 요구 및 관련 환경의 이해, 프로그램 운영에서의 학습 효과를 높이기 위하여 필요한 학습 내용 및 방법의 이해, 나아가 시간적 · 공간적 확장에 따른 학습 결과의 측정 및 성과 활용의 이해 등은 모두 잠재적 학습자, 현재 학습자, 나아가 학습 성과를 활용하는 사회생활자가 되는 성인을 이해하는 데 도움이 될 것이다.

연습문제

1. 성인학습 프로그램을 개발할 때, 필요 분석 단계에서 고려해야 할 주요 요소들을 설명하고, 이를 통해 얻을 수 있는 정보가 프로그램 설계에 어떻게 반영될 수 있는지 예시를 들어보세요.

참/고/문/헌

가영희 · 성낙돈 · 안병환 · 임성우(2007). **성인학습 및 상담**. 교육과학사.

강대중 · 김동진 공역(2013). **성인교육의 의미**. 학이시습. 원저 Eduard C. Lindeman(1926). *The Meaning of Adult Education*.

기영화(2007). **평생교육프로그램개발**. 학지사.

김한별(2010). **평생교육론**. 학지사.

배을규(2006). **성인교육의 실천적 기초**. 학지사.

송영십 · 김성수(1998). 농업기술체계의 연계에 관한 체제적 접근. **한국농촌지도학회지**, 5(1), 13.

이현경(2013). 대학교양교육의 체제적 교수학습 실천 방안에 대한 고찰. **교양교육연구**, 7(5), 343-376.

장지은 · 조성란(2017). 지자체의 귀농교육의 전개와 과제-학습자의 요구변화에 대한 질적 사례 연구-. **평생교육학연구**, 23(2), 115-146.

주창호 · 최익서(2024). 매슬로 욕구 단계 이론 기반 노인 적응성 거주 공간디자인에 관한 연구-중국 사례를 중심으로-. **한국공간디자인학회논문집**, 19(7), 377-390.

Broad, M. L.(2005). *Beyond transfer of training: Engaging systems to improve performance*. San Francisco : Pfeiffer.

Daffron, S. R., & North, M. W.(2011). *Successful transfer of learning*. Krieger.

Daffron, S. R., & Rosemary S. Caffarella(2021). *Planning Programs for Adult Learners : A Practical Guide*. John Wiley & Sons, Incorporated.

Edgar Faure(1972). *Learning to be*. UNESCO.

Hall, G. E., & Hord, S. M.(2011). *Implementing change : Patterns, principles, and potholes*(3rd ed.). Boston : Pearson/Allyn & Bacon.

Houle, C. O.(1961). *The inquiring mind*. University of Wisconsin Press.

Jin, M., & Luo, X.(2019). Maslow's Hierarchical Theory of Needs. *Public Management, 2019*(16), 77-79.

Jodlbauer, S., Selenko, E., Batinic, B., & Stiglbauer, B.(2012). The relationship between job dissatisfaction and training transfer. *International Journal of Training and Development, 16*(1), 39–53.

Paul Lengrand(1970). *Introduction à l'éducation permanente*. UNESCO.

Robert M. Hutchins(1968). *Learning Society*. Frederick A. Praeger.

S Sava(2012). *Needs Analysis and Programme Planning in Adult Education*. Barbara Budrich Publishers.

05 CHAPTER 성인학습 및 상담의 필요성

이 장에서는 성인학습 및 상담의 필요성을 점검하고자 한다. 형식교육 이외의 학습으로서의 성인학습의 맥락을 분석하고, 성인학습 상담을 위한 학습 매니저로서의 역량강화를 위한 성인학습 상담의 주요 요인에 관하여 분석하고자 한다. 우선 제7차까지의 세계성인교육회의에서 주창한 성인교육의 방향성과 그를 위한 성인교육의 구도를 재설정해 보고, 성인학습에 영향을 주는 주요 요인에 관하여 살펴보고자 한다. 그 후, 세계시민으로서의 성인교육 및 상담의 필요성과 역량에 관하여 서술하고자 한다.

1 성인학습의 필요성

유네스코 세계성인교육회의(CONFINTEA)의 제1차 회의는 전쟁 이후의 민주사회 건설을 위한 시민성을 강조하며 자유교육을 주창하면서 시작되었다. 제2차 회의에서는 성인의 문해교육을 강조하였으며, 냉전 이후의 평화와 성인교육의 연계성을 강조하였다. 제3차 회의에서는 비로소 성인교육의 정교화의 필요성을 강조하였으며, 제4차 회의에서는 학습권 선언을 하였고, 그것이 우리나라의 교육기본법 제3조에 영향을 미쳤다(권두승 외, 2020; 이희수, 2005). 제5차에서는 비로소 '교육'이 보편적 권리임을 강조하였고, 2009년 개최된 제6

차 회의에서는 성인학습의 중장기적 정책 가이드라인을 제시하는 의의에서 문화적 · 경제적 · 정치적 · 사회적 문제에 대응하는 역할로서의 성인교육을 강조하였다. 그리고 최근 제7차 회의에서는 제6차 성인교육회의의 진척 상황에 관한 검토와 미래의 다섯 영역, 즉 정책, 거버넌스, 재정, 참여 · 포용성 · 형평성, 교육의 질 등을 제고하고, 이를 지속적으로 모니터링하면서 유네스코의 「세계성인학습 및 교육보고서(GRALE : Global Report on Adult Learning and Education)」의 가치를 중시함을 주창하였다(국가평생교육진흥원 보고서, 2024).

이러한 세계성인학습회의의 각 차수별 주요 내용은 우리 사회의 경제 및 사회, 문화적 발전과도 맥락을 같이한다. 여전히 학력과 신분상승을 중시해온 우리 사회에서는 대학입시에 치중된 교육개혁이 진전되어 왔지만, 이면에서는 성인 및 고령자의 문해학습이 지속적으로 진행되어 왔고, 학력 보완의 의미에서 성인교육이 실천되어 온 것이 유사한 맥락이라고 할 수 있다. 그러나 세계적으로 고학력을 자랑하는 한국 사회에서도 세계성인교육회의에서 강조하듯이, 문화적 · 경제적 · 정치적 · 사회적 문제에 대응하는 역량으로서의 성인학습과 정책, 거버넌스, 재정, 참여 · 포용성 · 형평성, 교육의 질 등을 제고를 통한 개인의 인격 형성과 국격을 고양할 수 있는 성인교육으로의 발전이 필요함을 유추할 수 있다.

〈표 5-1〉 세계성인교육회의의 개요와 내용

구 분	제1차	제2차	제3차	제4차	제5차	제6차	제7차
시 기	1949년	1960년	1972년	1985년	1997년	2009년	2022년
장 소	덴마크 엘시노어	캐나다 몬트리올	일본 도쿄	프랑스 파리	독일 함부르크	브라질 벨렘	모로코 왕국 마라케시
참가국	25개국	51개국	85개국	122개국	130개국	156개국	142개국

주 제	유럽재건	평생교육 이념 부각	성인교육 관련 법규 제정 및 정비	학습권의 의의	교육은 만인을 위한 보편적 권리	성인학습 및 평생교육의 중장기 정책 가이드라인 제공	성인학습 및 교육의 발전을 위한 로드맵 수립
주요 내용	전쟁 이후 민주사회 건설을 위한 시민성 강조 및 직업교육을 제외한 자유교육 강조	변천하는 세계에서의 성인교육, 성인의 문맹퇴치 강조, 평화와 성인교육 간 관련성 부각	통합적 평생교육 체제 속에서의 성인교육 지위 확립. 성인교육의 근본적 문제 및 원칙 설정을 위해 국제적 · 규범적 도구의 정교화 필요성 탐구	학습권 선언 채택, 우리나라의 교육기본법 제3조(학습권)에 영향을 줌	평생학습 환경 및 성인학습 구조의 필요성 강조 성인교육의 위상 및 역할 정립	문화적 · 경제적 · 정치적 · 사회적 문제에 대응하는 역할로서의 성인교육	정책, 거버넌스, 재정, 참여 · 포용성 · 형평성, 교육의 다섯 영역의 질적 제고

출처 : 유네스코한국위원회 보도자료; 국가평생교육진흥원-제7차 세계성인교육회의-마라케시 실행계획을 참고하여 표로 작성.

1) 성인학습과 교육의 구도

OECD는 2015년부터 DeSeCo 프로젝트의 발전된 후속 작업으로 'OECD 교육 2030 : 미래교육과 역량 프로젝트(Future of Education and Skills : The OECD Education 2030)'를 추진하면서 새로운 역량체계를 연구하고 있다. 교육 2030 프로젝트는 2030년에 전문 직업인으로 사회생활을 시작하는 초등학생부터를 대상으로 상정함으로써, 미래를 무한정하게 열어두지 않고 2030년대를 살아갈 사람들에게 필요한 역량을 구체적으로 규정(이미경 외, 2016)하면서 학생들이 개인 그리고 사회구성원으로서 웰빙할 수 있는 역량을 길러주는 데 목적을 두고 있다.

OECD의 교육 2030 프로젝트는 1단계인 2015~2018년까지 '개념적 학습 프레임워크(21st conceptual learning framework)'를 개발하고, 2019년에는 학습자 중심의 학습 개념적 틀을 규정하고자 하는 OECD 학습 나침반 2030(OECD Learning Compass 2030)을 발표했는데, 이는 지금 여기 사회에 기여하고 보다 나은 미래

를 만들기 위한 학습자의 역량을 가리키는 개념으로 '새로운 가치 만들기', '딜레마 해소하기', '책임감 가지기'의 세 가지 '변혁적 역량(transformative competencies)'을 강조하고 있다. 변혁적 역량은 성찰(reflection), 예견(anticipation), 행동(action)으로 이어지는 모습을 보이는데, 여기서 성찰은 비판적 입장을 가지고 선택과 결정을 하는 것을 의미한다. 또한 예견은 지금 취한 행동이나 결정이 미래에 어떤 결과를 가져올지 분석하고 예측하는 것을 의미하며, 이를 기반으로 행동이 이루어져야 함을 강조하고 있다(OECD, 2018). 특히 미래사회에서는 기후변화, 테크놀로지의 급변 등으로 예측 불가능성이 더 커지면서 미래를 살아갈 주체인 학습자는 변혁역량과 사회구성원으로서 발언 권리에 주목할 수밖에 없으며, 이에 교육의 장에서도 학습자의 변혁적 역량 지원 교육 강화를 강조하였다. 이 내용은 |그림 5-1|과 같이 제시할 수 있는데, OECD 주요 국가에서는 공립학교에서도 평생교육 측면에서의 교육의 방향성을 전환하고 있음을 감지할 수 있다.

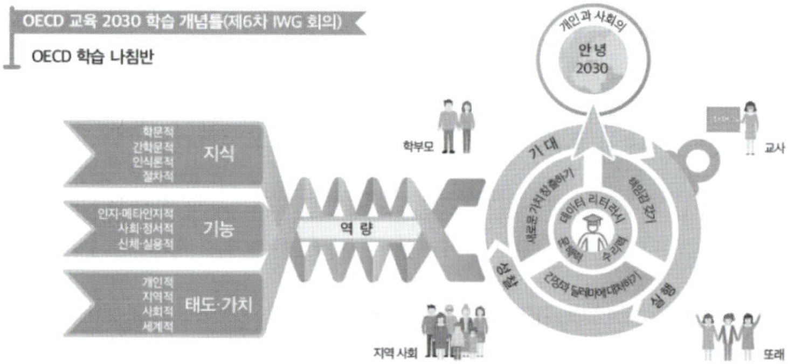

|그림 5-1| OECD 교육2030 학습의 개념 틀
(Future of Education and Skills; The OECD Education 2030)
출처 : 최상덕(2018). OECD 교육 2030에 대하여. 행복한 교육. 교육부.

학습은 일반적으로 지식, 행동, 스킬(능력), 가치관 등 새로운 것을 획득함을 의미하며, 또한 그러한 내용을 수정하고 재구조화하는 과정이라고 말할 수 있다. 단적으로 말하면, 새로운 공부와 훈련, 연습 등을 하면서 지금까지 갖지

못했던 새로운 정보와 기술, 가치관과 행동양식을 배우고 체득하여 체화하고 내재화하는 것을 의미한다. 특히 성인교육에서는 학습자의 다양한 연령 및 계층으로 인해 그들이 소지하고 있는 경험과 지식 정도가 상당한 다양성을 갖는다. 여기서 우선 형식교육에서 주를 이루는 교사 주도적 학습과 성인학습에서 지향하는 자기 주도적 학습의 구도를 |그림 5-2|와 같이 제시할 수 있다. 즉, 교사 주도적 학습 모델은 학생(학습자)이 주체가 되는 것을 방해하는 구조라고 할 수 있다. 교사는 수업 초기부터 마지막까지 학습자를 향해 능동적으로 개입하여 배움의 주도권을 계속 가지고 있게 된다. 학습자의 인원이 많을 경우, 학습자는 수업 중 교사의 지시에 순응하고 따르는 것이 배움의 달성이라고 생각할 수 있다. 물론 능동적 배움을 위한 진지함을 가지고 있는 학습자가 존재할 수 있으나, 지속적인 학습 유지에는 상당한 노력이 필요할 것이다. 이러한 교사 주도형 학습은 영국에서는 산업혁명 이후의 노동자들이 중산층을 중심으로 '대학 확장운동'을 통한 교육에의 욕구가 확장됨과 동시에 확대되었다고 볼 수 있다. 한편 그러한 노동자를 위한 교육이 너욱 확내되면서 그것이 북유럽, 독일, 미국에서 일어난 안드라고지론의 생성과 제기의 계기가 되었다고 할 수 있다. 즉, 아동들과는 다른 원리와 방법, 기반으로의 교육적 관계가 필요함이 대두되기 시작한 것이다(渡邊洋子, 2023).

이러한 중산층 노동자를 중심으로 한 학습에서, 학습자와 교육자 상호 간의 인격 존중과 더불어 평등한 선에서의 학습이 자기 주도형 학습 모델로, |그림 5-2|의 우측과 같이 성인교육에서의 교육적 관계성은 '배움 · 가르침'이 대등하게 나열되면서, 그 주체가 배우는 당사자가 되어야 함을 강조하고 있다. '가르치는 측'은 성인의 배움을 지원하는 전문가이면서 해당 학습자의 배움을 전문적(교육적)으로 보고, 가장 바람직한 학습을 위한 최대한의 노력을 발휘해야 하는 주체임을 나타낸다(M. Knowles, 1975; 渡邊洋子, 2023). 또한 이러한 성인학습에 관하여 오오츠보(大坪)는 '집단학습'이 아닌 '개인학습'에서 지원 방식과 촉진 과정에 상당한 고려가 필요함을 강조하였다(大坪嘉昭, 1989). 그 이유는, 성인학습자는 개개인 모두 다양한 문화와 계층에 속해 있어 각자

다른 스토리를 소지하고 있기 때문이다. 이러한 스토리가 학습의 주제가 될 때, 교수자보다 더욱 정교한 학습 설계 또한 가능하기 때문이다.

교사 주도형 학습		자기 주도형 학습
가르침 → 배움 (교육 · 훈련) 교육자와 학습자	➡	배움 · 가르침 (성인학습 상담) 학습매니저와 학습자

|그림 5-2| 교사 주도형 학습과 자기 주도형 학습에서의 배움과 교육자의 역할 비교

2) 자기 주도 학습능력의 구조

세키구치(関口礼子 外, 2006)는 형식교육과 달리 자기 주도적 학습 능력은 |그림 5-3|과 같이 의식의 차원에서 태도 및 행동의 차원으로의 '인격 특성', '학습 동기부여', '학습 스킬'의 세 가지 층위로 성립된다고 설명한 바 있다. 이 층위 중에서 기저층은 자기를 대상화(對相化)하여 스스로를 '있는 그대로 인식'하는 힘과, 그렇게 인식한 자아를 '이상적 자아'에 가까워지도록 하기 위한 자기통제력을 나타낸다. 그 위의 층위는 성장 · 발전에의 욕구, 또는 지향성이 차지한다(関口礼子 外, 2006). 환언하면, 성인학습의 자기 주도적 학습에서의 큰 의의는, 현실적 자기개념과 이상적 자아의 일치가 최종 목표라고 할 수 있다. 그러기 위해서는 교육 · 학습의 의의를 긍정적으로 수용하고 학습활동을 적극적으로 지지하는 태도가 필요하다. 여기서 학습행동의 성립을 직접적으로 결정하는 것이 학습 동기부여라고 할 수 있다. 동기부여란 학습자의 학습 과제에 관여하는 기법에서부터 학습 과제의 설정 여부가 우선적인 문제가 된다. 그러기 위해서는 일상의 변화를 민감히 받아들이고 문제의 속성과 구조를 정확하게 파악하는 역량을 빼놓을 수 없을 것이다. 이렇게 학습 과제가 설정되면 다음은 그것을 학습하는 의의와 필요성, 즉 학습과제의 의미부여와 함께 그 학습 과제를 달성하기 위한 의지와 의욕의 정도와 관계된다.

마지막은 학습활동의 실제현장에서 요구되는 '학습 스킬'이라고 할 수 있다. 여기서 '학습법의 지식 · 기능'이라 함은 학습의 계획과 교안(教案)뿐만이 아닌 필요한 정보와 지식을 입수하는 방법과, 입수한 문헌과 자료를 읽고 이해하고 해석하는 힘이라고 할 수 있다. 또 그렇게 획득한 정보와 함께 다시 탐색하고 통찰하는 힘, 통합적으로 판단하는 힘, 도달한 결론과 문자와 구두로 표현하는 힘 등 학습을 전개해 가는 일련의 과정에서 요구되는 모든 역량을 가리킨다. 이 학습 스킬은 학습법의 능력과 기초학력의 양면을 포괄할 때 비로소 실천적 역량이 되는 것이다(그림 5-4). 이러한 의미에서 성인학습은 개별적 특성을 기반으로 하여 각자의 학습 동기에 따른 과제와 목표를 설정하고, 거기에 기초학력을 포함한 학습법으로의 지식과 기능을 습득하는 과정이라고 할 수 있다. |그림 5-3|에서 기저의 '인격 특성'은 인격 형성과도 맥락을 같이하고 있으며, 자기 인식과 자기 통제력을 기반으로 하는 학습력을 기초로 하고 있음을 알 수 있다. 따라서 인격의 특성을 고려한 개별적 학습 로드맵과 학습 컨설팅이 필요할 것임을 도출할 수 있다.

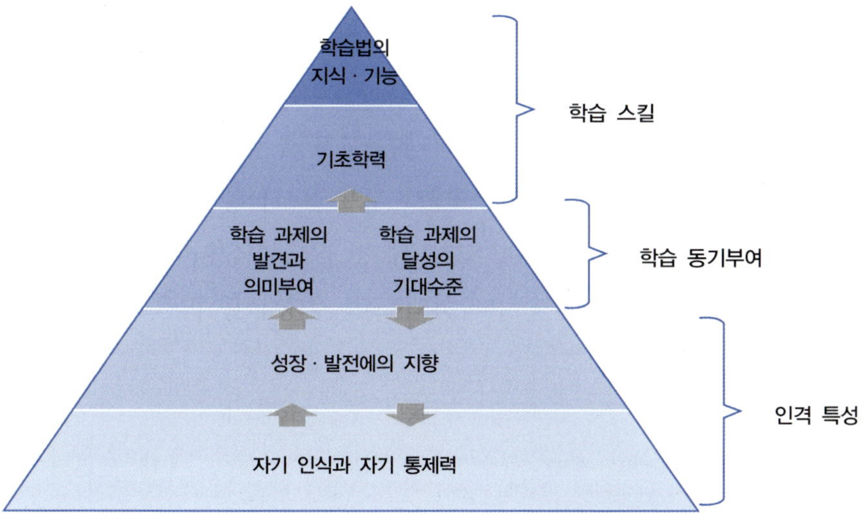

|그림 5-3| 자기 주도 학습 능력의 구조

출처 : 関口礼子 外(2006), pp. 86-88 재구성.

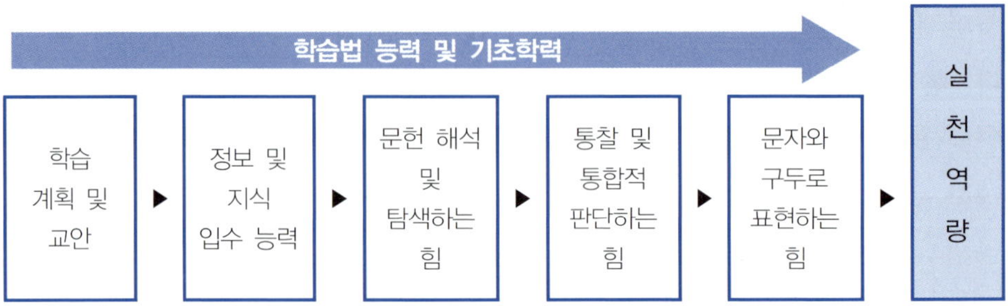

|그림 5-4| 학습활동의 실제현장에서 요구되는 학습 스킬(學習力)

3) 성인학습 지도의 교재 구성 요인

상술한 바와 같이 성인학습은 자기 주도성을 가진다. 또한 학령기의 교육과 달리 시민으로서의 문화적 · 경제적 · 정치적 · 사회적 문제에의 현실적 대응력이 요구됨을 알 수 있다. 따라서 성인학습의 교재에는 획일성을 갖지 않고 다양한 계층과 문화를 배경으로 하는 학습자에 대한 이해가 요구된다. 〈표 5-2〉는 성인학습을 위해 필요한 교재의 구성을 제시하고 있다. 여기에서는 '교육'에서 '학습'으로의 이행을 강조하고 있다. 또한 자율성을 강조하는 자기 결정성, 경험, 학습 준비성, 학습 방향 설정 등이 필요함을 강조하고 있다. 또한 시험 대비를 위한 지식의 축적보다는 실천적 구체화가 필요함을 강조하고 있다.

〈표 5-2〉 성인학습을 위한 교재 구성 사례

구 분	내 용
교재의 구성	성인학습의 개념과 이론, 성인학습에 대한 기본적 지식, 성인학습과 지원, 성인학습의 방법
교재의 내용	• 성숙 혹은 성인기의 발달 특성을 기반으로 함 • 의존으로부터 자율에 이르는 발달 특성과 학습의 관계에의 착목 • 자기 결정성, 경험, 학습 준비성, 학습 방향 설정 등

교재의 의의	• 성인발달 특성에 맞는 교육학의 필요성 • 안드라고지의 체계화 • 실천적 구체화 • 교육에서 학습으로의 이행 • 학습자의 주체성
비판적 견해	• 학습을 회피하는 이유 • 도달 목표로서의 자기결정형 학습(포스트안드라고지) • 이념형으로서의 성인

출처 : 渋江江かさね(2019), pp. 170-172 재구성.

4) 세계시민교육과 SDGs 학습으로서의 성인학습

1997년 7월 독일 함부르크에서 진행된 제5회 세계성인교육회의는 다음과 같이 성인학습선언을 채택하였다. "참가자는 최대한의 인권 존중을 기초로 하여 인간 중심의 개발 및 참가형 사회만이 지속가능 또는 공정한 개발을 초래할 수 있음을 재확인한다. 혹시 인류가 생명이 연장되어 미래 과제에 대응한다고 한다면, 일상의 모든 영역에 있어 사람들이 정보를 얻고 효과적으로 참여 가능해야 할 필요가 있다." 또한 제2항에서는 "생애에 걸친 학습은 연령, 젠더, 평등, 장애, 언어, 문화적 및 경제적 격차 등의 요인을 반영한 학습 내용으로 변혁되어야만 한다"라고 주창하며, 평생교육 내용론의 변경을 요구한 바 있다(유네스코한국위원회 보도자료, 2020; 국가평생교육진흥원).

또한 여성, 고령자, 소수민족, 선주민 · 유목민, 장애인 등 피억압자가 학습할 권리를 보장하기 위해 교육정책을 펼칠 것을 각국 정부와 성인교육 관계자에게 강조하였다. 학습할 권리는 피억압자 자신이 자아 존중감과 자신감을 회복하고, 스스로의 상황을 개선하기 위한 역량을 획득하기 위해 필요불가결함을 강조하였다. 이를 임파워먼트(empowerment, 역량의 회복, 획득)라고 칭하며, 젠더론과 대안적인 개발론을 중시한 것이라고 할 수 있다. 한 사회의 피억압자가 자아 존중감과 자신감을 회복한다는 것은 불특정한 거대한 억압자와 피억압자 모두가 인간화가 구현된 상태를 말할 수 있다. 이것은 세계적

시민 레벨에서 중요한 관점을 제시한다. 여기서 지구적 과제를 중심으로 하는 교육의 도식을 다음 |그림 5-5|와 같이 제시할 수 있다. 이러한 문제 해결에는 성인학습자의 역량이 더욱 발휘될 수 있으며, 그것이 평가에도 반영되어야 한다는 관점이다.

또한 2009년 브라질 벨렘에서 진행된 제6차 세계성인교육회의에서는 '실현 가능한 미래를 위한 삶과 학습–성인학습의 힘'이라는 주제를 통해 세계적으로 경제적 위기를 극복하고 지속가능한 성장을 위해 각국의 평생교육정책 동향을 공유하고 발전방안을 모색하였다. 이는 '평생교육(성인교육)은 현대의 문화적 · 경제적 · 정치적 · 사회적 문제에 대응하는 결정적인 역할을 한다'는 내용을 중심으로 진행되었다. 2008년 세계경제위기 이후, 지속가능한 중장기 정책 수립을 제안한 내용이라고 할 수 있다. 여기에는 성인교육활동의 주요 요인이 포함된다고 볼 수 있다. 이처럼 지속가능한 세계시민으로서의 시민성을 회복하기 위해 성인교육이 필요하며, 다양한 분야에서의 교육 프로그램이 설계되어야 하고, 학습자의 다양한 일상 분야의 문제 해결에 직결되어야 한다.

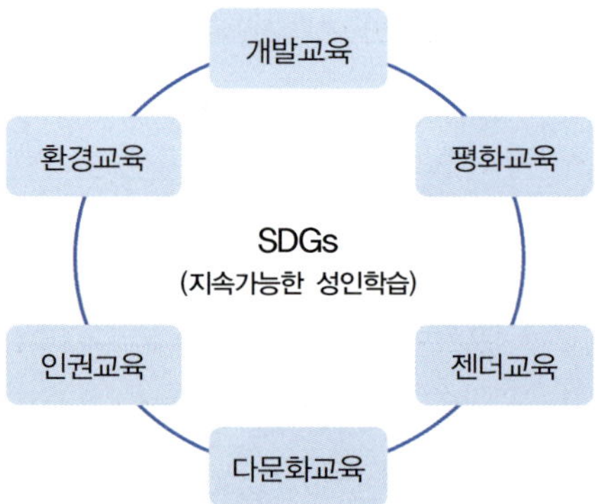

|그림 5-5| 지구적 과제를 중심으로 하는 6개 분야의 교육활동 사례

2 성인학습과 상담

1) 성인학습 전문가 및 상담가로서의 역할

학습 욕구(needs)가 다양해지면서 학습 목적과 내용 또한 다양화하고 있는 현 사회의 학습자에게 '학습 정보'라는 것은 단편적 정보의 축적이 아닌 자신에게 내재화되어 있는 목적의식과 문제와 관심을 '학습'이라는 행위로써 표현하기 위한 중요한 수단이 되고 있다. 이렇게 다양화하는 학습자의 요구와 관심에 발맞추어, 성인학습 전문가 및 상담가로서의 궁극적인 역할은 한마디로 사람들의 학습이 원할히 진행되도록 하는 것이라고 할 수 있다.

또한 성인학습 상담이란 학습정보의 제공은 물론 학습 중의 문제와 고민에 대해 조언과 지원을 '학습의 측면'에서 지원하는 것이라고 정의할 수 있다. 여기서 성인학습의 진행 과정을 ① 학습 목표의 명확화, ② 학습 방법의 결정과 학습 재료의 선정, ③ 학습 도중의 의문과 해명, ④ 학습 성과의 확인과 반성, ⑤ 다음 학습을 위한 목표 설정으로 분류할 수 있다(関口礼子 外, 2006; 渡邊洋子, 2005; 2023). 즉, 성인학습 전문가는 이러한 모든 단계에서 학습자를 관찰하고 지원하는 것이다. 이 과정의 구체적인 내용을 다음의 〈표 5-3〉과 같이 성인학습 전문가와 성인학습 상담가의 범주로 구분하여 재구성할 수 있다.

〈표 5-3〉 성인학습 전문가 및 성인학습 상담가의 역할

구 분	역할의 범주화	내 용
성인학습 전문가	① 학습 목표의 명확화	• 학습자는 무엇을 배우고 싶은지 모르는 상태인 경우가 많음 • 박물관 및 도서관 등 다양한 학습기관에서 진행되는 프로그램을 이해하고 설명하여 학습 목표를 지원해야 함
	② 학습 방법의 결정과 학습 재료의 선정	• 개인학습이 주류이므로, 일괄적인 학습 방법의 선정이 아닌, 자율적인 시간과 정보를 활용하여 학습 방법을 선정하도록 유도함 • 개별 맞춤 자료를 제공하는 능력이 필요함

성인학습 상담가	③ 학습 도중의 의문과 해명	• 성인학습자는 개별학습 진행 과정에서 많은 좌절을 경험하게 됨 • 학습 상담을 위해 전문적인 해석과 연구가 필요함
	④ 학습 성과의 확인과 반성	• 자기평가가 가능하도록 만족도와 지식적 축적의 정도를 스스로 평가할 수 있도록 유도해야 함
	⑤ 다음 학습을 위한 목표 설정	• 학습 성과의 확인과 반성을 반추하여 다음 학습 목표를 스스로 결정할 수 있도록 유도함

출처 : 関口礼子 外(2006); 渡邊洋子(2005; 2023) 재구성.

2) 성인학습계약[1]

노울즈는 성인학습 구조를 설정할 때 가설을 세우고 필요한 데이터와 입수처를 명확히 함을 강조하고 있다. 데이터의 구성·분석을 생각하여 답을 보고하고 유형성을 검증하는, 단계적이며 과학적 탐구보다 효과적인 방법으로 학습자 스스로의 '학습계약(learning contact)'을 제안하고 있다(M. Knowles, 1975). 이 학습계약이란 교수자와 학습자 간의 계약이 아닌 '학습자 자신과의 계약', 즉 학습자 스스로 학습에 관하여 사전에 자기 자신이 구체적으로 설정하는 것을 의미한다. 여기서 노울즈는 학습계약의 작성순서를 다음 〈표 5-4〉와 같이 제시하고 있다. 이러한 과정은 학습자 자신이 도달 목표를 향해 어떠한 학습 자원과 방법론을 사용하여 배우는가를 결정하고, 스스로 학습 플랜을 세우는 것을 기본 전제로 한다. 또한 학습 성과를 측정할 근거 자료를 스스로 탐색할 뿐 아니라, 그 설득력의 정도를 자가 진단하는 경험을 중시하고 있다. 이러한 단계를 밟으면서 학습에 자율성이 형성되고, 그 학습 방법과

1 학습계약(學習契約, Learning Contract) : 새로 학습하는 지식이나 기술에 대하여 학습자와 교수자가 서면으로 그 스케줄이나 학습 방법, 학습 자원, 지원, 목표달성 평가 방법 등을 계약하는 것이다. 학습자 스스로 또는 교수자, 멘토 등의 도움을 얻어 작성하는 계약으로, 실제적이고 도달 가능한 목표, 목표에 알맞은 성공의 기준에 대한 정의, 목표를 달성하기 위한 액션플랜과 전략들을 포함한다. 기업교육 차원에서는 조직과 개인이 일정 기간 동안에 도달하고자 하는 학습 목표를 정해놓고, 이에 대하여 양자가 합의하며 이를 달성하기 위해 조직에서는 학습 지원을 하며 개인은 이를 바탕으로 개인역량을 향상시키기 위하여 행하는 과정과 노력들을 의미하기도 한다(HRD 용어사전, 2010. 9. 6., (사)한국기업교육학회).

프로세스, 성과의 자기평가가 독선적으로 진행되지 않게 하는 데 의미가 있다. 또한 작성 중에 학습계약을 학습 동료 및 교수자와 다양한 시각으로 검토하는 작업이 더욱 유효한 학습계약 작성이 될 것임을 강조하고 있다. 〈표 5-5〉는 노울즈가 제시하는 학습계약 작성 사례를 나타낸다. 노울즈가 제시한 이 '학습계약'이라는 용어는 평생교육 측면에서는 적합한 맥락으로 보기 어려워, 한국에서는 기업교육 측면에서 주로 사용되고 있다. 이와 유사한 용어로 '학습컨설팅', '멘토링', '학습코디네이터' 등을 들 수 있고, 이 부분이 성인학습 상담과 맥락을 같이한다고 볼 수 있다.

〈표 5-4〉 노울즈의 성인학습계약의 6단계

구 분	내 용
1단계	학습 목적의 명확화
2단계	학습 목적을 달성함에 있어 필요한 지식 · 이해 · 기능 · 태도 · 가치관에 관해 현재 자신이 어디까지 도달하였는가, 어떠한 과제가 있는가를 자가진단
3단계	2단계를 고려하면서 1단계의 학습 목적을 3~4개 항목(계약)으로 분류하여, 각 항목 계약에 따라 학습 도달 목표를 설정
4단계	계약항목별 도달 목표를 달성하는 데 도움이 되는 학습 자원과 학습방법론(strategy)을 결정
5단계	도달 목표의 달성도를 측정하기 위해 필요한 근거자료(evidence)를 결정
6단계	근거자료의 타당성을 제3자에게도 진단 및 증명할 수 있는 방법을 검토하여 결정

출처 : 渡邊洋子(2005), pp. 160-165를 참고하여 표로 작성.

〈표 5-5〉 학습계약의 작성 예

학습자명			학습 프로젝트명 : 자기 주도형 학습에 관한 학습	
학습 도달목표		학습자원과 학습방법론	근거자료	근거자료의 유효성을 측정하는 기준과 그 수법
계약 1	교사 주도형 학습과 자기 주도형 학습의 이론과 실천의 관련에 관하여 숙지하기	탐구프로젝트 1, 2, 3, 4 다양한 학자의 문헌을 읽는 학습자원 A	각각의 정의와 이론적 근거, 전제, 요구되는 기술에 대하여 구두 혹은 문장으로 보고하기	고교생, 대학생, 교사, 성인 지인의 앞에서 이야기하고, 다음 항목을 5단계로 평가받음 1) 명확성 2) 포괄성 3) 유효성
계약 2	스스로의 자기개념을 자기 주도적 사람의 자기개념에까지 도달시킴	학습자원 D 탐구프로젝트 4	학습 도달 목표를 달성함에 충분한 학습 플랜을 세움	[학습계약]에 제시된 자기 주도성에 관해 상담팀 동료 및 교사에게 평가를 받음

출처 : 渡邊洋子(2005), p. 164 재구성.

여기서 성인학습 상담의 과정에 관하여 권두승 등(2020)은 다음의 |그림 5-6|과 같이 성인학습 장면에서의 상담의 개념을 정의하였다. 이 내용을 보면, 노울즈가 제시한 구체적 학습 과정의 설계와 달리 '학습 문제 치료 단계'가 추가되어 상담 과정으로의 정체성을 강화하고 있음을 알 수 있다.

구 분	평생교육 상담 (학습 참여 이전 단계)	⇨	학습 과정 상담 (학습 과정 단계)	⇨	학습 문제 상담 (학습 문제 치료 단계)
상담주체	학습자가 선택해야 할 교육과정 선택		학습 과정에서 학습자들이 겪는 문제 등		학습자들의 정체성
내담자의 동기	적합한 성인교육 강좌의 선택에 대한 불안감을 해소하기 위함		학습 과정의 최적화, 학습 과정상의 어려움을 해결하고자 하는 내담자의 요구에 따라 진행		삶이 실제적인 문제, 잃어버린 행위 가능성에서의 높은 상실감 혹은 압박감

|그림 5-6| 성인학습 장면에서의 상담의 개념

출처 : 권두승 · 조아미(2020), p. 259 재구성.

3 성인학습 과정에 영향을 미치는 요인

클라라 힐(Clara Hill)은 상담 과정에 영향을 주는 요인을 상담자 및 내담자의 배경요인, 상담상의 맥락요인, 상담 과정상의 상호작용 요인, 상담자 및 내담자의 외부환경 요인 등으로 정리하였다(권두승 · 조아미, 2020 재인용). 여기서는 앞서 서술한 성인학습 및 과정의 특성을 기반으로 하여, 상담자 및 내담자로서의 학습에 주는 영향에 관하여 살펴보기로 한다.

한국교육개발원에 의하면 2021년 기준 한국 성인의 평생학습 참여 실태는 30.7%로 저조한 참여율을 나타내고 있다(그림 5-7). 그러나 지난 1년간 교육 또는 학습 참여를 목적으로 관련 정보를 접한 후 실제로 프로그램에 참여한 한국 성인의 비율은 높아짐을 |그림 5-8|과 같이 알 수 있다. 또한 우리나라 성인학습자들은 직업 관련 목적으로 비형식 교육 참여율이 높게 나타나는데, 특히 |그림 5-9|와 같이 대졸 이상의 학력 소지자가 평생교육에의 참여율이 높게 나타나며, 지역별로는 비수도권 거주자들이 직업과 관련된 목적으로 참여율이 높음을 알 수 있다. 그 외, 연령별로는 25~34세 연령층이 28%로, 그다음으로 45~54세가 높은 참여율을 보이면서 직업 및 경력과 관련된 참여율이 여전히 높음을 알 수 있다(교육통계서비스, 2021).

결론적으로 우리나라의 평생교육 학습자들의 저조한 참가율은 정보의 부족에 기인하고, 정보접근이 용이한 고학력이 참여율이 높다는 것을 알 수 있으며, 직업적 성취를 위한 현실적 참여율이 높음을 유추할 수 있다. 그 내용에 있어서는 청장년층을 중심으로 취업과 직업적 성취를 위한 선택이 높다는 것을 알 수 있다. 또한 일부에서는 최근 노인의 고용률이 높아지는 현상에 관하여, 생계를 위한 취업 요인이 높아지는 현상을 지적하고 있다(중앙일보, 2025). 따라서 우리나라의 평생학습에 있어 보다 더 다양한 경제 및 문화적 배경을 파악한 개별적 학습 안내가 필요하며, 그를 위해 맞춤형 학습 컨설팅이 무엇보다 필요함을 유추할 수 있다.

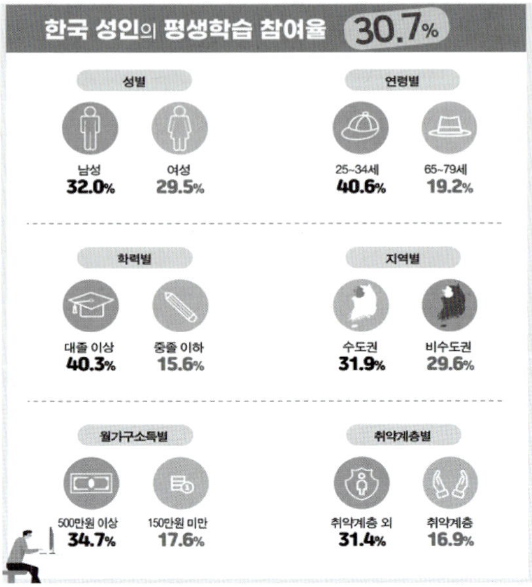

|그림 5-7| 한국 성인의 평생학습 참여율

출처 : 교육통계서비스. 2021년도 한국 성인의 평생학습실태, p. 36.

$$\text{정보 접근 후 프로그램 참여율(\%)} = \frac{\text{정보 접한 후 프로그램 참여자 수}}{\text{정보를 접한 한국 성인 인구}} \times 100$$

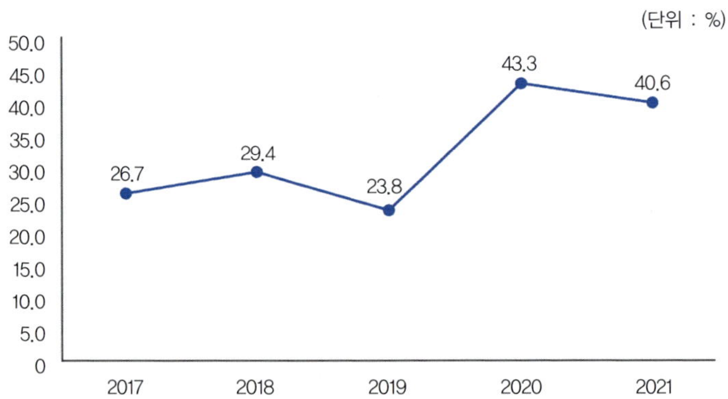

|그림 5-8| 한국 성인의 정보 접근 후 프로그램 참여율

출처 : 교육통계서비스. 2021년도 한국 성인의 평생학습실태, p. 34.

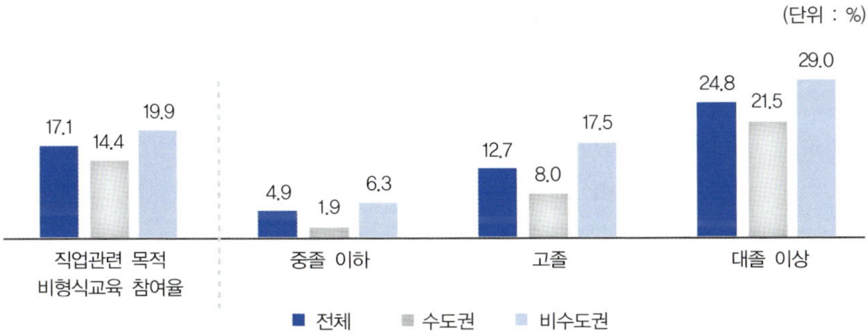

|그림 5-9| 직업 관련 목적 비형식 교육 참여율(학력별×지역별)

출처 : 교육통계서비스. 2021년도 한국 성인의 평생학습실태, p. 42.

1) 상담자의 배경요인

제롬 케이건(2020)은 저서 『무엇이 인간을 만드는가』에서 '인간을 인간답게 하는 12가지 요소'를 제시한 바 있다. 그가 제시한 12가지 요소를 형식교육과 성인학습의 맥락에서 재구성하여 |그림 5-10|과 같이 제시할 수 있다. 즉, 성인학습의 다섯 가지 요소는 경험, 교육, 예측, 감정, 도덕을 말한다. 이 요소는 마크 프랜스키(2023)가 언급한 AI 시대에 더욱 요구되는 역량과도 일치하는 점에서 그 의의가 크다. 마크 프랜스키는 『세상에 없던 아이들이 온다』에서 디지털네이티브 세대인 Z세대에게 더욱 요구되는 역량으로 정의감과 공감, 도덕성, 사색하는 힘 등을 언급한 바 있다. 즉, 향후 형식교육을 포함한 성인학습에 있어서도 배움으로 미래를 예측하고, 감정적으로 공감하고, 도덕성의 역량을 중시하는 시대가 됨은 분명하다.

〈표 5-6〉은 상담자의 개인적 요인을 연령, 직업, 학력, 신념, 라이프 스타일로 분류하여, 내담자에게 미칠 수 있는 예측 가능한 영향에 관하여 정리한 내용이다. 성인학습의 대상자는 연령의 폭이 다양하여 세대에 따른 개별적 입장에 대한 이해가 필요할 것이다. 그와 더불어 직업, 학력, 신념 등 학습자 개개인이 소지하고 있는 개별적 스토리를 이해하고 수용하는 역량이 무엇보다 필요하다고 할 수 있다.

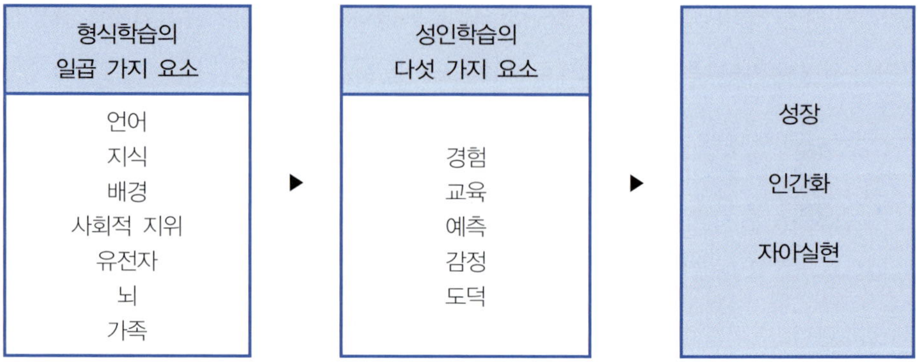

|그림 5-10| 인간을 인간답게 하는 12가지 요소

출처 : 제롬 케이건(2020) 재구성.

〈표 5-6〉 상담자의 배경 요인과 예측되는 영향

범 주	내 용	예측되는 영향
개인적 요인	연령 직업 학력 신념 라이프 스타일	• 다양한 연령의 학습자를 감안한 학습 유형 구성 필요 • 지식층 중심의 교수자의 입장에서, 생계적 학습자에 대한 이해 필요 • 다양한 학력을 가진 학습자를 위한 학습 설계 필요 • 중산층의 사회적 신념을 강조할 우려 • 지식층의 주거 및 일상의 당위적 해석 우려
환경적 요인	사회계층 젠더	• 중산층 라이프 스타일의 일반화 우려 • 여성 학습자에 대한 문화감수성 및 성인지감수성 필요

2) 내담자의 배경요인

전술한 바와 같이, 학습자는 직업 및 자기개발, 그리고 여가와 관련된 학습에 대한 요구가 강함을 알 수 있는데, 이러한 개별적 일상과 상황에 관한 이해가 필요할 것이다. 즉, 평생교육의 본질에 가까운 자아실현에 치우친 교육보다는 실천적으로 자기개발을 할 수 있는 문제 해결 방안을 제시할 수 있어야 하며, 세대 간의 차이를 극복할 수 있는 세대 간 학습공동체 형성을 통해 자신의 신념과 가치관을 유연하게 개방하여 토론할 수 있는 학습 구성이 필요하다.

또한 학습자 간의 갈등 발생에 유의하여 좌절과 실패를 경험하고 극복할 수 있는 상담자이자 학습매니저로서의 역할이 가장 중요하다고 볼 수 있다.

〈표 5-7〉 내담자의 배경요인과 예측되는 영향

범 주	내 용	예측되는 영향
개인적 요인	연령 직업 학력 신념 라이프 스타일	• 빠른 시대변화 및 연령에 따른 학습 유형의 차이 • 직업에 따른 학습자의 특성의 다양성 • 지식의 격차로 인한 문제 발생 가능성 • 정치 및 사회적 신념의 차이 • 가치관에 따른 차이
환경적 요인	사회계층 젠더	• 독서, 예술 등 학습 내용에서의 문화자본의 격차 • 여성 중심의 성인학습에서의 남성 소외

3) 성인학습을 저해하는 요인

여성과 고령자를 주요 계층으로 하는 성인학습의 경우, 부가적인 학습으로의 인식이 강하기 때문에 일상과 생계로 인한 자유학습에 한계를 가질 수 있다.

성인학습에서 나타나는 주요 장애 요인을 네 가지로 분류하여 설명할 수 있는데, 학습자의 환경적 요인은 비용, 시간, 가족 및 직업과 같은 외부적 제약으로 인해 학습 참여가 어려워지는 경우를 들 수 있으며, 제도적 요인은 학습 프로그램의 제한, 행정적 절차의 복잡성, 시간표의 비유연성 등과 같은 체계적 문제를 들 수 있다. 정보적 요인은 학습 기회와 관련된 정보 부족이나 홍보 미흡으로 인해 학습자가 접근하지 못하는 경우를 포함하며, 심리적·사회적 요인은 학습자 개인의 낮은 학습 동기, 자신감 부족, 사회적 편견, 학교 환경에 대한 심리적 위축 등 내적 및 관계적 장애를 다룬다. 〈표 5-8〉은 성인학습자의 학습을 저해하는 주요 요인을 정리한 내용이다. 이 표는 성인학습 참여에 있어 복합적이고 다차원적인 장애 요인을 보여주며, 이를 해결하기 위해 개인적, 제도적, 사회적 차원의 통합적인 노력이 필요함을 시사한다. 결론적으로 성인학습 전문가 및 상담가는 심리적 및 사회적 요인까지 포괄하여 학습적 대안을 제시하는 역량이 무엇보다 필요함을 알 수 있다.

〈표 5-8〉 성인학습자의 학습을 저해하는 주요 요인

범 주	내 용
학습자의 환경적 요인 (situational barriers)	비용 시간 가사 및 일상 직업 육아 접근성 학습 환경 부재 가족 및 지인들의 이해 부족
제도적 요인 (institutional barriers)	시간적 선택 제한 프로그램 선택의 제한 신청 및 출석 관리의 엄격성 유용한 프로그램의 부재 신청 및 접수의 관료적 접근 단위 및 수료의 가능 여부
정보적 요인 (informational barriers)	홍보 및 정보의 결여 제한된 사람들만의 반복적 이용
심리적 · 사회적 요인 (psychological & social barriers)	연령의 다양성으로 인한 위축 학습 능력의 수치심 근면성의 부족 학교와 교실에 대한 심리적 위화감 학습 동기 부족 타인의 눈에 띄기 싫은 심리 등

출처 : 関口礼子 外(2006), p. 89 재구성.

연습문제

1. 성인학습이 왜 중요한지 설명하고, 이를 지원하는 구체적인 예를 들어보세요. 또한 성인학습이 개인의 직업적 성장, 개인적 만족, 사회적 기여에 어떤 영향을 미칠 수 있는지 논의해 보세요.

2. 성인상담이 왜 필요한지 설명하고, 이를 통해 얻을 수 있는 이점과 구체적인 사례를 들어보세요. 예를 들어, 성인이 경력 전환을 고려하거나 개인적인 어려움을 겪을 때 상담이 어떻게 도움이 될 수 있는지 생각해 보세요.

참/고/문/헌

권두승 · 조아미(2020). **성인학습 및 상담**. 교육과학사.

마크 프렌스키(2023). **세상에 없던 아이들이 온다**. 한문화.

이희수(2005). UNESCO세계성인교육회의가 평생교육정체성 형성에 미친 영향 연구. **평생교육학연구**, 11(1).

제롬 케이건(2020). 김성훈 역, **무엇이 인간을 만드는가–인간을 완성하는 12가지 요소**. 책세상.

중앙일보(2025. 3. 6). 백발 기사가 도로 달린다. 전국 개인택시 절반이 '65세 이상' https://www.joongang.co.kr/article/25325778에서 발췌

최상덕(2018). OECD 교육 2030에 대하여. 행복한 교육. 교육부.

한국교육개발원(2021). 한국 성인의 평생학습 실태 통계자료.

関口礼子 外(2006). **新しい時代の生涯学習**. 有斐閣アルマ.

大坪嘉昭(1989). 成人教育における個人学習の援助 · 促進方策の研究-さまざまな情報メディアを活用して-. **北海𦫿教育大学紀要**, 40(1).

渡邊洋子(2005). 学習者と教育者のための自己主導型学習ガイド-ともに創る学習のすすめ. 京都大学SDL研究会 訳. 明石書店.

________(2023). **生涯学習時代の成人教育学学習者支援へのアドヴォカシー**. 明石ライブラリー.

渋江江かさね(2019). 生涯学習支援論 としての成人学習理論 : M.ノールズのアンドラゴジーをめぐって. 静岡大学教育学部附属教育実践総合センター.

倉内史郎 · 鈴木真理 編著(2002). **生涯学習の基礎**. 学文社.

Knowles, M. S.(1960). Higher Adult Education in the Movement in the United States. Adult education Association of the U.S.A.

____________(1975). *Self-Directed Learning : A Guide For Learning and Teachers*. Cambridge, The Adult Education Company.

국가평생교육진흥원 보도자료(2016). 평생교육참여 만족도 조사결과보고서 https://www.nile.or.kr/usr/wap/detail.do?app=11526&seq=716&lang=ko에서 발췌.

유네스코한국위원회 발간자료 https://unesco.or.kr/%EC%A0%9C7%EC%B0%A8-%EC%84%B8%EA%B3%84%EC%84%B1%EC%9D%B8%EA%B5%90%EC%9C%A1%ED%9A%8C%EC%9D%98-%EB%A7%88%EB%9D%BC%EC%BC%80%EC%8B%9C-%EC%8B%A4%ED%96%89%EA%B3%84%ED%9A%8D/

PART 02

성인학습 상담의 이해와 실천과제

06 CHAPTER 성인학습 상담의 필요조건

1 성인학습 상담의 의미와 필요성

1) 성인학습 상담의 필요성

급격한 사회 변화와 기술 발전 속에서 성인학습의 필요성은 그 어느 때보다 중요해졌다. 디지털 혁명, 인공지능(AI), 자동화 기술 등의 발전으로 기존의 직업군과 산업 구조가 빠르게 변화하고 있다. 이에 따라 많은 성인들이 경력 전환, 기술 재교육, 새로운 직업 역량 개발을 위해 학습을 시작하고 있다. 그러나 성인들은 다양한 삶의 경험과 책임을 지닌 상황에서 학습을 시작하게 되므로, 자신의 학습 목표와 계획을 구체화하고 지속할 수 있는 전략을 세우는 데 어려움을 겪을 수 있다. 성인학습 상담은 이런 어려움을 해결할 수 있는 중요한 역할을 한다. 예를 들어, 성인이 경력 전환을 위해 새로운 기술을 배워야 할 때, 상담자는 그가 가지고 있는 이전 경험을 바탕으로 효율적인 학습 방법을 제시하거나, 직업 시장의 변화에 맞는 맞춤형 학습 경로를 제시할 수 있다. 또한 성인들이 직장 내에서의 경쟁력을 높이기 위해 학습을 할 때, 시간 관리나 스트레스 관리, 동기 부여 방법 등을 함께 다루어 학습의 지속성을 높일 수 있다. 더불어, 성인들이 학습을 통해 개인적인 자아 실현을 이루려는 욕구도 증가하고 있어, 학습 상담은 개인의 삶의 질을 향상시키고 행복을 추구하는 데 중요한 역할을 한다.

현대 사회는 급변하는 정보와 기술 환경 속에서 평생학습을 요구하고 있으며, 이러한 환경에 적응하기 위해서는 성인학습 상담이 필수적이다. 성인학습 상담은 개인의 내적 동기와 외적 자원을 조화롭게 활용하며, 변화하는 시대에 발맞춰 지속가능하고 유익한 학습 경험을 제공할 수 있는 중요한 과정이다.

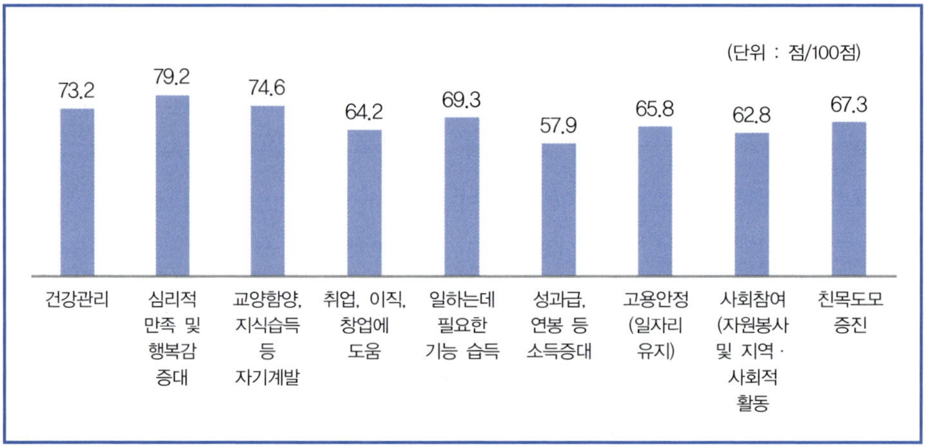

주 : 평생학습 개인실태조사 응답자 중 평생학습 참여자에 대한 현황임.

|그림 6-1| 평생학습의 성과

출처 : 교육부(2024. 7. 1). 2023년 평생교육통계 및 한국성인의 평생학습 실태조사.

2) 성인학습 상담의 의미

성인학습 상담(Adult Learning Counseling)은 성인학습자가 개인적인 삶의 목표를 달성하고 교육적·직업적 성장을 이루기 위한 학습 과정을 지원하는 전문가적 과정이다. 이는 성인학습자가 자신의 경험, 인지적 특성, 사회적 상황을 바탕으로 효과적인 학습을 설계하고 실천할 수 있도록 돕는 심리적·사회적·교육적 지원을 제공한다. 성인학습 상담은 단순한 학습 지원을 넘어서 학습자의 개인적·직업적 배경과 그들이 직면한 삶의 변화(예 경력 전환, 기술 습득, 자아 실현 등)와 관련된 심리적·정서적 문제를 이해하고 해결하려는 과정이다. 성인학습(Adult Learning)과 성인학습 상담(Adult Learning Counseling)이라는 용어는 비슷해 보이지만 그 목적과 적용 방식에서 중요한 차이를 가진다. 성인학습(Adult Learning)은 성인이 경험을 바탕으로 자신의 지식, 기술, 태도를 변화시키거나 새로운 정보를 습득하는 과정이다. 성인학습은 학습자의 과거 경험과 현실적 요구를 반영하여 직업적 목표나 개인적 발전을 위해 실용적인 지식과 기술을 습득하는 데 초점을 맞춘다.

안드라고지(andragogy) 이론에 따르면, 성인학습자는 자아실현, 문제 해결, 직업적 요구 등 현실적인 목적을 가지고 학습을 시작하며, 스스로 학습의 방향을 설정하고 조정하는 데 능동적인 역할을 한다. 성인학습의 중요한 특징은 경험 기반 학습, 자기 주도적 학습, 문제 중심 학습 등을 들 수 있다. 또한 성인은 실용적인 지식이나 기술을 배우기 위해 학습을 진행하며, 교육 과정에서 사회적 맥락이나 경험의 통합을 중요시한다.

성인학습 상담(Adult Learning Counseling)은 성인학습자가 자신의 학습 목표를 성취할 수 있도록 돕는 심리적·교육적 지원 과정이다. 이 상담 과정은 성인이 직면할 수 있는 다양한 장애물(시간 부족, 경제적 제약, 감정적 부담 등)을 극복하고, 자기 주도적 학습을 촉진하는 데 중점을 둔다. 성인학습 상담은 학습자가 자신에게 맞는 학습 전략을 개발하고 학습 동기를 유지하며, 학습과 관련된 스트레스나 불안감을 관리할 수 있도록 돕는다. 또한 학습자의 과거 경험과 현재 상황을 반영하여 맞춤형 학습 경로를 제시하고, 학습자의 개인적·사회적 특성에 맞는 학습 방법을 권장한다. 성인학습 상담의 중요한 기능은 학습자가 학습 과정을 자율적으로 관리하고, 그 과정에서 발생하는 내적 갈등이나 문제를 해결할 수 있도록 도와주는 것이다. 이 과정은 상담자가 성인학습자의 삶의 맥락과 학습 목표를 종합적으로 고려하여 맞춤형 지원을 제공하는 것을 포함한다.

성인학습자들은 다양한 과거 경험을 가지고 있으며 또한 학습이 진행되는 당시에도 역시 다양한 변인에 노출되어 있어 학습을 효과적으로 지속하는 데 어려움이 많다. 이와 같은 어려움을 극복하고 학습 활동을 잘 진행할 수 있도록 도와야 한다. 이러한 의미에서 성인학습자의 학습 활동을 적절하게 안내, 지원, 촉진, 강화하기 위한 다양한 방법이 필요한데, 그중 가장 대표적인 것이 성인학습 상담이다. 성인학습 상담을 통해 학습 문제를 가진 성인학습자의 문제 원인을 탐색하여 이를 잘 극복할 수 있도록 조력하며, 학습 문제로 야기되는 부정적인 자아개념의 형성을 예방함으로써 여러 가지 학습과 관련된 문제를 해결하고 학습 효율성을 높일 수 있으며, 결과적으로는 성인학습자 자신이 지닌 잠재력을 최대한 개발해 나가도록 하는 것이 목적이다.

성인학습 상담은 일반적인 상담과 마찬가지로 다양한 형태로 나타난다. 이것은 상담이 진행되는 상황이나 대상, 해결되어야 할 문제의 유형이나 성질 등에 따라 그 종류와 유형을 다양하게 분류할 수 있는데, 이는 일반 상담의 분류와 다르지 않기 때문이다. 성인학습 상담도 성인의 개별적인 특징인 성격이나 심리 상태, 발달 수준, 학습 수준, 현재 처해 있는 여건과 상황 등에 따라 다양한 형태로 나타나며 이는 일반 상담의 분류와 다르지 않다. 성인학습에 초점을 맞추어 성인학습 상담의 유형을 분류하기도 하였는데, 이를 세 가지 관점으로 나누어 설명하고 있다(권두승 · 조아미, 2018). 이 세 가지 관점은 성인학습 상담의 성격과 적용 범위, 수행 주체와 관련된 차이를 반영하며, 각 접근은 성인학습자가 직면한 문제와 그 해결을 위한 지원 방식에 따라 달라진다.

(1) 전문적/기관 중심적 접근

성인학습 상담은 성인학습을 제공하는 다양한 기관에 고용되어 있는 '상담자'라는 직함을 가진 사람들에 의해서 전문적으로 수행되는 활동으로 협의의 관점이다. 이 접근은 성인학습을 제공하는 기관에 고용된 상담자가 전문적인 교육과 훈련을 통해 성인학습 상담 활동을 수행하는 방식을 의미한다. 이 관점에서 성인학습 상담은 보다 좁은 범위로, 특정 기관에 소속된 상담자들이 담당하는 전문적인 역할로 규정된다. 이러한 접근은 주로 성인학습이 이루어지는 교육기관, 직업훈련센터, 평생교육원, 고용지원센터 등과 같은 공식적인 학습 기관에서 발생한다. 상담자는 성인학습자가 직면한 학습 관련 문제나 경력 변화, 기술 습득 문제 등을 전문적으로 다루며, 이를 위해 교육적 · 심리적 지식과 기술을 바탕으로 지원을 제공한다. 예를 들어, 성인이 직업 전환을 위해 새로운 기술을 배우려 할 때, 이 전문 상담자는 성인학습의 특성을 반영하여 맞춤형 학습 계획을 수립하고, 학습 동기 유발, 학습 전략 제공 등의 역할을 한다. 성인학습 상담을 전문적 기관 중심의 접근으로 정의하면서, 성인학습자가 학습 환경에서 겪는 문제를 해결하기 위해 제도적으로 존재하는 다양한 기관에서 이루어지는 상담 활동이 그 주체가 되어야 한다(조성연 · 조아미, 2018). 전문적인 상담자는 정규대학에서 상담과 지도에 관한 석사학위를 받아야 하는 학문적인 배경을 바탕으로 심리검사, 정보서비스, 상담이론, 상담실습, 성격이론, 집단지도, 그리고 성인교육에 관한 것이 포함되어야 한다. 이렇게 전문적으로 훈련된 상담자들은 자신이 일하는 기관에서 성인학습자를 위하여 상담, 각종 심리검사 실시, 정보제공, 의뢰, 추후지도, 그리고 자료보관 서비스를 할 것으로 기대된다. 이러한 접근은 보다 체계적이고 목표 지향적인 상담을 가능하게 하며, 성인학습의 효율성을 높이는 데 기여한다.

(2) 개방적 상담 기능적 접근

성인학습은 성인에게 현재의 혹은 미래의 학습을 제공하는 상담 서비스나 기능을 의미하며, 이와 같은 기능과 서비스는 전문적으로 훈련되고 성인학습 기관에 소속된 상담자의 의해서 이루어지지 않을 수 있는 것으로 전문적/기관 중심의 관점에서 보다 확장된 개념으로 정의한다. 이러한 접근은 전문적인 교육을 받은 상담자뿐만 아니라 성인학습을 위한 다양한 상담 기능과 서비스를 제공하는 모든 상황을 포함한다. 이 접근은 성인학습 상담이 특정 기관에 소속되지 않아도 성인에게 필요한 학습 지원이 제공될 수 있다는 점에서 보다 광의적인 개념이다. 여기서 의미하는 상담과 정보 서비스는 정보제공, 측정, 계획, 문제 해결, 지지, 의뢰의 기능을 하나 이상 하는 것을 의미한다(조성연 · 조아미, 2018). 정보제공은 성인에게 구체적으로 교육적 혹은 직업적 기회에 관한 정보를 제공한다. 그리고 성인들로 하여금 그와 같은 정보를 사용하여 앞으로의 교육계획을 수립하도록 돕는다. 측정은 성인학습자가 자신의 흥미와 가치를 직업선택과 미래의 교육과 연결시키는 것을 돕기 위해 다양한 검사를 사용해서 이를 측정하는 것이다. 계획은 성인학습자를 위해 교육과 직업계획의 수립을 돕는 것이다. 문제 해결은 성인학습자가 개인의 문제(결혼갈등, 가족계획, 부모역할하기, 자녀양육 혹은 직업적응 등)를 효과적으로 대처하도록 돕는다. 지지는 교육기관의 대표자에게 성인 내담자의 권리와 요구를 옹호해 준다. 의뢰는 다른 종류의 도움을 받도록 하기 위해서 내담자를 다른 기관에 의뢰한다.

그런데 개방적 접근은 특정 기관의 전문 상담자만이 아니라 커뮤니티 센터, 온라인 교육 플랫폼, 사회적 기업, 자원봉사자 등 다양한 지원 시스템을 통해 제공될 수 있다. 예를 들어, 성인학습자가 온라인 강의를 통해 직업 역량을 키우고자 할 때, 그들은 전문 상담자가 아닌 동료 학습자, 멘토, 커뮤니티의 지원을 받으며 학습할 수 있다. 또한 개방적 접근은 학습자의 개인적인 상황을 반영하여 비공식적인 환경에서도 학습 상담이 이루어질 수 있음을 의미한다. 즉, 상담과 정보서비스가 교육기관뿐만 아니라 도서실, 지역사회의 상담과 정보센터, 집 등과 같은 다양한 곳에서 제공된다. 개방적 관점에서는 재취업이나 재교육을 받는 여성이나 장애인과 같은 특수한 내담자들의 요구에 부응하려고 노력한다. 이 관점에서 중요한 점은 상담 서비스가 전문적이지 않더라도 여전히 성인학습자가 자신에게 필요한 학습을 효율적으로 수행할 수 있도록 돕는 다양한 형태의 지원이 가능하다는 것이다. 예를 들어, 직업 훈련을 위한 학습뿐만 아니라 개인적인 관심사나 취미를 발전시키기 위한 자원과 정보도 포함될 수 있다. 따라서 이 접근은 성인학습자의 자율성과 학습 환경의 다양성을 인정하고, 이를 통해 학습자의 목표에 맞는 지원이 이루어질 수 있다는 점에서 유연성을 제공한다.

(3) 상황 중심적 접근(situation-based approach)

성인학습 상담은 자아를 찾고자 하거나 사회적·환경적 변화에 적응할 수 있도록 돕는 과정으로 이해할 수 있으며, 가장 광범위하고 포용적인 관점이다. 이 접근은 상담의 주요 목적이 성인학습자가 자신의 내면적 변화나 사회적 변화에 적응할 수 있도록 돕는 데 있음을 강조한다. 성인학습자는 직장 내 변화, 가족 내 역할 변화, 경제적 재정비 등 다양한 상황에서 심리적·사회적 적응을 필요로 한다. 상황 중심적 접근은 이러한 적응 과정에서 학습이 중요한 역할을 한다고 본다. 예를 들어, 중년 이상의 성인이 직업을 바꾸거나 은퇴 후 새로운 삶의 목적을 찾으려 할 때, 상담자는 그들의 자아실현(self-actualization)과 자기 탐색을 돕기 위해 적극적으로 개입할 수 있다. 또한 환경적 적응을 돕는 상담자는 사회적·경제적 맥락을 고려하여 적절한 학습 전략을 제공하고, 학습자가 삶의 질을 향상시키는 방향으로 나아가도록 지원한다.

이러한 접근은 특히 성인학습자가 단기적 또는 직업적인 학습 목표를 넘어서 개인적인 성장과 사회적 적응을 추구할 때 그 효과를 발휘한다. 예를 들어, 성인학습자가 인생의 전환점에서 겪는 심리적 갈등이나 자기 효능감의 부족을 해결하려는 과정에서, 상담자는 성인의 내적 동기를 자극하고 그들이 자신의 경험을 기반으로 새로운 학습의 길을 찾도록 돕는다. 이것은 성인학습 상담이 단지 특정 목표를 달성하는 데 그치지 않고, 성인학습자가 사회적·심리적 맥락에서 새로운 자아를 발견하고 변화할 수 있도록 돕는 과정임을 강조한다. 이 접근은 성인학습 상담이 교육적 측면을 넘어서 인간 발달에 중요한 영향을 미칠 수 있다는 점에서 매우 중요한 역할을 한다.

성인학습 상담의 세 가지 관점의 접근 방식은 성인학습자의 요구와 상황에 따라 얼마나 다양한 방식으로 실현될 수 있는지를 알 수 있게 한다. 전문적/기관 중심적 접근은 학습 기관에서 이루어지는 체계적이고 전문적인 상담을 강조하며, 개방적 상담 기능적 접근은 보다 유연하고 포괄적인 상담 서비스를 제공하는 방식을 제시한다. 마지막으로 상황 중심적 접근은 성인학습자가 자신의 내면적 및 사회적 변화에 적응하는 데 필요한 지원을 제공하는 가장 넓은 개념으로, 학습을 넘어서는 개인적 성장과 적응을 돕는다. 이러한 다양한 접근을 통해 성인학습 상담은 성인들이 직면한 복잡한 문제들을 해결하고, 지속가능한 학습을 실현할 수 있도록 중요한 역할을 한다.

2 성인학습 상담의 원리

성인학습 상담을 효과적으로 진행하기 위해 상담을 전개할 때 상담자가 지켜야 할 기본 원리가 있다. 여기에서는 상담의 일반적인 원리를 먼저 살펴보고, 성인학습의 내담자인 성인을 대상으로 한 성인학습의 상담 원리를 살펴보겠다.

1) 상담의 일반적 원리

전문가에 따라 상담의 기본적인 원리는 다르지만 가장 널리 사용되고 있는 이론을 통해 살펴보면 다음과 같다.

(1) 개별화의 원리

상담자는 내담자의 개성과 개인차를 존중하며 상담을 진행해야 한다 (Geldard & Geldard, 2016). 이 원리가 지켜지기 위해 상담자는 다음과 같은 점을 고려해야 한다.

① 내담자에 대해 편견이나 선입견을 가져서는 안 된다.
② 인간 행동의 유형과 원리에 대해 전문적으로 이해하려고 노력해야 한다.
③ 내담자의 말을 경청하고 세밀하게 관찰해야 한다.
④ 내담자의 보조에 맞추어 진행할 수 있어야 한다.
⑤ 내담자의 감정 변화를 민감하게 포착해야 한다.
⑥ 내담자와 견해차가 있을 때 미래를 내다보고 적절한 선택을 할 수 있어야 한다.

이를 위해 상담자는 내담자의 특성과 상황을 깊이 이해하고 이에 맞는 접근 방식을 채택해야 한다. 내담자의 문화적 배경, 신념 체계, 생활 환경 등을 고려하여 맞춤형 상담을 제공함으로써 상담의 효과를 높일 수 있다.

(2) 의도적 감정 표현의 원리

사람은 누구나 자기 감정이나 부정적인 감정을 자유롭게 표현할 필요가 있다(Corey, 2015). 상담자는 내담자가 자신의 감정을 억누르지 않고 자연스럽게 표출할 수 있도록 분위기를 조성해야 한다. 의도적인 감정 표현은 내담자가 자신의 내면을 깊이 탐색하고 이해할 수 있게 도와주며, 이는 문제 해결의 중요한 첫걸음이 될 수 있다. 상담자는 내담자가 표현하는 감정을 판단하거나 억압하지 않고 존중과 공감의 자세로 받아들여야 한다. 이러한 자세는 내담자가 불안감이나 긴장감을 완화하고 안전감을 느끼게 하며, 상담 관계의 신뢰를 강화한다. 이를 통해 내담자에게 주어지는 효과는 압력이나 긴장으로부터 내담자를 완화시켜 주며, 내담자 개인을 이해하게 해주고, 심리사회적인 지지의 형태인 동시에 그의 부정적인 감정표현 자체가 진정한 문제일 수도 있다. 그러므로 상담자는 내담자의 감정표현을 비난하거나 낙심시켜서는 안 되고, 끝까지 인내심을 가지고 경청해야 한다.

(3) 통제된 정서 관여의 원리

내담자의 감정이 중요한 비중을 차지하며, 상담자는 내담자의 정서 변화에 민감하게 반응하고 이해할 필요가 있다. 이는 단순히 감정적 공감에서 그치지 않고, 내담자의 감정을 의미 있게 해석하고 반응함으로써 내담자가 자신의 문제를 더 깊이 이해할 수 있도록 돕는다(Hill, 2020). 상담자는 내담자의 감정을 경청하면서 적절하게 반응해야 하며, 과도한 정서적 반응을 피하고 균형 잡힌 태도를 유지해야 한다. 예를 들어, 성인학습 상담 상황에서 내담자가 부적절한 감정을 표현하게 될 때, 상담자도 같은 감정에 휘말리는 것이 아니라 이러한 감정을 유발한 요인을 분석하며 내담자의 정서 변화를 이해하고 적절하게 반응해야 한다. 즉, 내담자가 과도한 감정 표현에 치우치지 않고 자신의 감정을 잘 다룰 수 있도록 조언하며, 동시에 상담자가 감정적으로 소진되지 않도록 적절한 거리감을 유지하는 것도 중요하다.

(4) 수용의 원리

상담자는 내담자에게 따뜻하고 친절하면서 수용적인 태도를 보여야 한다. 내담자는 자신이 있는 그대로의 모습으로 받아들여질 때 비로소 개방적으로 상담에 임할 수 있다(Rogers, 1957). 상담자와 내담자 간에 의견이 일치하지 않는 것과 수용하지 않는 것은 구별되어야 한다. 결국 내담자의 장단점, 성격의 긍정적 측면과 부정적 측면, 긍정적 정서와 부정적 정서, 건설적 태도와 파괴적 태도 등을 있는 그대로 이해하고 인정해야 한다는 것이다. 만약 내담자의 의견에 상담자가 동의하지 못하는 일이 있더라도 동의하지 않는다는 사실을 분명히 전달하되, 그 표현이나 자세는 어디까지나 따뜻한 태도를 유지하여야 한다. 이는 내담자가 거부당했다는 느낌을 받지 않도록 하는 데 중요하다. 상담자는 내담자의 강점과 약점을 모두 인정하며, 긍정적인 측면과 부정적인 측면 모두를 포괄적으로 이해해야 한다. 수용적 태도는 내담자가 자신의 문제를 더 깊이 탐색하고, 자신의 감정을 솔직하게 표현하는 데 필요한 안전감을 제공한다.

(5) 비판적 태도 금지의 원리

내담자는 자신의 잘못이나 문제에 대해 비난받는 것을 두려워할 수 있다. 죄책감이나 열등감, 고독감을 가진 내담자는 타인의 비판에 매우 민감하며, 이러한 비판은 내담자의 방어기제를 촉발하고 상담의 진전을 방해할 수 있다(Corey, 2015). 상담자는 내담자의 행동과 태도, 가치관을 객관적으로 평가하되, 일방적인 판단이나 비판은 피해야 한다. 대신 상담자는 내담자가 스스로 문제를 인식하고 변화할 수 있도록 지지와 격려를 제공해야 하며, 비난보다는 이해와 수용을 통해 내담자가 자신을 긍정적으로 바라보게 해야 한다.

(6) 자기결정의 원리

상담은 내담자의 가치와 존엄성을 존중하는 것에서 출발하며, 내담자가 자신의 힘으로 문제를 해결할 수 있도록 돕는 것을 목표로 한다(Egan, 2018). 상담자는 내담자가 자신의 판단과 결정을 통해 문제를 해결할 수 있도록 자율성을 부여하고 지원해야 한다. 내담자가 상담 과정에서 의사결정을 할 때 상담자의 지도나 충고는 참고 사항일 뿐, 궁극적인 결정은 내담자에게 맡겨야 한다. 이는 내담자가 자신의 문제에 대한 주체성을 확립하고 더 나은 결과를 이끌어 낼 수 있도록 돕는다. 상담자는 내담자가 자신의 선택에 대해 책임감을 갖도록 도와야 하며, 이를 통해 내담자는 자존감을 높이고 학습된 무력감을 극복할 수 있다. 상담자는 다음과 같은 점을 고려해야 한다.

① 내담자가 자기 수용을 할 수 있도록 도와주어야 한다.
② 내담자의 잠재능력, 즉 장점과 능력을 발견하고 활용함으로써 인격적 발전을 도모할 수 있게 자극해 주어야 한다.
③ 내담자가 자기결정을 할 수 있도록 상담자는 분위기를 조성해 주어야 한다. 수용적 태도나 심리적 지지를 보내는 것이 그 한 가지 방법이다.
④ 상담자는 내담자가 자신의 문제를 해결해 나갈 수 있도록 보조하는 역할을 해야 한다.
⑤ 상담자는 내담자를 강제로 설득해서는 안 된다.

(7) 비밀보장의 원리

상담에서 가장 중요한 원칙 중 하나는 상담자의 비밀보장 의무이다. 상담은 내담자가 상담자를 신뢰할 때 비로소 효과적으로 이루어진다(Corey, 2015). 상담자는 내담자가 공유한 모든 정보를 철저히 비밀로 유지해야 하며, 이러한 비밀보장은 내담자의 안전과 신뢰감을 보장하는 핵심 요소이다. 상담자는 내담자의 사적인 정보가 외부에 유출되지 않도록 윤리적 책임을 다해야 하며, 예외적인 경우(예 법적 의무가 요구되는 상황)를 제외하고는 내담자의 동의 없이 정보를 공개해서는 안 된다. 이러한 비밀보장의 원칙은 내담자가 자유롭고 개방적인 태도로 상담에 임할 수 있게 하며, 상담의 성공을 위한 필수적인 요소이다.

2) 성인학습 상담의 원리

(1) 정보제공의 원리

정보제공의 원리는 성인학습자의 학습 과정에서 필수적인 요소로, 학습자에게 적절한 정보와 지식을 제공함으로써 그들이 학습 목표를 달성할 수 있도록 돕는 상담의 핵심적인 접근이다. 성인학습자는 다양한 경험과 배경을 가지고 있어 학습의 동기와 필요가 각기 다르기 때문에, 이들의 요구에 맞춘 정보 제공은 상담자의 중요한 역할 중 하나로 간주된다. 성인학습자는 학습 과정에서 스스로의 목표를 설정하고 달성할 수 있는 자율성과 책임감을 지니고 있다(Merriam & Baumgartner, 2020). 그러나 많은 경우, 적절한 정보의 부족은 이들의 학습 동기를 약화시키고 학습 과정에서의 혼란을 초래할 수 있다. 상담자는 내담자가 학습에 필요한 정보를 명확히 이해하고 활용할 수 있도록 도와야 하며, 이 과정에서 신뢰할 수 있는 정보원과 자료를 제공해야 한다. 이러한 정보에는 교육정보, 진로-직업정보, 개인-심리적 정보가 있다(조성연 · 박미진 · 문미란, 2018). 이들 각 유형은 내담자의 학습과 삶에 중요한 영향을 미치며, 상담자는 이를 적절히 제공해야 한다.

① 교육정보

교육 정보는 성인학습자가 필요한 학습 자원과 기회를 찾는 데 필수적이다. 여기에는 교육 과정, 프로그램, 자격증, 학습 방법 등에 대한 정보가 포함된다. 성인학습자는 종종 새로운 지식과 기술을 습득하기 위해 어떤 교육이 자신에게 적합한지 모를 수 있다. 상담자는 이러한 학습자들에게 다양한 교육 옵션, 학습 방식(예 온라인, 오프라인, 혼합형 학습) 및 등록 절차를 안내함으로써 이들이 적합한 학습 기회를 선택할 수 있도록 도와야 한다(Merriam & Baumgartner, 2020).

② 진로–직업 정보

진로–직업 정보는 성인학습자가 경력 개발과 직업 선택을 보다 효과적으로 할 수 있도록 돕는다. 성인학습자는 직업 전환, 경력 발전, 또는 새로운 직업을 찾는 과정에서 다양한 선택의 기로에 설 수 있다. 이때 상담자는 산업 동향, 특정 직업의 요구 능력, 임금 수준, 직업 전망 등과 관련된 구체적 정보를 제공해야 한다. 코리(Corey, 2015)는 상담자가 내담자의 목표에 맞는 직업 정보를 제공함으로써 내담자가 장기적인 경력 계획을 수립할 수 있도록 도와야 한다고 강조하였다. 예를 들어, 특정 분야에 대한 최신 기술 동향이나 필요 자격증 정보를 제공하면 내담자는 해당 분야로의 진입이나 전환을 더 쉽게 준비할 수 있다.

③ 개인–심리적 정보

개인–심리적 정보는 학습자가 자신의 내적 상태와 심리적 준비도를 이해하고 관리하는 데 도움을 준다. 성인학습자는 종종 학습 불안, 스트레스, 낮은 자기 효능감 등 다양한 심리적 장벽을 경험할 수 있다(Hill, 2020). 상담자는 이러한 내담자들이 자신의 심리적 상태를 인식하고 극복할 수 있도록 심리적 지원과 정보를 제공해야 한다. 예를 들어, 상담자는 내담자에게 스트레스 관리 기법, 자기 효능감 증진 방법, 또는 학습 동기 부여 전략 등을 안내할 수 있다. 이러한 정보는 학습자가 자신감을 갖고 학습에 임할 수 있도록 돕는 데 중요한 역할을 한다.

코리(2015)는 상담자가 내담자의 상황과 학습 목표에 부합하는 정보를 제공할 때 내담자가 학습 과정에서 더 큰 성취감을 느낄 수 있다고 강조했다. 성인학습자는 정보가 충분히 제공될 때 학습에 대한 불확실성을 줄이고, 보다 구체적이고 체계적인 계획을 세울 수 있다. 예를 들어, 직업 전환을 고민하는 성인학습자에게는 관련된 자격증, 교육 프로그램, 산업 동향 등의 구체적 정보가 매우 유용하다.

상담자가 정보를 제공할 때는 내담자의 필요와 선호를 고려하여 맞춤형으로 접근해야 한다. 내담자의 현재 상황과 학습 목표에 맞는 정보를 선택하여 제공하는 것이 중요하다(Hill, 2020). 또한 정보 제공은 단순히 지식의 전달에 그치지 않고 내담자가 이를 어떻게 적용할 수 있을지를 설명하는 과정도 포함되어야 한다. 상담자는 내담자에게 정보를 제공할 때 이해하기 쉬운 언어를 사용하고, 복잡한 내용은 시각적 자료나 구체적인 예시를 통해 설명하는 것이 바람직하다.

에간(Egan, 2018)은 정보 제공이 효과적이기 위해서는 내담자가 해당 정보를 내재화하고 스스로 활용할 수 있는 능력을 갖출 수 있도록 돕는 것이 필요하다고 주장했다. 이를 위해 상담자는 내담자가 정보를 통해 실질적인 행동 계획을 세울 수 있도록 피드백과 지지를 제공해야 한다. 정보 제공 시 상담자는 내담자가 과도한 정보로 인해 혼란스러워하지 않도록 주의해야 한다. 정보의 양보다는 질이 중요하며, 내담자가 필요로 하는 핵심 정보에 초점을 맞추는 것이 좋다. 코리(2015)는 내담자가 필요로 하는 정보만을 제공하여 집중력을 유지하고 학습 목표에 맞게 활용할 수 있도록 해야 한다고 강조했다. 또한 상담자는 제공하는 정보의 출처가 신뢰할 수 있는지 검토해야 하며, 최신 정보를 반영하는 것이 중요하다. 내담자가 정보의 신뢰성을 의심할 경우 상담 과정에서의 신뢰가 깨질 수 있으므로 상담자는 항상 최신 자료와 공신력 있는 출처를 기반으로 정보를 제공해야 한다.

정보제공의 원리를 충실히 따르는 상담은 내담자가 자신의 학습 과정을 주도적으로 관리할 수 있도록 돕는다. 이는 학습자의 자기 효능감을 높이고 학습 과정에서 더 나은 결과를 이끌어 내는 데 기여한다(Merriam & Baumgartner, 2020). 내담자는 상담자가 제공하는 정보를 통해 자신의 학습 경로를 명확히 설정하고 필요한 자원을 적절히 활용할 수 있게 된다.

상담자는 정보 제공을 통해 내담자가 학습 과정에서 맞닥뜨릴 수 있는 잠재적 장애물을 예상하고 대비할 수 있도록 도와야 한다. 예를 들어, 내담자가 특정 과정을 이수하기 위해 필요한 사전 지식이나 자격 요건을 미리 알려주는 것은 학습 계획 수립에 큰 도움이 된다. 코리(2015)는 이러한 정보 제공이 내담자의 동기 부여와 학습 지속성에 긍정적인 영향을 미친다고 언급하였다.

정보제공의 원리는 성인학습 상담에서 중요한 역할을 하며, 상담자는 내담자가 학습 목표를 달성할 수 있도록 적절하고 신뢰할 수 있는 정보를 제공해야 한다. 이를 통해 내담자는 학습 과정에서 더 큰 자율성과 자신감을 얻을 수 있으며, 상담자와의 신뢰 관계 또한 강화될 수 있다.

(2) 융통성의 원리

융통성의 원리는 상담자가 고정된 방식에 얽매이지 않고 내담자의 필요와 상황에 맞추어 상담 방식을 조정할 수 있도록 하는 것을 의미한다. 성인학습자들은 다양한 배경, 경험, 목표를 가지고 있기 때문에 상담자는 이들의 복합적 요구를 충족시키기 위해 유연하게 대응할 필요가 있다. 융통성은 상담사의 창의성, 적응력, 문제 해결 능력을 필요로 하며, 이는 상담의 성공 여부에 중대한 영향을 미친다.

성인학습자는 학습 과정에서 예상치 못한 장애물이나 변화에 직면할 수 있으며, 상담자는 이러한 상황에 신속하게 대응할 수 있어야 한다. 고정된 상담 방식은 내담자의 문제를 충분히 해결하지 못할 수 있으며, 오히려 내담자의 흥미와 참여를 저하시킬 수 있다. 코리(2015)는 상담자가 융통성을 발휘함으로써 내담자가 자신의 상황에 맞는 학습 전략을 찾고 실행할 수 있도록 돕는 것이 중요하다고 강조하였다.

융통성은 특히 다양한 문화적 배경을 가진 내담자와의 상담에서 중요하다. 상담자는 내담자의 문화적·사회적 배경을 이해하고 이를 반영한 상담 접근법을 통해 내담자에게 적합한 해결책을 제공할 수 있다. 예를 들어, 특정 문화권의 내담자가 상담을 통해 학습과 관련된 신념이나 태도를 변경하려고 할 때, 상담자는 그 문화의 특성을 존중하면서도 적절한 지원을 제공해야 한다.

상담자가 융통성을 실천하기 위해서는 먼저 내담자의 요구를 정확히 파악하는 것이 중요하다. 상담자는 내담자의 피드백을 수용하고, 이를 바탕으로 상담 방식을 유연하게 조정해야 한다(Egan, 2018). 예를 들어, 내담자가 특정 학습 방법에 어려움을 겪을 경우 상담자는 이를 인식하고 다른 방법을 제안할 수 있어야 한다. 또한 내담자의 감정 상태나 학습 진도에 따라 상담의 속도와 깊이를 조절하는 것도 필요하다. 융통성은 또한 상담자가 다양한 상담 기법을 익히고 이를 상황에 맞게 조합하여 사용할 수 있는 능력과 직결된다. 힐(Hill, 2020)은 상담자가 다양한 상황에서 효과적으로 대응하기 위해 여러 가지 기법과 도구를 활용하는 능력이 필요하다고 언급하였다. 이를 통해 상담자는 내담자의 학습 과정에서 발생할 수 있는 다양한 상황에 대비할 수 있다. 상담에서 융통성은 중요하지만, 지나친 융통성은 상담의 일관성을 잃게 할 위험이 있다. 상담자는 융통성을 발휘하면서도 상담의 목적과 목표를 명확히 유지해야 한다. 코리(2015)는 융통성이 필요할 때 상담자가 그 균형을 잘 맞춰야 한다고 강조하고 있다.

연습문제

1. 효과적인 성인학습 상담이 이루어지기 위해 필요한 주요 조건들을 설명하고, 이러한 조건들이 학습자의 성공에 어떻게 기여하는지 구체적인 예를 들어보세요. 예를 들어, 상담자의 전문성과 신뢰성, 상담 환경의 적절성 등이 성인학습 상담에 미치는 영향을 논의해 보세요.

2. 성인학습 상담은 개별 학습자의 요구와 목표에 맞춰질 때 더 효과적입니다. 개별화된 상담 접근 방식의 필요성을 설명하고, 이를 실제 상담 상황에서 어떻게 적용할 수 있을지 예시를 통해 구체적으로 설명해 보세요. 예를 들어, 특정 학습자의 경력 개발 또는 개인적 성장 목표에 맞춘 맞춤형 상담 전략을 제시해 보세요.

참/고/문/헌

교육부(2024. 7. 1). 2023년 평생교육통계 및 한국성인의 평생학습 실태조사.

권두승 · 조아미(2016). 성인학습 및 상담. 교육과학사.

__________(2018). 평생학습사회 실현을 위한 성인학습 및 상담. 교육과학사.

조성연 · 박미진 · 문미란(2018). 성인학습 및 상담. 학지사.

Corey, G.(2015). *Theory and practice of counseling and psychotherapy*(10th ed.). Cengage Learning.

Egan, G.(2018). *The skilled helper : A problem-management and opportunity-development approach to helping*(11th ed.). Cengage Learning.

Geldard, K., & Geldard, D.(2016). *Counseling adolescents : The proactive approach for young people*(4th ed.). SAGE.

Hill, C. E.(2020). *Helping skills : Facilitating exploration, insight, and action*(5th ed.). American Psychological Association.

Merriam, S. B., & Baumgartner, L. M.(2020). *Learning in adulthood : A comprehensive guide*(4th ed.). Jossey-Bass.

Rogers, C. R.(1957). *Client-centered therapy : Its current practice, implications, and theory*. Houghton Mifflin.

07 CHAPTER

성인학습 상담의 전개와 내용

1 성인학습 곤란 실태

성인학습자의 학습활동을 조력하고 생활에 적응을 도와주는 것이 성인학습 상담의 전통적인 역할이다. 그러므로 성인학습 상담의 내용은 성인학습자의 개인 심리적 특성과 환경에 따라 다양하다. 최근 성인학습자의 학습 과성에서의 어려움을 조사해 보면 다음과 같이 정리할 수 있다.

주 : 평생학습에 참여할 의사가 있었으나 참여하지 못한 응답자에 대한 현황이며, 중복응답 문항임.

|그림 7-1| 평생학습 불참요인

출처 : 교육부(2023). 2023년 한국 성인의 평생학습실태, p. 109.

먼저, 시간 부족과 일-학습 균형 문제이다. 대부분의 성인학습자들은 직장 업무와 학업을 병행하는 데 어려움을 겪는다. 교육부의 성인학습자의 평생학습 조사(교육부, 2023)에서도 평생학습 불참요인 중 가장 큰 비율로 직장업무로 인한 시간 부족(53.3%)을 들고 있고, 다음으로 가까운 거리에 교육훈련기관이 없어서(24%)로 나타나 학습 중단의 주요 원인 중 하나로 작용하고 있다. 특히 직장이 있는 학습자들은 학습 시간을 확보하는 데 더욱 어려움을 겪는 것으로 나타났다.

둘째, 재정적 부담이다. 교육부의 조사에서 학습비가 너무 비싸서(경제적인 여유가 없어서)와 같은 이유가 14.5%로 나타나 교육비와 관련된 재정적 부담을 주요 학습 장애 요인으로 지적하였다(교육부, 2023). 성인학습자들은 학비뿐만 아니라 교재비, 교통비, 생활비 등의 비용이 학습 동기에 부정적인 영향을 미친다고 응답하였다. 이러한 재정적 압박은 특히 낮은 소득층이나 비정규직에 종사하는 성인학습자들에게 더욱 심각한 문제로 나타났다.

셋째, 심리적 요인과 낮은 자기 효능감이다. 성인학습자들의 개인 내적 심리적 요인은 학습 의욕에 큰 영향을 미친다. 교육부의 성인학습자 실태에 따르면, 성인학습자의 약 15.9%가 학습 불안이나 스트레스, 자기 효능감 부족으로 인해 학습 과정에서 어려움을 겪고 있다고 보고하였다(교육부, 2023). 이러한 심리적 요인은 학습자들이 자신의 능력에 대해 부정적인 평가를 내리고, 결국 학습에 대한 동기를 잃게 만들 수 있다.

넷째, 기술 격차와 정보 접근성 문제이다. 최근 AI 등의 새로운 기술의 발전은 현대 학습 환경을 크게 변화시켰으나, 모든 성인학습자가 이러한 변화에 적응할 수 있는 것은 아니다. 학습자들이 기술 격차와 정보 접근성 문제로 인해 학습에 어려움을 겪는다는 것은 여러 연구에서 확인되고 있다. 국가평생교육진흥원의 조사에 따르면, 성인학습자의 약 30%가 최신 기술 사용 및 정보 접근성 부족으로 인해 학습에 어려움을 겪고 있다고 응답하였다(국가평생교육진흥원, 2023). 성인학습자의 약 25%가 온라인 학습 플랫폼 사용에 어려움을 겪고 있으며, 이로 인해 학습 동기가 저하된다고 나타났다(한국교육개발원, 2021). 특히 중장년층의 성인학습자는 디지털 기기와 학습 플랫폼 사용에 어려움을 느끼며, 이는 온라인 학습이나 하이브리드 학습 환경에서의 참여를 제한하는 요인이 될 수 있다. 이는 성인학습자들이 기술 격차와 정보 접근성 문제로 인해 학습에 어려움을 겪고 있으며, 이를 해결하기 위해 상담의 필요성이 높아지고 있음을 시사한다.

다섯째, 다중 역할, 가족 및 대인관계의 문제이다. 성인학습자들은 학업 외에도 다양한 역할을 동시에 수행해야 하는 부담을 안고 있으며, 이러한 다중 역할은 학습 과정에 큰 장애로 작용할 수 있다. 교육부 조사에 따르면, 약 13.8%의 성인학습자들이 가족 및 대인 관계에서의 책임과 의무가 학습 참여에 방해가 되는 것으로 나타났다(교육부, 2023). 특히 자녀 양육, 배우자와의 관계, 부모 부양 등 가족 내 다양한 역할이 학습 시간과 학업 집중도에 부정적인 영향을 미칠 수 있다. 이와 더불어, 대인관계에서의 갈등과 사회적 요구는 성인학습자의 정서적 스트레스를 증가시키며, 이는 학습 동기 저하로 이어질 수 있다. 이러한 문제들은 성인학습자가 학업과 개인 생활 사이에서 균형을 맞추는 데 있어 중요한 과제가 된다.

성인학습자가 겪는 다양한 문제를 해결하기 위해 상담은 중요한 역할을 한다. 상담자는 내담자의 구체적인 문제를 파악하고 이를 해결할 수 있는 맞춤형 전략을 제공해야 한다. 예를 들어, 시간 관리의 어려움을 겪는 성인학습자에게는 학습 계획 수립과 우선순위 설정을 돕는 조언을 제공할 수 있다. 또한 심리적 문제를 해결하기 위해 자기 효능감을 높이는 방법과 스트레스 관리 기법을 제안하는 것이 중요하다. 재정적 문제와 관련하여 상담자는 장학금이나 학자금 대출 프로그램에 대한 정보와 신청 방법을 안내하여 내담자가 경제적 부담을 덜 수 있도록 도울 수 있다. 기술 격차 문제의 경우 상담자는 내담자가 기본적인 디지털 기술을 습득할 수 있도록 지원하거나 기술 교육 프로그램에 참여할 수 있는 방법을 안내해야 한다. 성인학습 상담은 성인학습자들이 겪는 다양한 문제를 이해하고 이를 해결할 수 있는 실질적인 지원을 제공해야 한다.

2 학습과정으로서의 상담

'학습과정으로서의 상담'은 성인학습자들에게 학습정보의 제공, 학습의욕 저해 요인 극복 측면에서 접근할 수 있다(나항진 외, 2014).

1) 학습정보 제공 상담

성인학습자가 평생학습의 기회를 극대화할 수 있도록 학습 기회, 학습 시설, 학습 자원에 대한 다양한 정보를 제공하는 것이 중요하다. 학습정보 제공은 크게 학습 내용으로서의 정보와 학습 안내로서의 정보로 구분될 수 있다. 학습 내용에 대한 정보는 '백과사전적' 성격을 가지며, 학습자가 학습 과정에서 필요한 세부 내용을 이해하고 체계적으로 학습할 수 있도록 돕는다. 반면 학습 안내 정보는 학습자가 원하는 학습 방향과 목표를 설정하는 데 도움을 주며, 자발적으로 학습 기회를 탐색하고 활용할 수 있도록 지원하는 역할을 한다. 여기서 정보는 어떠한 사실을 알림으로써 그 사실을 다른 사람에게 전달하고자 하는 형태를 지닌 내용을 의미한다. 따라서 오늘날 지능정보 사회에서 학습정보 제공의 본질은 학습자가 학습을 보다 체계적이고 효율적으로 수행할 수 있도록 필요한 정보를 제공함으로써 학습 활동을 안내하는 것으로 볼 수 있다.

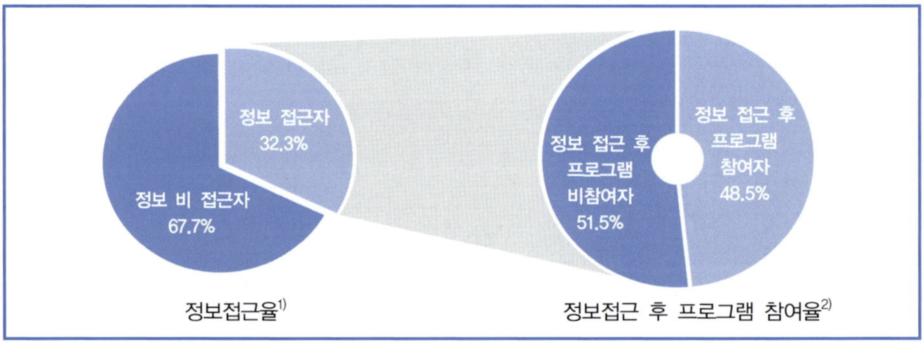

주 : 1) 정보접근율 = 평생학습 개인실태조사 응답자 전체에 대한 현황임.
2) 정보접근 후 프로그램 참여율 = 정보를 접한 경험이 있는 응답자에 대한 현황임.

|그림 7-2| 평생학습 정보접근성

출처 : 교육부(2023).

교육부 성인학습 실태조사(2023)에서 보고하는 것과 같이 평생학습 정보 접근 이후에는 프로그램 참여자가 48.5%로 늘어난 것을 확인할 수 있다. 성인학습자의 자발적 학습을 효과적으로 지원하기 위해서는 안내 정보를 중심으로 학습 기회와 학습 욕구를 결합시키는 것이 중요하다. 학습자가 정보를 통해 자신의 학습 경로를 스스로 결정할 수 있도록 안내 정보를 제공하는 것은 성인학습에서 큰 의미를 갖는다.

학습정보 제공 과정에서는 먼저 학습정보의 분야를 결정하고 그에 따라 정보 수집의 근거와 범위를 명확하게 정한 뒤에, 정보 수집의 장소, 방법, 관리 방안을 체계적으로 계획해야 한다. 수집된 정보는 효율적으로 정리하고 저장하여 데이터베이스 형태로 구축해야 하며, 이 데이터베이스는 정보 내용의 변화에 맞춰 적시에 갱신될 수 있는 체계를 갖추어야 한다. 축적된 정보는 정보 내용의 변화에 따라 실시간의 정보로 대체되어야 하며, 시설정보도 이용방법 및 사용료 등의 변경이 있는 경우 가능한 한 빨리 새로운 정보를 제공하여야 한다.

정보의 관리 측면에서 정보에 대한 명확한 기준을 세워 체제 내에서 체계적으로 관리할 필요가 있다. 축적된 정보는 단편적으로 제공될 수도 있지만, 몇 개의 복수의 정보를 비교 검토할 수 있는 형태로 가공해서 제공되는 것이 학습자의 선택과 이해를 돕는 데 유리하다. 개별정보를 전체적인 데이터 상태로 모아서 함께 제공해야 할 것이다. 이를 통해 학습자는 다양한 정보 가운데 자신에게 가장 적합한 학습 기회를 선택할 수 있으며, 자기 주도적인 학습 과정이 촉진된다. 학습자가 정보를 직접 제공받을 수 있는 경우와 상담원이 개인화된 정보를 제공하는 경우를 구분하는 것도 필요하다.

이렇게 축적된 각종 정보는 학습상담센터나 창구 등에서 성인학습자에게 제공되기도 하지만, 개별 학습자들이 스스로 관련 정보에 접근할 수 있도록 디지털과 통신망으로 연결되어 있을 필요가 있다. 뿐만 아니라 컴퓨터를 사용하기 어려운 취약 계층을 위해 지역 광고판이나 전지 시스템 등을 통해 학습자들에게 체계적으로 정보가 전달될 수 있도록 해야 할 것이다. 학습정보를 체계적으로 관리하고 제공하기 위해 구축된 시스템은 다음과 같다.

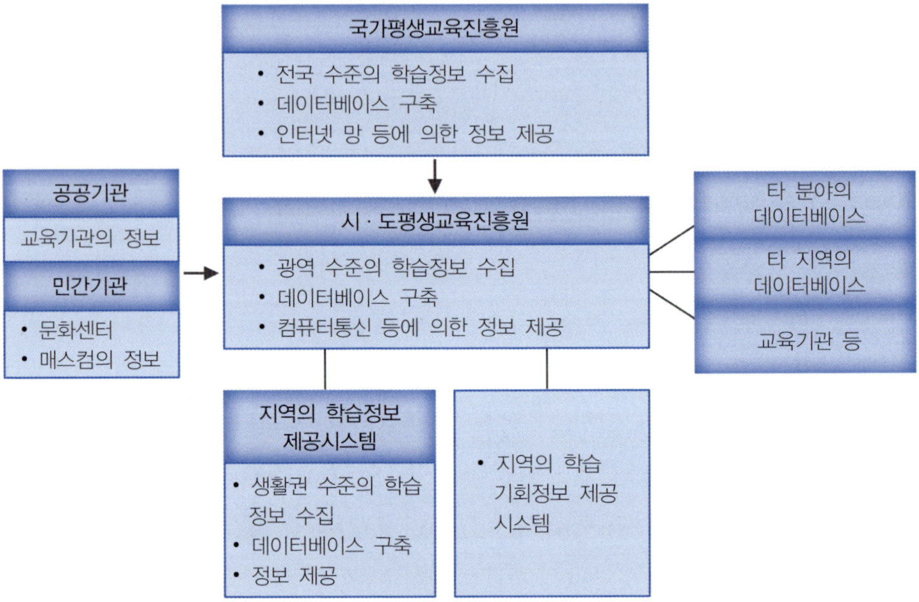

|그림 7-3| 학습정보제공 시스템

출처 : 권두승 · 조아미(2018), p. 290.

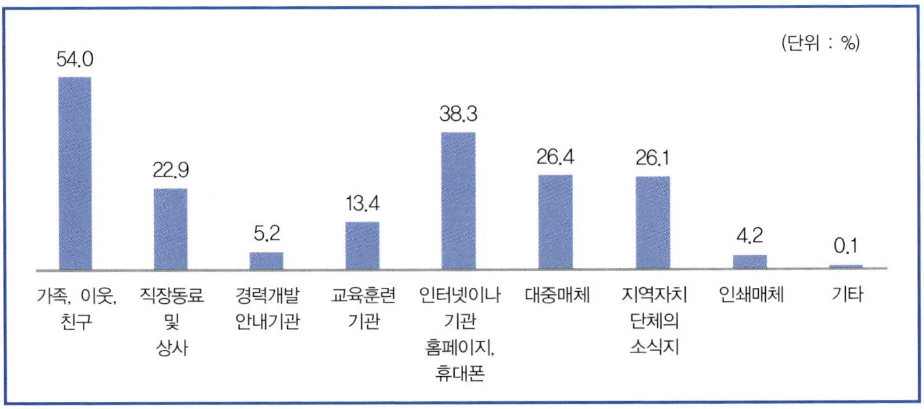

주 : 평생학습 개인실태조사 응답자 중 정보를 접한 경험이 있는 응답에 대한 현황이며, 중복응답임.

|그림 7-4| 평생학습 관련 정보접근 경로

출처 : 교육부(2023).

학습자에게 보다 적합한 정보를 제공하기 위해 학습자의 지역사회에 기반하여 학습정보를 입수할 수 있는 네트워크를 구축하는 것이 필요하다. |그림 7-4|와 같이 교육부 조사(2023)의 결과 성인학습자는 가족, 이웃, 친구와 같은 지역사회의 네트워크를 활용하여 정보에 접근하는 경로가 54%로 가장 높게 나타났다. 다음으로 인터넷이나 기관 홈페이지, 휴대폰 38.3%, 대중매체 26.4%, 지역자치단체의 소식지가 26.1%로 나타났다. 이러한 네트워크는 지역사회의 학습 자원, 시설, 전문가 정보 등을 포함하며, 학습자가 접근 가능한 다양한 학습 기회를 쉽게 발견할 수 있도록 돕는다. 학습자가 자기 주도적으로 학습을 계획하고 수행할 수 있도록 학습정보 제공 체계는 사용자의 요구와 환경에 맞추어 유연하게 설계되어야 한다.

성인학습자에게 학습정보를 제공할 때 성인학습자들은 다양한 배경과 요구를 가지고 있어 학습정보 제공 시 주의해야 할 여러 요소가 존재한다. 정보 제공이 단순한 전달로 끝나지 않고 성인학습자의 학습 과정에 실질적인 도움이 되기 위해서는 상담사나 교육 제공자가 이를 효과적으로 활용할 수 있도록 특정 원칙과 방법을 따라야 한다.

첫째, 성인학습자는 연령, 직업, 학력 수준, 생활환경 등 다양한 요인에 따라 학습 요구가 다르기 때문에 상담자는 각 성인학습자의 구체적인 필요와 목표에 맞춘 맞춤형 정보를 제공해야 한다(Merriam & Baumgartner, 2020). 개인화된 정보 제공이 성인학습자의 참여도를 높이고 학습 성과를 향상시킬 수 있으므로(Hill, 2020) 학습자가 관심을 가지고 있는 주제나 필요로 하는 자료를 이해하고 이에 맞는 정보를 제공하는 것이 중요하다. 예를 들어, 새로운 기술을 배우고자 하는 중장년층 학습자에게는 기초부터 심화 과정까지의 정보를 단계별로 제공함으로써 학습 부담을 줄이고 적응을 도울 수 있다.

둘째, 성인학습자들은 학습에 필요한 정보를 접할 때 그 출처와 신뢰성을 중요하게 여긴다. 상담자가 제공하는 정보가 신뢰할 수 있는 출처에서 온 것인을 보장하는 것이 학습자와의 신뢰 관계 형성에 필수적이다. 특히 인터넷과 같은 정보의 바다에서 잘못된 정보가 쉽게 유통되는 상황에서 신뢰할 수 있는 학술 자료나 검증된 기관에서 제공하는 정보를 활용하는 것이 중요하다. 성인학습자는 비판적 사고를 통해 정보를 평가할 수 있는 능력을 갖추고 있지만, 제공되는 정보의 신뢰성을 상담자가 보장하면 학습 과정에서 불필요한 혼란을 줄일 수 있다.

셋째, 정보 제공 시 정보의 양보다는 질이 중요하다. 지나치게 많은 정보는 학습자를 압도하거나 혼란에 빠뜨릴 수 있으며, 이는 학습 동기 저하로 이어질 수 있다. 반면 핵심적이고 필요한 정보만을 제공하는 것은 학습자들이 더 효율적으로 학습 목표를 달성할 수 있도록 돕는다. 성인학습자들은 학습과 업무, 가정 등 다양한 책임을 동시에 수행하고 있기 때문에 시간과 집중력이 제한적이다. 따라서 상담자는 꼭 필요한 정보만을 선별하여 제공하고, 그 정보를 실질적으로 활용할 수 있도록 설명해야 한다.

셋째, 성인학습자는 자율성을 중시하며, 학습 과정에서 주도적으로 정보 활용 방법을 선택하고자 한다. 상담자가 성인학습자의 자율성을 존중하면서도 정보를 어떻게 활용할 수 있는지를 구체적으로 안내하는 것이 필요하다 (Egan, 2018). 이를 위해, 상담자는 학습자가 스스로 학습 계획을 세우고 정보를 적용할 수 있도록 피드백과 지침을 제공해야 한다. 예를 들어, 학습자가 특정 과정을 탐색하고 스스로의 학습 경로를 설정할 수 있도록 정보의 맥락을 이해시키고 활용 방안을 제시하는 것이 바람직할 것이다.

넷째, 성인학습자에게 제공하는 정보는 최신성을 유지해야 한다. 기술과 학습 환경이 빠르게 변화하는 현대 사회에서, 오래된 정보는 학습자의 시간과 노력을 낭비하게 할 수 있다. 성인학습자의 학습 동기를 높이기 위해 최신 정보와 현재의 학습 트렌드에 맞춘 자료를 제공할 필요가 있다(Merriam & Baumgartner, 2020). 따라서 상담자는 제공하는 정보가 최신 자료에 기반하고 있는지를 확인하고, 필요한 경우 정기적으로 업데이트하여 내담자에게 전달해야 한다.

2) 성인학습자의 학습 문제의 해결

성인학습자는 정규 교육기관의 학생과 비교할 때 다양한 학습 문제에 직면할 수 있으며, 학습의 다양한 저해 요인을 극복하도록 돕는 것이 성인학습 상담의 주요 기능 중 하나이다. 성인학습자의 학습 의욕 저해 요인은 일반적으로 상황적 요인, 제도적 요인, 성향적 요인으로 분류되는데(Cross, 1981), 이는 학습 저해 요인을 보다 체계적으로 이해하고 대응할 수 있는 틀을 제공한다.

상황적 요인은 성인학습자의 개인 생활 환경과 관련된 요인으로, 학습 시간 부족, 가정 내 문제, 업무 부담, 재정적 문제 등을 포함한다. 이러한 요인은 학습자가 학업에 집중하기 어렵게 만드는 외부적 요소로 작용하며, 개인의 생활 패턴이나 일상적 책임과 관련이 깊다. 예를 들어, 직장에서의 과중한 업무와 가사 책임으로 인해 학습에 할애할 수 있는 시간이 부족할 수 있으며, 이는 학습 의욕 저하로 이어질 수 있다.

제도적 요인은 성인학습자가 소속된 교육기관의 정책이나 절차에서 발생하는 장애를 의미한다. 여기에는 교육 프로그램의 설계와 운영 방식, 교육방법, 수업 시간표, 학습 자료의 질, 교육 시설의 접근성 등이 포함된다. 예를 들어, 유연하지 않은 수업 일정이나 복잡한 등록 절차는 학습자의 참여를 저해할 수 있다. 이러한 요인은 성인학습자가 학습에 대한 열의를 유지하는 데 어려움을 겪게 할 수 있으며, 교육기관은 성인학습자의 요구를 반영하여 제도적 장벽을 줄이기 위해 노력해야 한다.

성향적 요인은 학습자의 개인적 특성이나 태도, 신념에서 비롯되는 장애를 말한다. 여기에는 학습자의 자신감 부족, 낮은 자기 효능감, 과거의 학습 실패 경험으로 인한 부정적 태도 등이 포함될 수 있다. 예를 들어, 학습자가 자신의 학습 능력에 대한 불안감을 가지고 있다면, 이는 학습 참여를 회피하게 만들고 결과적으로 학습 기회를 상실하게 될 수 있다. 성향적 요인은 상담자의 적극적인 중재를 통해 긍정적으로 변화시킬 수 있는 영역으로, 상담자는 학습자가 자신의 부정적 자기 평가를 긍정적인 자기 인식으로 전환할 수 있도록 돕고, 자신감을 높여 적극적으로 학습에 임할 수 있도록 지원할 수 있다. 상담자는 특히 성향적 요인에 주의를 기울여야 한다. 이는 상담자가 학습자와의 신뢰 관계를 형성하고, 학습자가 자신의 능력을 신뢰하며 보다 긍정적인 학습 태도를 가지도록 하는 데 중점을 두어야 함을 시사한다.

성인학습자의 학습 문제에 관한 연구는 대부분 중도탈락, 참여 지속에 관한 연구가 대부분이었다. 그러나 최근 들어 성인학습자의 학습 문제에서 개인내적 요인에 대한 연구가 증가하고 있다. 그중 특히 학습 방법에 대한 어려움과 문의가 증가하는 것으로 나타났다. 학업 상담은 학습자들의 학업을 수행하는 과정에서 겪게 되는 어려움을 돕거나 보다 효율적으로 학습하고, 정보와 지식을 습득, 활용, 생산하도록 돕는 상담 영역으로, 예방적이고 발달적 차원에서 접근하는 경우도 있고, 문제 해결을 위한 상담도 있다.

선행연구들을 분석한 결과 성인학습자의 학습에 영향을 미치는 개인 내적 요인으로 학습전략, 학습동기, 학업불안 및 시험불안, 시간관리, 자원 활용의 다섯 가지가 제시되었다(조성연 · 문미란, 2007). 최근 원격교육기관의 급증으로 비대면 상황에서의 성인학습의 기회가 증가하면서 이들의 학습 참여와 학습 효과를 극대화하기 위한 대책도 마련되고 있다. 평생교육을 위한 상담은 성인학습자에 대한 심리학적 지식과 성인학습자들의 학습 현상을 이해할 수 있는 학습 이론, 학습 과정과 방법에 대한 전략, 그리고 직접적으로 성인학습자를 조력할 수 있는 상담의 지식과 기술이 필요하다. 성인학습자가 평생교육기관에서 대면 및 비대면 학습활동에서 발생하는 학습 저해 요인을 극복하고 효율적인 학습을 계획하고 실행하는 데 도움을 주는 시간관리, 자기결정성 동기 강화, 자기 주도적 학습 전략, 학업불안 및 스트레스 관리, 기술활용 및 디지털 리터러시를 살펴보면 다음과 같다.

(1) 시간관리

성인학습자들은 학업 외에도 직장, 가정, 사회적 책임 등을 병행해야 하므로 시간관리의 중요성이 매우 크다. 효과적인 시간관리 전략은 학습자가 제한된 시간 내에 학습을 최대한 활용할 수 있도록 돕는다. 시간은 인간의 목표 지향적 활동에 사용되는 중요한 자원이며 그 양이 제한적이어서 시간을 효과적으로 관리하는 것은 개인의 적응과 생산성에 중대한 영향을 미친다(박동혁 · 이민규 · 신희천, 2006).

먼저, 성인학습자들은 학습을 시작할 때 명확한 목표를 설정하는 것이 중요하다. 학습 목표 설정은 학습자가 학습 방향을 명확히 하고 동기를 유지할 수 있도록 돕는다. 상담자는 학습자가 구체적이고 현실적인 목표를 설정할 수 있도록 지원해야 한다. 목표는 단기, 중기, 장기 목표를 정하고, 이를 위한 구체적인 계획을 세워야 한다. 예를 들어, 직업적 기술 습득을 목표로 하는 학습자는 학습 기간, 구체적인 성취 목표, 중간 점검 등을 설정함으로써 학습 효율성을 높일 수 있다.

시간관리는 시간 갈등 해소를 통해 적정한 휴식과 놀이시간을 확보하기 위한 전략으로 협의의 정의를 할 수 있고, 주어진 시간을 보람되고 가치 있는 것으로 채울 수 있도록 생활을 관리하고 운영해 나가는 전략을 실천하는 방법으로 광의의 정의를 할 수 있다. 일반적으로 시간관리는 목표 성취를 위해 시간 낭비를 줄이고 주어진 시간을 효율적으로 사용할 수 있도록 계획하고 실천하며, 정보를 활용하는 등의 시간의 사용을 관리하는 일련의 통제 과정을 의미한다(오현진 · 정지윤, 2006). 특히 최근의 원격교육학습 환경에서 시간관리는 규칙적인 수업 참여, 수업참여 일정 관리, 기일 관리를 포함한다(Eastmond, 1993).

효과적인 시간관리를 위해 주의집중 및 목표 설정 및 우선순위, 그리고 계획이 중요하다. 가장 중요한 목표를 우선순위를 통해 결정하며, 그 다음으로 언제, 어떻게 하느냐의 행동을 정하는 계획 단계로 이어진다. 성인학습자들은 학습을 시작할 때 명확한 목표를 설정하는 것이 중요하다. 학습 목표 설정은 학습자가 학습 방향을 명확히 하고 동기를 유지할 수 있도록 돕는다. 상담자는 학습자가 구체적이고 현실적인 목표를 설정할 수 있도록 지원해야 한다. 예를 들어, 직업적 기술 습득을 목표로 하는 학습자는 학습 기간, 구체적인 성취 목표, 중간 점검 등을 설정함으로써 학습 효율성을 높일 수 있다.

실제 시간관리는 매일의 지속적인 훈련과 실천을 통해서 가능하다. 상담자는 학습자가 일정표 작성, 우선순위 설정, 학습 시간 확보 방법 등을 적용할 수 있도록 지도해야 한다.

시간관리의 원리는 다음과 같다(조성연 · 박미진 · 문미란, 2018).

① 목표가 뚜렷해야 한다.

② 오늘 해야 할 일을 나열하고 우선순위를 세운다.

③ 학습계획표를 반드시 작성하고, 실천 여부를 평가한다.

④ 자투리 시간을 잘 활용한다.

⑤ 자신의 시간관리 체크리스트를 만든다.

효율적인 시간관리 tip

- **우선순위 설정** : 학습과 다른 책임을 효과적으로 병행하기 위해 우선순위를 정하는 것이 중요하다. '중요도와 긴급도' 매트릭스를 사용하여 중요한 작업과 덜 중요한 작업을 구분하고, 가장 중요한 작업에 집중하자.
- **일정 관리 도구 활용** : 디지털 도구(예 Google Calendar, Trello, Todoist 등)를 사용하여 일정을 체계적으로 관리하면 일정을 시각화하고 시간 블로킹(Time Blocking) 기법을 통해 특정 시간에 특정 업무를 할 수 있다.
- **작업 분할** : 큰 과제를 작은 단계로 나눠서 작업한다. 한 번에 모든 것을 하려고 하면 부담이 크기 때문에 '작업 분할' 전략을 통해 성취감을 느끼며 진행할 수 있다.
- **Pomodoro 기법 사용** : 집중력을 높이기 위해 25분 동안 집중해서 일하고 5분간 휴식을 취하는 Pomodoro 기법을 적용해 보자. 일정 시간이 지나면 더 긴 휴식을 취할 수도 있다.
- **목표 중심 계획 수립** : 학습 목표에 따라 일일, 주간, 월간 계획을 세우고 이를 통해 학습 진척도를 주기적으로 점검한다. 목표를 세우는 것과 계획을 실행하는 것은 시간관리의 핵심이다.
- **중요한 시간대 활용** : 자신이 가장 생산적인 시간대를 파악하여 집중력이 가장 높은 시간에 중요한 작업을 배치하자. 예를 들어, 아침에 집중력이 높다면 이 시간에 어려운 학습 활동을 계획하자.
- **방해 요소 제거** : 스마트폰, 소셜 미디어 등의 방해 요소를 최소화하자. 필요하다면 방해를 차단하는 앱을 사용해 학습에 집중할 수 있는 환경을 조성하자.

- **휴식과 재충전** : 적절한 휴식은 집중력과 생산성을 높인다. 학습 중간중간에 휴식을 취해 정신적 에너지를 회복하고 스트레스를 줄일 수 있다.
- **'할 일 목록(To-Do List)' 작성** : 매일 아침이나 전날 밤에 그날의 할 일 목록을 작성하여 하루의 목표를 명확히 하자. 각 항목을 완료할 때마다 체크하면 성취감이 더해진다.
- **반성 및 조정** : 매주 또는 매달 시간 사용을 검토하여 무엇이 잘 작동했는지, 개선이 필요한 점은 무엇인지 파악하자. 이를 통해 지속적으로 시간관리 방법을 최적화할 수 있다.

(2) 자기결정성 동기 강화

성인학습자는 학습 동기가 학습의 지속성에 중요한 영향을 미친다. 학습 동기를 강화하는 상담은 성인학습자가 학습의 의미와 목적을 재인식하고 학습에 대한 내적 동기를 높일 수 있도록 돕는다. 학습자들은 자신의 성공 경험을 기반으로 긍정적 피드백을 받을 때 동기 부여가 강화된다(Egan, 2018).

① 자기결정성 동기

자기결정성 이론(SDT : Self-Determination Theory)은 인간의 동기와 행동의 자율성을 이해하기 위해 고안된 심리학 이론으로, 데시와 라이언(Deci & Ryan, 1985)에 의해 개발되었다. 이 이론은 인간의 동기를 내적 동기와 외적 동기로 구분하며, 개인이 얼마나 스스로의 선택을 존중받고 자율적으로 행동할 수 있는지에 초점을 맞춘다. 자기결정성은 개인이 스스로 선택하고 통제할 수 있는 능력과 욕구를 의미한다. 인간은 자신의 행동이 자발적이며 내재적인 가치에 의해 주도될 때 가장 높은 수준의 동기를 형성한다. 데시와 라이언의 자기결정성 이론에 따르면 개인의 행동은 자율성 혹은 자기결정적 기능을 나타내는 정도에 따라 조절되는데, 그 조절의 수준에 따라 내적 동기와 외적 동기로 유형화할 수 있다고 하였으며, 행동의 원인이 자기결정적일수록 내재적인 동기가 유발된다고 하였다. 또한 이 이론에서는 자기결정성에 영향을 미치는 기본 심리욕구로 자율성(autonomy), 유능감(competence), 그리고 관계성(relatedness)에 대한 만족 경험을 강조하고, 이 세 가지 기본 심리적 욕구 충족은 자기결정성을 통한 내적 동기의 발생을 자극하게 된다고 주장한다(Deci &

Ryan, 1985, 2000; Ryan & Deci, 2000). 기본 심리 욕구는 인간의 보편적인 속성으로, 획득되기보다는 타고나는 필수조건이며, 이러한 욕구의 충족을 통해서 개인의 건설적인 사회성 발달과 개인 내적인 주관적 안녕감과 같은 성장하고 통합하는 자연적 성향을 촉진할 수 있다(Ryan & Deci, 2002).

자기결정성 이론은 자율성, 유능감, 관계성이라는 세 가지 기본 심리적 욕구를 중심으로 한다. 자율성(autonomy)은 개인이 자신의 행동을 자율적으로 선택하고 통제할 수 있다고 느낄 때 만족되는 욕구이다. 유능감(competence)은 개인이 특정한 과제를 성공적으로 수행할 수 있다는 자신감을 가질 때 충족되는 욕구이다. 관계성(relatedness)은 타인과 의미 있는 관계를 형성하고 소속감을 느낄 때 만족되는 욕구이다.

자기결정성 이론은 동기를 자율적 동기(내재적 동기)와 통제적 동기(외재적 동기)로 구분하였다가 나중에 자율성의 정도가 달라짐에 따라 무동기(amotivation)로 시작하여 극단적인 외재적 동기와 내재적 동기 사이에 각기 다른 종류의 외재적 동기들이 존재하는데, 자율성의 정도가 낮은 것부터 순서대로 무동기, 외적 조절(external regulation), 내사된 조절(introjected regulation), 확인된 조절(identified regulation), 통합된 조절(integrated regulation) 동기로 구분하였다(Deci & Ryan, 2000).

내재적 동기(intrinsic motivation)는 외부의 보상이나 압력 없이 그 자체의 즐거움과 만족을 위해 행동하는 것이다. 예를 들어, 성인학습자가 새로운 언어를 배우는 과정에서 그 자체의 흥미로움을 느끼고 지속적으로 학습하는 경우를 포함한다.

외재적 동기(extrinsic motivation)는 외부적 요인에 의해 유발되는 동기로 외적 조절동기, 내사된 조절동기, 확인된 조절동기, 통합된 조절동기로 세분화된다.

외적 조절동기(external regulation)는 외적 동기 중에서 가장 자율성이 낮은 형태로 외부 보상이나 처벌 등의 외부적 요인에 의해 유발되는 동기이다.

내사된 조절동기(introjected regulation)는 내면화된 외부 압력이나 의무감에 의해 행동하는 동기이다. 예를 들어, 학생이 시험 준비를 하며 '성적이 나쁜면 부모님께 실망을 줄 것이다'라는 압박감으로 공부를 지속하는 경우, 내사된 조절동기에 해당한다. 이는 외부적인 요인을 내면화한 형태로, 동기가 여전히 자율적이지 않다.

확인된 조절동기(identification regulation)는 행동의 가치를 인식하고 받아들여서 자발적으로 행동하는 동기이다. 예를 들어, 성인학습자가 직업적 발전을 위해 학습의 중요성을 인식하고 '이 학습은 내 경력에 필수적이다'라고 생각하며 스스로 학습을 지속할 때, 이는 동일시된 조절동기이다. 이 동기는 더 자율적이며 개인의 가치와 연관되어 있다.

통합된 조절동기(integrated regulation)는 행동이 개인의 가치와 일치하여 내재화된 동기이지만 외적 동기의 범주에 속한다. 예를 들어, 학습자가 자신의 신념과 가치를 반영하여 특정 교육 프로그램에 참여하며 '이 학습은 나의 인생 목표와 완전히 일치한다'라고 느끼는 경우, 이는 통합된 조절동기에 해당한다. 이 동기는 내적 동기와 유사하지만, 여전히 외적 동기로 분류된다.

행동	낮음	←	자기결정성 정도		→	높음
인과소재	없음	외적	약간 외적	약간 내적	내적	내적
조절과정	무의도, 무가치, 무능함, 통제 부족	규칙 준수, 외적 보상 및 처벌	자기통제, 자아개입, 내적 보상 및 처벌	개인적 중요성, 의식적 가치 부여	일치, 의식, 자아 통합	흥미, 즐거움, 내적 만족
동기모형 6가지 조절유형 (6요인)	무동기	외적 조절동기	내사된 (부과된) 조절동기	확인된 (동일시) 조절동기	통합된 조절동기	내적 조절동기
동기모형 (5요인)	무동기	외적 조절동기	내사된 조절동기	← 확인된 조절동기 →		내적 조절
동기모형 (3요인)	무동기	←	외재적 동기		→	내재적 동기
동기모형 (2요인)	←	타율 동기	→	←	자율 동기	→

|그림 7-5| 자기결정성 연속선상 특성 및 동기 모형

출처 : Ryan, R. M., & Deci, E. L.(2000b) 수정

자기결정성 동기와 성인학습자의 자기결정성 동기는 학습의 지속성과 성과에 중요한 영향을 미친다. 자기결정성이 높을수록 학습자는 학습 과정에서의 자율성과 책임감을 느끼며 학습에 대한 몰입도가 증가한다. 자기결정성 동기를 측정하기 위해 다양한 도구가 사용되며, 그중 가장 대표적인 것은 자기결정성 설문지(SRQ : Self-Regulation Questionnaire)이다. 자기결정성 설문지(SRQ)는 내적 동기와 외적 동기의 정도를 측정하여 학습자가 얼마나 자율적으로 학습에 참여하고 있는지를 평가할 수 있다. 자기결정성 동기 이론은 학습자가 스스로 학습의 주체로서 자율성을 느끼고 유능감을 경험하며, 긍정적인 관계를 형성할 때 학습 동기가 강화된다고 설명한다. 이러한 요소들이 학습의 질을 높이고, 지속적인 자기 주도 학습을 가능하게 만든다.

② 성인학습과 상담을 위한 자기결정성 동기 향상 방안

자기결정성 동기를 향상시키기 위해서는 학습 환경과 교육 접근 방식을 적절히 조정할 필요가 있다. 성인학습자의 내적 동기부여를 자극하고 스스로 학습 기회를 찾으려는 태도를 장려하는 것은 그들의 학습 경험을 향상시키는 데 중요한 역할을 한다. 이를 위해 상담자는 지속적인 피드백과 정서적 지지를 제공하며, 성인학습자가 학습 과정을 긍정적으로 인식할 수 있도록 도울 필요가 있다. 이러한 상담 활동은 성인학습자가 다양한 학습 저해 요인을 극복하고 학습 과정에서 성취감을 느끼며 지속적으로 참여할 수 있도록 돕는 데 중요한 기초가 된다. 구체적인 방안은 다음과 같다.

- **자율성 지원** : 성인학습자가 스스로 선택하고 결정을 내릴 수 있는 환경을 제공한다. 예를 들어, 학습자가 자신의 학습 목표와 방법을 선택할 수 있도록 기회를 제공하거나, 프로젝트 기반 학습을 도입해 학습자의 자율성을 높일 수 있다.
- **피드백과 인정** : 학습자의 성취에 대해 긍정적이고 구체적인 피드백을 제공하여 유능감 욕구를 충족시킨다. 칭찬과 건설적인 피드백은 학습자가 자신의 발전을 인식하고 지속적으로 노력할 수 있는 동기를 부여한다.

- **의미 있는 과제 제공** : 성인학습자가 자신의 가치와 연관된 학습 과제를 수행할 때 통합된 조절동기가 향상된다. 예를 들어, 학습자가 관심 있는 분야나 미래의 목표와 관련된 과제를 선택하도록 지원하는 것이 중요하다.
- **사회적 지원 강화** : 관계성 욕구를 충족시키기 위해 학습자가 동료 및 교사와 긍정적인 관계를 형성할 수 있도록 돕는다. 그룹 활동, 팀 프로젝트 등을 통해 상호작용을 장려하고, 학습자가 소속감을 느끼도록 환경을 조성한다.
- **자기 주도 학습 기회 제공** : 학습자가 스스로 계획하고 수행할 수 있는 기회를 제공함으로써 내적 동기를 촉진한다. 예를 들어, 자율 학습 프로그램이나 자기 평가 방식을 활용하여 학습자가 자신의 학습을 책임지도록 한다.

상담자는 이와 같이 자기결정성 향상 방안을 활용하여 성인학습자가 스스로 학습의 필요성을 인식하고 지속할 수 있는 방법을 모색해야 한다.

(3) 자기 주도적 학습 전략

① 자기 주도 학습의 개념

성인학습은 정규 학교교육을 받는 학생보다 자기 주도적 학습 능력이 더욱 요구된다. 성인학습자는 주로 자습 형태로 학습을 진행하고 다른 사람의 가르침을 받는 비율이 상대적으로 낮기 때문에, 학습자가 스스로 학습에 대한 책임을 지고 학습을 주도해 나갈 태도와 방법이 필수적이다. 이러한 자기 주도적 학습을 촉진하기 위해 성인학습 상담은 학습자가 자신의 학습에 대해 주체적인 자세를 갖추고 책임감을 가지고 학습할 수 있도록 지원하고 안내하는 역할을 한다.

자기 주도적 학습이란 학습자 스스로 학습 요구를 진단하고 목표를 설정하며, 학습에 필요한 자원을 확보한 후 적절한 학습 전략을 선택·보완하고 학습 결과를 평가하는 일련의 과정을 의미한다(Knowles, 1975). 이 과정에서 타인의 도움 여부와 상관없이 자발적으로 학습을 진행하고 평가하는 것이 자기 주도적 학습의 핵심이다. 이러한 학습 과정은 학습자와 상담자 모두에게 특별한 역할을 요구하게 된다. 이와 유사하게 짐머만(Zimmerman, 1986; 2002)은 자기 조절 학습(self-regulated)의 개념으로 자기 주도적 학습을 검토하면서 학습자는 자신의 학습 활동을 적극적으로 관리하고 책임을 지며, 초인지적 · 동기적 전략을 활용하여 학습 능력을 개선하는 능동적 주체로서의 역할을 수행해야 한다고 하였다(Rieber, 1991; Zimmerman, 1990). 교육과정의 측면에서는 자기 주도 학습(self-directed learning)으로 특정한 교수법에 대한 논의가 발전하면서 자기 주도 학습은 학습에 대한 이해와 추론, 문제 해결 등 고차원적인 사고를 촉진하고 학습 행동과 관련하여 목표한 결과를 얻기 위해 행해지는 교수-학습 방식으로 보았다(Borich, 2006). 상담자는 학습자에게 지시나 간섭을 최소화하고, 학습자가 스스로 학습을 진행할 수 있도록 지원하는 것이 중요하다.

개리슨(Garrison, 1997)은 자기 주도적 학습을 학습자가 필요한 지식과 정보를 습득하고 활용하는 것 이상의 것으로 정의하며, 학습 환경을 책임 있게 관리하려는 노력, 지속적인 동기 부여, 그리고 자기 성찰을 포함하는 것으로 설명하였다. 개리슨은 자기 주도 학습의 세 가지 핵심 요소로 동기화, 자기-관리, 자기-모니터링을 제시하였다. 동기화는 학습자가 학습을 시작하고 과제에 지속적으로 집중할 수 있도록 스스로 동기를 부여하는 과정을 의미하며, 자기-관리는 학습과 관련된 다양한 요소를 스스로 점검하고 필요한 정보와 지식을 조달 · 통제하며 자원을 관리하는 것을 말한다. 또한 자기-모니터링은 학습 과제와 관련된 인지적 과정을 점검하고 이를 다루는 방법이나 전략을 계획하고 수정해 나가는 과정을 포함한다.

자기-관리는 학습 목표와 메타인지적 전략을 연결하는 외적 과제 통제의 측면을 나타내며, 학습 활동을 관리하는 기능을 한다. 자기-모니터링과 동기화는 인지적 측면과 관련이 있으며, 특히 자기-모니터링은 학습자가 자신의 생각을 계획하고 수정하는 인지적 과정과 학습 전략을 점검하는 메타인지적 과정을 포함한다. 이러한 자기-모니터링 과정은 학습자의 내적 · 외적 피드백에 의존하며, 학습 맥락의 영향으로부터 완전히 독립적이지 않다.

자기 주도 학습 방법은 크게 메타 인지적 학습전략과 동기적 학습전략으로 살펴볼 수 있다. 메타 인지적 학습전략은 정교화, 조직화, 모니터링, 자기 피드백, 상호작용의 활동으로 분류된다. 그리고 동기적 학습전략은 정서 기법, 언어적 행동 제어, 자기 강화, 도움 찾기의 활동 등이 포함된다. 여기에서 자기 주도적 학습 전략이란 학습 목표 달성을 위해 학습자, 환경, 행동적 상황 속에서 자기 질문법 등을 활용한 메타 인지적 학습전략과 학습 동기적 학습 전략을 사용하는 것을 의미한다.

② 자기 주도 학습의 구성요소와 측정

구글리엘미노(Guglielmino, 1977)가 제작한 자기 주도 학습 준비 척도(SDLRS : Self-Directed Learning Readiness Scale) 검사가 자기 주도 학습의 대표적인 측정도구라 할 수 있으며, 이후의 자기 주도 학습 측정도구 발전에 상당한 영향을 미쳤다(이진영, 2019). 구글리엘미노(1977)의 자기 주도 학습 준비 척도의 하위 요소는 ① 학습 기회에 대한 개방적 태도, ② 효과적인 학습자로서의 자기개념, ③ 학습에서의 독립적인 자기 주도성, ④ 학습에 대한 책임감의 충분한 수용, ⑤ 학습에 대한 애정 어린 태도, ⑥ 창의성, ⑦ 미래에 대한 지향적인 태도, ⑧ 기초적인 학습을 할 수 있는 능력과 문제를 해결하는 능력의 8가지로 구성되어 있다. 이는 성인학습자가 성공적인 자기 주도 학습을 위해 얼마나 준비되어 있는가를 검토할 수 있도록 하였다.

이후 국내에서는 김혜영과 김금선(1996; 2010)에 의해 SDLRS를 번안하여 타당화한 SDLRS-K-96이 개발되었고, 이후 이를 수정한 SDLRS-K-2010이 개발되었다. 국내 자기 주도 학습 능력 측정 하위요인으로는 ① 학습에 대한 사랑과 신념, ② 학습에 대한 자신감과 의욕적인 자세, ③ 자발적인 학습 주도성과 독창성, ④ 학습자로서의 자기 이해, ⑤ 학습에 대한 책임감, ⑥ 학습에 대한 끈기, ⑦ 독립적인 학습태도, ⑧ 학습에 대한 탐구심, ⑨ 미래지향성이 제시되었다.

한편 짐머만(1986)은 자기 조절 학습(self-regulated learning)을 중심으로 자기 주도 학습에 대해 설명하고 있다. 짐머만은 자기 주도 학습의 구성요인을 인지, 동기, 행동의 세 가지 측면으로 크게 구분해 왔다(Zimmerman, 1986; 2002). COVID-19 이후 온라인 학습자가 증가함에 따라 자기 주도 학습이 보다 더 요구되고 있다. 이러한 성인학습자의 사이버학습 환경은 능동적으로 자신의 학습을 관리하고 진행해야 하기 때문에 효율적인 학습을 수행하기 위해서는 자기 조절 학습 능력이 요구된다.

가. 인지적 차원

학습자가 자료를 기억하고 이해하기 위해 필요한 실질적인 전략을 의미한다. 이것은 학습 전략이라고 할 수 있으며, 인지 전략의 시연, 정교화, 조직화가 포함되고, 초인지 전략으로 계획, 점검, 평가가 있다. 시연(rehearsal)은 정보를 반복하여 학습자가 정보를 암기하는 것을 의미하며, 정교화(elaboration)는 이미 가지고 있던 지식에 새롭게 획득한 정보를 연결하거나 통합하여 의미를 보완하거나 확장시키는 등의 변화를 나타내는 것이며, 조직화(organization)는 각각의 학습 정보나 지식을 어떤 논리성을 갖춘 체계나 구조 속에 정리하여 보관하거나 묶는 것이다. 초인지 전략으로 계획(planning)은 목표를 설정하며, 점검(monitoring)은 학습자 스스로 집중을 하고 자기평가와 이해를 했는지 확인하는 것 등을 포함하는 활동으로, 학습을 하는 동안에 일어난다. 평가(evaluation)는 현재 자신의 학습이나 과제 수행 과정에 대한 중간 평가나 학습 결과에 대한 다양한 판단을 할 수 있는 전략이다(Woolfork, 2007).

나. 동기적 차원

학습에 대한 가치를 두고 학습을 하기 위한 유의미성과 목적성으로의 태도를 의미한다. 하위 요인으로는 자기 효능감, 학업에 대한 내재적 흥미나 가치, 자율성, 목표 지향성, 불안 등이 있다. 자기 효능감(self-efficacy)은 설정한 목표를 달성하고 성공적인 학습을 할 수 있다는 믿음에서 기인하며, 학업에 대한 내재적 흥미나 가치(interest or intrinsic value)는 외재적 가치가 아닌 학업 자체의 경험에서 느끼는 즐거움으로 비교적 지속되는 경향을 갖는 것이다.

자율성(autonomy)은 외부의 관점이 아닌 자신이 원하는 것으로 결정하기를 바라는 욕구이고(Deci & Ryan, 2002), 목표 지향성(goal orientations)은 학교에서의 성취와 관련한 여러 목표들에 대한 신념 등이며(Pintrich & Schunk, 2002), 불안(anxiety)은 인지적 혹은 정서적 측면에서 오는 긴장감이나 걱정, 부정적 사고 등을 포함하는 것으로 학습과 시험 장면에서 겪는 불안이 있을 수 있다(Pintrich & Schunk, 2002; Woolfork, 2007).

다. 행동 차원

학습자가 의지를 가지고 학습 성공의 경험을 하기 위해 학습 환경이나 외부 자원을 의지(volition)를 가짐으로써 학습에 대한 지속적인 수행을 가능하게 하는 것을 의미한다(Corno, 1992). 행동 차원에서는 행동 통제, 도움 구하기, 시간관리 능력 등이 포함된다. 행동 통제는 학습에 집중할 수 있도록 주변 환경을 정리하고 관리하는 전략이다. 학습자가 학습 과정에서 어려움이 있더라도 이를 극복하고 학습을 계속하기 위해 노력하는 의지를 의미한다. 도움 구하기는 학습자가 모르는 부분이나 어려운 과제가 있을 때 도움을 줄 수 있는 다른 사람에게 도움을 요청하는 것으로, 학습자의 효율적인 학습을 위해 필요에 따라 이루어질 수 있다. 시간관리는 학습자가 스스로 학습시간을 계획하고 관리하며 통제하여 조절하는 것을 의미한다. 상담자와의 협력이나 조력자 등의 도움을 요청하거나 학습 계획의 수립, 학습 수행에 있어 전반적인 노력을 조절하는 것 등이 필요하다.

한편 성인학습 상담자는 성인학습자의 자기 주도 학습태도와 준비활동이 얼마나 잘 이루어졌는지 확인하는 것이 필요하다. 이를 위해 자기 주도 학습을 측정하기 위해 학습전략 검사(MLST)나 한국형 자기조절학습능력 검사(SRLCS-K : Self-Regulated Learning Competency Scale-Korea) 또는 자기조절학습검사(SLT) 등이 널리 사용되고 있다. 국내의 한국교육종단연구(KELS) 등을 비롯한 다수의 종단연구에서 자기주도학습능력(자기조절 영역 포함)에 대한 측정도구를 확인하고 있다. 자기조절학습능력의 하위 영역으로 시연, 정교화, 조직화, 초인지 등의 인지조절 전략과 노력조절, 시간관리, 공간관리(학습환경관리), 도움 및 자원 활용 등의 행동조절 전략으로 구분하여 측정하고 있다. 자기조절학습 검사(SLT)는 학습자 상태(동기적 상태, 정서적 상태) 2가지와 자기조절학습전략(인지, 동기, 행동) 3가지 요인으로 구성되었다.

③ 자기 주도적 학습을 위한 성인학습자 학습 및 상담

성인학습자가 자기 주도적 학습을 효과적으로 수행할 수 있도록 상담자가 지원할 수 있는 방법은 다음과 같다.

가. 목표 설정 및 자기-관리 지원

상담자는 성인학습자가 학습 목표를 명확하게 설정하고 구체적인 계획을 세울 수 있도록 지원해야 한다. 예를 들어, 경력 전환을 목표로 하는 학습자에게는 현재와 미래의 경력에 필요한 구체적인 지식과 기술을 파악하도록 돕고, 이를 위해 필요한 학습 단계를 세분화하여 관리할 수 있는 계획을 세우게 한다. 상담자는 학습자가 자신의 학습을 체계적으로 관리할 수 있도록 목표와 계획을 세우고, 학습과 관련된 자료와 자원을 정리하도록 돕는다. 이를 통해 학습자는 자기-관리 능력을 향상시키고, 학습에 대한 동기와 책임감을 갖게 된다. 자기-관리가 잘 이루어지면 성인학습자는 학습에 필요한 자원을 효율적으로 사용할 수 있으며, 학습 과정에서 발생하는 어려움에 스스로 대응할 수 있다.

나. 동기 부여와 자기 효능감 향상

성인학습자는 학습 동기가 높을 때 학습에 더욱 몰입할 수 있다. 상담자는 학습자가 스스로에게 동기를 부여할 수 있는 방법을 제공하고, 성취감을 통해 자기 효능감을 높일 수 있도록 돕는다. 예를 들어, 학습자가 학습을 통해 달성하고자 하는 목표를 시각화하거나, 작은 단계를 달성할 때마다 스스로에게 보상을 제공하는 방식으로 동기를 유지하게 한다. 또한 학습자가 학습에 의미를 느끼고 가치 있는 목표를 설정할 수 있도록 돕는 것이 중요하다. 학습자가 자신의 학습 목표를 성취할 때마다 긍정적인 피드백을 제공함으로써 학습 동기와 자기 효능감을 높이는 데 기여할 수 있다. 이는 자기 주도적 학습의 지속성을 높이고 학습 목표에 대한 성취감을 통해 긍정적 피드백을 제공하는 역할을 한다.

다. 인지 전략 개발 및 메타 인지 능력 향상

성인학습자는 학습 과정에서 효과적인 인지 전략을 사용할 수 있어야 한다. 상담자는 학습자가 시연, 정교화, 조직화 등의 인지 전략을 습득하고 활용할 수 있도록 지도한다. 예를 들어, 학습자가 특정 주제를 학습할 때 주요 내용을 반복하여 암기하는 시연 전략이나, 새로운 정보를 기존 지식과 연결하여 의미를 부여하는 정교화 전략을 사용할 수 있도록 돕는다. 또한 초인지 전략을 통해 자신의 학습 과정을 점검하고 수정할 수 있는 능력을 키울 수 있도록 지원해야 한다. 예를 들어, 학습자가 학습 계획을 세우고 학습이 진행됨에 따라 스스로 이해도를 점검하며 필요시 학습 방법을 조정하는 습관을 가지도록 한다. 학습자가 자신이 설정한 목표에 도달했는지 점검하고, 학습 과정을 개선할 수 있는 전략을 개발할 수 있도록 돕는 것은 학습 성공에 중요한 요소이다.

라. 행동 전략 지원 및 학습 환경 조성

학습 환경은 성인학습자의 학습 효과에 큰 영향을 미치기 때문에, 상담자는 성인학습자가 효과적으로 학습 환경을 조성할 수 있도록 지원해야 한다. 예를 들어, 성인학습자가 학습 시간을 스스로 관리할 수 있도록 조언하며, 집중할 수 있는 환경을 구축하도록 돕는다. 특히 온라인 학습 환경에서는 학습자가 인터넷, 학습 플랫폼, 자료 관리 등에 있어 효율적인 전략을 사용하도록 안내할 수 있다. 상담자는 학습자가 행동 통제, 시간관리, 학습 자원 활용 등의 전략을 통해 학습을 더욱 체계적으로 수행할 수 있도록 돕는다. 예를 들어, 매주 학습 계획을 수립하고 이에 맞춰 실천하는 과정을 통해 성인학습자가 스스로 학습에 대한 통제력을 갖게 한다. 학습 환경이 잘 조성될수록 학습자는 학습 과제에 더 집중할 수 있으며, 학습 동기를 높일 수 있다.

마. 자기평가와 피드백 제공

자기 주도적 학습은 학습자가 자신의 학습 성과를 자발적으로 평가하는 과정에서 완성된다. 상담자는 성인학습자가 학습 결과를 평가할 수 있도록 피드백을 제공하며, 성취도와 학습의 효율성을 판단하는 능력을 키울 수 있도록 지원한다. 상담자는 학습자가 학습 과정에서의 강점과 개선점을 파악하고, 향후 학습 전략을 보완할 수 있도록 돕는다. 이를 통해 학습자는 자신의 학습 과정에서 일어난 성취를 확인하고, 앞으로의 학습 과정에서 개선할 점을 스스로 알아가는 기회를 갖게 된다.

(4) 학업불안 및 스트레스 관리

성인학습자들은 학습 과정에서 학업 불안과 스트레스를 경험할 수 있다. 특히 학습과 직장 업무, 가정 책임을 병행해야 하는 경우 이러한 문제는 더욱 심각해질 수 있다. 상담자는 학습자가 스트레스 관리 기술을 습득하고 학업 중 느끼는 부담을 완화할 수 있도록 다양한 방법을 제안할 수 있다. 대표적으로 이완훈련, 명상과 마음챙김, 시간관리 기법이 있다.

이완훈련은 긴장을 완화하고 스트레스를 줄이는 데 도움을 주는 훈련으로, 심호흡과 근육 이완 기술은 성인학습자가 학습 중 느끼는 불안을 완화하는 데 효과적이다. 이는 자율신경계의 균형을 맞추어 심리적 안정감을 제공한다. 정기적인 명상과 마음챙김은 학습자의 불안을 감소시키고 집중력을 향상시킨다. 연구에 따르면(Shapiro, Brown, & Astin, 2011; Roeser et al., 2013), 마음챙김 훈련은 학습자가 스트레스를 관리하고 학습 성과를 높이는 데 긍정적인 영향을 미친다. 시간관리 기법은 학업 스트레스의 주요 원인 중 하나인 시간 부족을 다루기 위해 효과적인 시간관리 기법을 배우고 적용함으로써 학습자는 학업과 개인 생활을 보다 효율적으로 조율할 수 있다. 예를 들어, 우선순위 설정, 작업 분할, 일정 관리 도구 사용 등이 포함된다.

상담자는 학업 불안과 스트레스를 평가하기 위해 측정 도구를 통해 학습자의 불안과 스트레스 수준을 평가하고 적절한 개입을 할 수 있다. 학업불안 척도(Academic Anxiety Scale)는 학습자가 경험하는 불안의 정도를 평가하는 척도로, 시험 전 불안이나 과제 수행에 대한 불안감을 측정한다. 스트레스 인지 척도(PSS : Perceived Stress Scale)는 개인이 일상생활에서 느끼는 스트레스의 정도를 평가하는 도구로, 학습자들이 학업과 관련된 스트레스 수준을 측정하는 데도 활용될 수 있다

(5) 기술활용 및 디지털 리터러시

현대의 학습 환경은 급격히 발전하고 있으며, 특히 성인학습자에게는 디지털 기술의 활용이 필수적이다. 온라인 강의, 학습 관리 시스템, 다양한 협업 도구 등은 성인학습자가 학업 및 직업적 성공을 이루는 데 중요한 역할을 한다. 그러나 일부 성인학습자는 디지털 리터러시가 부족하여 이러한 기술적 요구에 적응하는 데 어려움을 겪고 있다. 상담자는 학습자가 온라인 학습 플랫폼이나 디지털 도구를 효과적으로 사용하는 방법을 배울 수 있도록 지원해야 한다. 이는 학습 자료 검색, 온라인 강의 참여, 협업 도구 사용 등과 같은 기술적 측면을 포함한다.

① 맞춤형 기술 교육 제공

성인학습자의 디지털 리터러시를 향상시키기 위해서는 개인 맞춤형 교육 프로그램이 필요하다. 이러한 프로그램은 학습자의 기존 기술 수준과 필요를 반영하여 설계되어야 한다. 예를 들어, 기초적인 컴퓨터 사용법이나 인터넷 검색 방법에서부터 고급 소프트웨어 활용, 데이터 관리, 인공지능 도구의 사용법까지 다양한 교육 과정이 제공될 수 있다. 이러한 맞춤형 교육은 학습자의 자신감을 높이고 자율성을 향상시킬 수 있다.

② 단계적 학습 자료 개발

성인학습자가 디지털 기술에 익숙해지기 위해서는 학습 자료가 단계별로 구성되어야 한다. 초보자를 위한 기초 학습 자료를 제공한 후, 중급 및 고급 수준의 자료로 점진적으로 확장하는 것이 효과적이다. 이러한 학습 자료에는 비디오 튜토리얼, 인터랙티브 가이드, 실습 과제 등이 포함될 수 있다. 단계별 학습은 학습자가 점진적으로 디지털 기술에 자신감을 가질 수 있도록 돕는다.

③ 지원 커뮤니티와 멘토링 프로그램

성인학습자가 기술적 어려움을 극복할 수 있도록 지원하는 커뮤니티와 멘토링 프로그램을 제공하는 것은 매우 효과적이다. 이러한 커뮤니티는 온라인 포럼이나 소셜 미디어 그룹을 통해 형성될 수 있으며, 학습자 간의 경험 공유와 상호 지원을 장려한다. 멘토링 프로그램은 경험이 많은 멘토가 기술적 조언을 제공하고 학습자의 질문에 응답하며 실질적인 도움을 줄 수 있는 구조를 포함한다. 이러한 지원 체계는 학습자에게 심리적 안정을 주고 디지털 기술 사용에 대한 동기 부여를 강화한다.

④ 실습 기반 학습 기회 제공

디지털 기술은 이론만으로는 충분히 습득하기 어렵다. 성인학습자가 기술을 실제로 사용할 기회를 제공하는 것이 중요하다. 이를 위해 학습자에게 프로젝트 기반의 학습 기회를 제공하여 온라인 협업 도구, 데이터 분석 소프트웨어, 인공지능 플랫폼 등을 실습해 볼 수 있도록 해야 한다. 실습 기반 학습은 학습자가 실제 상황에서 기술을 적용하고 그에 따른 피드백을 받는 과정을 통해 능력을 발전시킬 수 있는 환경을 마련한다.

⑤ 접근성과 사용 편의성 개선

성인학습자들이 기술을 사용할 때 접하는 주요 장애물 중 하나는 도구의 복잡성과 접근성이다. 상담자와 교육기관은 사용하기 쉬운 플랫폼을 선택하고 직관적인 사용자 인터페이스를 제공함으로써 이러한 문제를 줄일 수 있다. 또한 학습 자료는 다국어 지원, 보조 기술(예 화면 낭독기, 자막 등)과 같은 포괄적 접근성을 고려하여 설계되어야 한다. 이러한 접근성 개선은 학습자의 다양한 요구를 충족시키고 학습 참여도를 높이는 데 기여한다.

⑥ 지속적인 기술 지원 서비스

학습자가 디지털 기술을 학습하는 동안 지속적인 기술 지원을 제공하는 것은 필수적이다. 기술 지원은 실시간 채팅, 이메일 지원, 전화 상담 등 다양한 방법으로 제공될 수 있다. 이 지원은 학습자가 기술 문제에 직면했을 때 즉각적인 해결책을 제공함으로써 학습 과정에서의 좌절을 최소화할 수 있다. 지속적인 기술 지원은 학습자에게 안정감을 주고, 기술 습득의 지속성을 보장한다.

지능정보 사회에서 기술의 급격한 발달로 인해 디지털 리터러시의 부족은 성인학습자들에게 심각한 학습 장애가 될 수 있다. 그러나 적절한 교육 프로그램, 지원 커뮤니티, 실습 기회 및 기술 지원을 통해 이를 극복할 수 있다. 성인학습자가 기술 활용 능력을 향상시키는 것은 현대 학습 환경에서 성공을 도울 수 있는 중요한 과제이다. 상담자는 이러한 방안을 통해 학습자들이 디지털 시대에 적응할 수 있도록 포괄적인 지원을 제공해야 한다.

연습문제

1. 효과적인 성인학습 상담이 이루어지기 위해 필요한 주요 단계들을 설명하고, 각 단계에서 상담자가 고려해야 할 사항을 예시를 들어 설명해 보세요. 예를 들어, 초기 상담, 중간 평가, 종결 상담 등의 각 단계에서 학습자의 요구와 목표를 어떻게 다룰 수 있는지 논의해 보세요.

2. 성인학습 상담에서 다루어야 할 주요 내용을 설명하고, 이러한 내용을 바탕으로 실제 상담 세션에서 어떻게 접근할 수 있을지 구체적인 사례를 들어 설명해 보세요. 예를 들어, 학습자의 학습 스타일, 학습 목표, 시간관리 전략 등이 상담 내용에 포함될 수 있습니다.

참/고/문/헌

교육부(2023). 2023년 한국 성인의 평생학습실태. 한국교육개발원.

권두승 · 조아미(0216). **성인학습 및 상담**. 교육과학사.

____________(2018). **평생학습사회 실현을 위한 성인학습 및 상담**. 교육과학사.

김혜영 · 김금선(2010). 초등학생용 자기주도학습능력 검사의 탐색 및 개발. **교육종합연구**, 8(1), 21-42

나항진 · 강갑원 · 권희완 · 김경미 · 박성희 · 송선희(2014). **성인학습 및 상담**. 양서원.

박동혁 · 이민규 · 신희천(2006) 대학생 시간관리 행동척도의 개발과 타당화. **한국심리학회지 : 상담 및 심리치료**, 18(4), 801-816.

오현진 · 정지윤(2006). 초등학생의 시간관리 능력에 따른 자기효능감 연구. **한국실과교육학회지**, 19(3), 101-112.

조성연 · 문미란(2007). 성인학습자의 학업성취도에 영향을 미치는 변인에 관한 연구. **교육학연구**, 45(2), 121-149.

조성연 · 박미진 · 문미란(2018). **성인학습 및 상담**. 학지사.

채창균 · 유한구 · 정재호 · 주휘정 · 안현용(2024). 디지털 평생교육체제 구축을 위한 성인의 디지털 역량 강화 방안 연구. 국가평생교육진흥원.

한국교육개발원(2021). 2021년 성인학습자 학습 경험 조사. 한국교육개발원.

Borich, G. D.(2006). *Effective Teaching Methods : Research-Based Practice*(6th ed.). Pearson Merrill Prentice Hall.

Corno, L.(1992). Encouraging students to take responsibility for learning and performance. *The Elementary School Journal, 93*(1), 69-83.

Cross, K. P.(1981). *Adults as Learners : Increasing Participation and Facilitating Learning*. San Francisco, CA : Jossey-Bass.

Deci, E. L., & Ryan, R. M.(1985). *Intrinsic Motivation and Self-Determination in Human Behavior*. Berlin : Springer Science & Business Media.

____________(2000). The "What" and "Why" of Goal Pursuits : Human Needs and the Self-Determination of Behavior. *Psychological Inquiry, 11*(4), 227-268.

____________(Eds.)(2002). *Handbook of self-determination research*. University of Rochester Press.

Eastmond, D. V.(1993). Adult learning of distance students through computer conferencing. Unpublished doctoral dissertation, Syracuse University, Syracuse.

Egan, G.(2018). *The skilled helper : A problem-management and opportunity-development approach to helping*(11th ed.). Cengage Learning.

Garrison, D. R.(1997). Self-directed learning: Toward a comprehensive model. *Adult Education Quarterly, 48*(1), 18-33.

Geldard, K., & Geldard, D.(2016). *Counseling adolescents : The proactive approach for young people*(4th ed.). SAGE.

Guglielmino, L. M.(1977). *Development of the Self-Directed Learning Readiness Scale*. University of Georgia.

Hill, C. E.(2020). *Helping skills : Facilitating exploration, insight, and action*(5th ed.). American Psychological Association.

Knowles, M.(1975). *Self-Directed Learning : A Guide for Learners and Teachers*. Chicago, IL : Follett Publishing Company.

Merriam, S. B., & Baumgartner, L. M.(2020). *Learning in adulthood : A comprehensive guide*(4th ed.). Jossey-Bass.

Pintrich, P. R., & Schunk, D. H.(2002). *Motivation in Education*. Englewood Cliffs, NJ : Prentice Hall.

Rieber, L. P.(1991). Animation, incidental learning, and continuing motivation. *Journal of Educational Psychology, 83*(3), 318-328.

Roeser, R. W., Schonert-Reichl, K. A., Jha, A., Cullen, M., Wallace, L., Wilensky, R., Oberle, E., Thomson, K., Taylor, C., & Harrison, J.(2013). Mindfulness training and reductions in teacher stress and burnout: Results from two randomized, waitlist-control field trials. *Journal of Educational Psychology, 105*(3), 787-804.

Ryan, R. M., & Deci, E. L.(2000). Self-determination theory and the facilitation of intrinsic motivation, social development, and well-being. *American Psychologist, 55*(1), 68-78.

__________________________(2002). Overview of Self-Determination theory : An organismic dialectical perspective. In Deci, E. L., & Ryan, R. M.(Eds.), *Handbook of Self-Determination Research*(pp. 6-33). The University of Rochester Press, Rochester.

Shapiro, S. L., Brown, K. W., & Astin, J. A.(2011). Toward the integration of meditation into higher education : A review of research evidence. *Teachers College Record, 113*(3), 493-528.

Woolfolk, A.(2007). *Educational Psychology*(10th ed.). Boston, MA : Allyn & Bacon.

Zimmerman, B. J.(1986). Becoming a self-regulated learner : Which are the key subprocesses?. *Contemporary Educational Psychology, 11*(4), 307-313.

________________(1990). Self-regulated learning and academic achievement : An overview. *Educational Psychologist, 25*(1), 3-17.

________________(2002). Becoming a Self-Regulated Learner : An Overview. *Theory Into Practice, 41*(2), 64-70.

08
CHAPTER

성인학습 상담의 방법

성인학습에서 상담은 성인학습자가 학습 과정에서 직면하는 다양한 어려움을 해결하고, 더 나아가 긍정적 삶의 변화를 이끌어 내도록 돕는 중요한 역할을 한다. 성인학습 상담은 학습자와 상담자가 대화를 통해 상호작용하면서 학습자가 심리적 안정을 찾고 학습 과정에서 발생하는 여러 문제를 효과적으로 해결할 수 있도록 지원한다. 이는 단순한 학습 지원을 넘어 심리적 성장과 전반적인 삶의 질 향상을 목표로 한다.

성인학습자는 학습을 통해 내적 · 외적 도전과 마주하며, 이를 극복하는 과정에서 심리적 안정과 자신감을 얻을 수 있다. 학습은 성인학습자가 자신에 대한 자부심을 회복하고 타인과 사회에 대한 수용력을 확장하도록 돕는 역할을 한다. 성인학습에서 학습은 학습자의 심리적 성장을 촉진하는 중요한 과정으로서, 학습자는 학습을 통해 삶의 여러 측면에서 긍정적인 변화를 경험하게 된다.

성인학습자가 학습을 통해 기존의 사고방식에서 벗어나 새로운 관점을 수용하는 과정은 성인학습 상담의 또 다른 중요한 측면이다. 성인학습자가 기존의 관점을 넘어설 수 있도록 돕는 상담 기법은 성인교육자가 수행해야 할 중요한 역할 중 하나로, 학습자가 변화에 대한 저항을 줄이고 더 넓은 시각에서 자신의 삶을 조망할 수 있도록 지원한다. 이 과정에서 상담자는 인간에 대한 심리학적 지식과 상담 이론을 기반으로 내담자에게 치유적 도움을 제공하며, 이들이 심리적 성숙과 전환학습을 경험할 수 있도록 전문적인 역량을 발휘해야 한다.

성인학습 상담의 목표는 크게 두 가지로 구분된다. 첫째, 소극적 목표로서 치료와 예방, 문제 해결, 긍정적 행동 변화, 적응 기술 증진 등을 포함한다. 이를 통해 학습자가 심리적 안정을 얻고 구체적인 학습 문제를 해결할 수 있도록 돕는다. 둘째, 적극적 목표로서 학습자가 주관적 안녕감과 긍정적 자아개념을 형성하고, 전인적 발달을 이루는 데 초점을 맞춘다. 이러한 목표는 성인학습자가 학습 과정에서 보다 긍정적이고 지속적인 행동 변화를 경험할 수 있도록 돕는 핵심적인 요소이다.

1 성인학습 상담의 접근법

성인학습에는 별도의 상담 이론이 존재하지 않지만, 일반적인 상담 이론으로는 정신분석학적 상담 이론, 인본주의적 상담 이론, 행동주의 및 인지행동적 상담 이론을 성인학습자에게 적용할 수 있다. 이 절에서는 다양한 상담이론 중에서 성인학습자의 특성에 적합하고 활용도가 높은 두 가지 성인학습 상담의 접근법을 살펴볼 것이다.

1) 지시적 상담

윌리엄슨(Williamson)과 다알리(Darley)가 주장한 지시적 상담 이론은 특성-요인 상담 또는 임상적 상담이라고도 한다. 이 접근법에서는 상담자가 내담자의 문제를 특성 요인을 기반으로 해석하고, 객관적이고 정확한 정보를 제공하여 합리적으로 문제를 해결할 수 있도록 조언과 충고를 제공한다. 이 이론은 내담자의 왜곡된 관점이 문제의 원인이라고 본다. 따라서 상담자는 내담자의 편견, 정보 부족, 경험 부족으로 인한 문제를 해결하기 위해 풍부한 경험과 지식을 바탕으로 객관적인 입장에서 문제를 해석하고 이에 대해 조언과 충고를 제공해야 한다. 윌리엄슨의 지시적 상담의 전제는 다음 다섯 가지로 요약할 수 있다(권두승 · 조아미, 2018).

① 모든 사람은 각자 능력과 가능성에 있어 독특한 유형이 있다.
② 특정한 성격과 흥미는 특정한 직업 또는 일과 상관을 가진다.
③ 개인의 능력과 흥미의 차이는 학교에서 다른 교육과정을 필요로 한다.
④ 내담자가 어떤 가능성을 가지고 있는가에 대한 판단은 어떤 교육과정이나 일자리에 그 내담자를 배정하느냐를 결정하기 전에 이루어져야 한다.
⑤ 사람들은 자신의 능력을 인지적으로 확인할 수 있는 능력과 확인하려는 열망을 가지고 있다.

윌리엄슨은 상담 과정으로 분석, 종합, 진단, 예진, 상담, 추후 관리의 여섯 개의 상담 단계를 제시하고 있다.

첫 번째 단계는 분석이다. 이 단계에서는 내담자에 대한 객관적인 이해를 돕기 위해 정보와 자료를 수집한다. 적성, 흥미, 동기, 신체 건강, 정서적 균형 등 내담자의 현재 상태 및 미래 가능성을 종합적으로 이해하기 위해 적절한 측정 기술을 선택하여 자료를 수집한다. 분석에 사용할 수 있는 도구로 기록, 면접, 시간표, 자서전, 일화 기록, 심리 검사, 학습 진단과 과정 AI 분석 결과 등을 활용할 수 있다.

두 번째 단계는 종합이다. 수집된 자료를 체계적으로 정리하고 조직하여 내담자의 문제를 명확히 하는 단계이다. 이 단계에서는 내담자와 관련된 다양한 정보를 분류하여 적응, 부적응, 장점과 단점 등을 분석할 수 있도록 자료를 요약하고 체계적으로 정리한다. 종합 단계는 상담자가 내담자의 문제에 대한 포괄적인 이해를 돕기 위해 중요하다. 이를 통해 내담자의 상황과 특성에 대한 보다 깊은 통찰을 제공하며, 이후 상담 과정의 효과성을 높일 수 있다.

세 번째 단계는 진단이다. 이 단계에서는 내담자의 문제 특성이나 원인을 도출하여 결론을 내리는 단계이다. 문제를 확인한 후 원인을 발견하는 과정으로 이어지며, 이때 주의할 점은 성급하게 결론을 내리지 않는 것이다. 진단은 항상 잠정적이어야 하며, 이는 인간 행동의 복잡성과 다양성으로 인해 잘못된 판단을 내릴 가능성이 높기 때문이다. 상담자는 다양한 요인을 고려하여 신중히 진단을 내려야 하며, 필요할 경우 전문가 의견이나 추가 자료를 통해 진단의 신뢰성을 높일 수 있다.

네 번째 단계는 예진이다. 예진은 문제 행동이 어떻게 발전할지를 예측하는 과정이다. 진단이 과거와 현재의 상황에 초점을 맞춘다면, 예진은 미래의 상황에 대한 예측을 시도하는 것이다. 상담자는 진단 후 충분한 시간을 두고 관련 문헌이나 사례 연구를 참조하여 신중하게 예진을 수행해야 한다. 예진은 내담자의 문제를 예방하고 장기적으로 관리할 수 있는 계획을 세우는 데 중요한 역할을 한다. 이 단계는 내담자의 상황이 향후 어떻게 변화할지를 고려하여 상담 전략을 조정하고 강화하는 데 필요하다.

다섯 번째 단계는 상담이다. 이 단계는 문제 해결을 위해 상담자가 내담자에게 조력하는 단계이다. 상담은 단순히 문제를 해결하는 치료 상황을 넘어, 다양한 기법을 통해 내담자가 상담에서 배운 내용을 실제 문제 상황에 적용할 수 있도록 돕는 과정이다. 상담은 학습과 재교육의 성격을 지니며, 내담자가 스스로 문제를 해결할 수 있는 능력을 키우도록 지원한다. 이 단계에서 상담자는 내담자의 자발성을 촉진하고, 내담자가 독립적으로 문제를 다룰 수 있도록 필요한 자원과 기술을 제공한다.

여섯 번째 단계는 추후 관리이다. 이 단계에서는 상담에서 배운 내용을 일상생활에 적용하면서 생긴 변화를 강화하고, 그 과정을 재평가하며 점검하는 작업을 수행한다. 추후 관리 단계는 상담의 효과를 평가하고 내담자의 지속적인 발전을 도모하는 데 필수적이다. 내담자가 상담 후에도 새로운 문제가 발생할 수 있으며, 이를 조기에 발견하고 대응하기 위해 추후 관리는 중요하다. 상담자는 필요할 경우 내담자와 후속 상담을 통해 새로운 문제를 다루고, 기존에 배운 내용을 강화하여 일상생활에서의 적응을 도와야 한다.

2) 인간 중심적 상담

로저스(Rogers)는 1940년 초에 정신분석학과 지시적 상담의 입장에 대한 비판을 제기하면서 인간의 자유의지를 강조하여 비지시적 상담을 표방하며 등장하였다. 이 입장은 1970년에 이르러 내담자 중심 상담으로 불리다가 최근에는 개인의 긍정적인 성장 가능성을 중시한다는 입장에서 인간 중심 상담으로 불린다. 인간이 선천적으로 선하고 합리적이고 사회적이며 자아실현의 의지를 지니며, 개인의 잠재력과 성장 능력을 개발해야 한다는 것이 이 상담 접근법의 기본 입장이다. 인간 중심 상담 이론에서의 기본적인 인간관은 다음과 같다.

① 모든 인간은 자기가 중심이 되는 끊임없이 변화하는 경험의 세계 속에서 살아간다.
② 인간은 자기가 경험하고 지각한 대로 반응한다.
③ 인간은 현상적 장에 대하여 체계화된 전체로서 반응한다.
④ 인간은 경험하는 유기체를 유지하고 고양하고 실현시키려는 경향성을 가지고 있다.
⑤ 인간행동은 기본적으로 목적 지향적이다.
⑥ 인간은 자기를 인도하고 조절하고 통제하는 능력이 있다.

이와 같은 인간관에 기초한 인간 중심적(비지시적) 상담은 내담자의 중요한 문제를 결정하고 그들의 문제를 해결하는 데 있어서 내담자의 능력을 강조하고 있다. 이 접근에서 가장 중요한 것은 따뜻하고 허용적이며 내담자로 하여금 그들의 유일한 경험에 관련시켜 자아구조를 탐색할 수 있도록 그 분위기를 마련해 주는 것이라고 할 수 있다. 로저스는 이와 같은 사람을 '충분히 기능하는 인간(fully functioning person)'이라고 했다. 충분히 기능하는 인간은 경험에의 개방성, 실존적 삶, 자기 유기체에 대한 신념, 자유감, 창조성과 같은 특징을 가지고 있다. 경험의 개방성은 모든 내적 경험에 대해 자유롭다는 것을 의미하는 것으로 방어기제와 같은 것을 사용해 자아를 방어할 필요가 없다. 실존적 삶이란 어느 순간에나 그 삶에 충실하다는 것을 의미한다. 충분히 기능하는 사람은 자기가 선택한 인생을 자유롭게 살아가지만, 자신의 행동과 결과에 대해서는 책임을 지는 사람이다.

이 입장에서 부적응 행동은 외부적 기준과 내면적 욕구의 괴리, 진정한 자기와 이상적 자기의 괴리, 유기체적 욕구와 존중받고자 하는 욕구의 괴리, 자아 개념과 경험 간의 불일치로 발생한다고 보았다(나항진 외, 2014).

첫째, 외부적 기준과 내면적 욕구의 불일치는 사회나 주변 사람들이 개인에게 기대하는 모습이 개인의 내면적 욕구와 충돌할 때 발생하며, 이는 심리적 갈등을 유발할 수 있다. 이러한 외적 가치 기준과 개인의 내적 욕구 사이의 괴리가 커지면 심각한 문제가 발생할 수 있다.

둘째, 진정한 자기와 이상적 자아의 불일치는 개인이 자신의 성격, 진로, 학업 등에서 추구하는 이상적 자아와 내면적으로 느끼는 진정한 자아 사이의 괴리에서 발생한다. 개인이 바라는 이상적 자아와 내면에서 요구하는 진정한 자아가 일치하지 않을 때 심리적 갈등이 생길 수 있다.

셋째, 유기체적 욕구와 존중 욕구의 갈등은 개인이 자신의 본래적 욕구에 따라 행동했음에도 불구하고 주변의 중요한 사람들로부터 긍정적인 평가를 받지 못할 때 발생한다. 이 갈등이 지속되면 개인은 스스로를 무가치하게 느끼며, 내적 욕구에 근거한 가치보다 주변 사람들의 기대에 맞추어 행동하려는 경향이 강화된다.

넷째, 자아 개념과 실제 경험의 불일치는 자신이 실제로 느끼는 모습과 사회의 요구, 그리고 자기 자신에 대한 생각이 일치하지 않는다고 느낄 때 생기는 불안과 긴장감을 말한다. 예를 들어, 한 사람이 아버지에 대해 실제로 분노를 느끼지만 외부의 가치 기준 때문에 그런 자신을 받아들이지 못해 스스로는 아버지를 미워하지 않는다고 생각하는 경우가 있다. 또 다른 예로, 어릴 때부터 공부를 잘했던 사람이 부모님의 기대에 따라 의사가 되기 위해 공부를 열심히 했지만, 성장하면서 음악에 대한 욕구를 억누를 수 없게 되면서 점차 삶에 대한 우울감과 학업 부적응 증상을 경험하게 되는 경우도 이러한 불일치의 예에 해당한다.

인간 중심 상담의 궁극적 목표는 내담자로 하여금 진정한 자신의 모습을 발견하고, 자신이 정말 원하는 사람이 되는 '충분히 기능하는 자아실현인'이 되도록 돕는 것이 목표이다. 이러한 목표를 통해 내담자는 충분히 기능하는 사람이 되기 위해 자신의 왜곡된 지각을 수정하여 오직 자신의 내적 감정에 충실하여 현실적 경험과 자아개념 간의 조화를 이루며, 능력과 개성을 발휘하여 계속 성장하려는 의지를 가지면서 자아실현을 달성하기 위해 자신의 주변 생활의 풍부한 자극에 대응하며 발달해 간다. 여기에서 상담자는 내담자의 성장을 도모하고 정상적인 발달을 위한 조건을 제공하며, 내담자가 스스로 목표를 설정하도록 돕는 것이 중요하다.

인간 중심 상담 과정은 다양한 상담 이론 및 해석에 따라 다를 수 있으나, 일반적으로 로저스(Carl Rogers, 1980)의 상담 과정에 근거하여 다음과 같은 단계로 나누어 설명할 수 있다.

① 상담 관계의 형성

상담의 첫 번째 단계는 상담자와 내담자 간의 신뢰 관계를 형성하는 것이다. 상담자는 내담자가 안전하고 존중받고 있다는 느낌을 받을 수 있도록 신뢰감을 주어야 한다. 이 관계가 잘 형성될 때 내담자는 자신의 감정을 자유롭게 표현할 수 있게 된다.

② 내담자의 문제 인식

내담자는 자신의 문제를 상담자에게 표현하며, 이를 통해 자신의 내면에서 일어나는 갈등을 인식하게 된다. 상담자는 내담자가 말하는 내용을 경청하고, 비판하지 않으며, 존중하는 태도를 유지한다.

③ 감정 표현의 개방성

내담자는 자신이 느끼는 감정을 자유롭게 표현하며, 상담자는 이를 수용하고 반영한다. 이 과정에서 내담자는 자신의 감정에 대한 자각을 높이고, 감정 표현을 통해 내적 갈등을 해결할 수 있게 된다.

④ 비판단적 수용

상담자는 내담자의 감정과 경험을 무조건적으로 수용하고, 평가하거나 판단하지 않는다. 이는 내담자가 자신의 감정을 있는 그대로 받아들이고, 더 나아가 자신의 진정성을 이해하는 데 중요한 역할을 한다.

⑤ 공감적 이해

상담자는 내담자의 감정을 공감적으로 이해하려고 노력한다. 이는 내담자가 자신을 이해받고 있다는 느낌을 갖게 하여 더 깊은 자기 탐색을 가능하게 만든다. 내담자의 감정을 그대로 반영하거나 다시 말로 표현하여 내담자가 자신을 이해할 수 있도록 돕는다.

⑥ 자기 탐색

내담자는 자신의 내면을 깊이 탐색하기 시작한다. 상담자는 내담자가 스스로 해결책을 찾을 수 있도록 유도하며, 내담자가 자신의 문제를 명확히 인식하고 해결할 수 있도록 돕는다.

⑦ 자아와 경험의 일치

내담자는 자신의 자아와 실제 경험 사이의 불일치를 인식하고 이를 해결하려는 과정을 겪는다. 이 단계에서는 내담자가 자신이 경험한 감정이나 생각이 자아 이미지와 맞지 않음을 깨닫고 이를 수정해 나가게 된다.

⑧ 자기 수용

내담자는 자신을 받아들이고, 자신의 감정이나 경험을 부정하지 않고 긍정적으로 바라보려는 태도를 취한다. 이는 내담자가 자신에 대한 비판적 사고에서 벗어나 자기 수용의 자세를 갖게 되는 중요한 과정이다.

⑨ 변화의 경험

내담자는 감정과 경험의 일치가 이루어지면서 내면적인 변화를 경험하게 된다. 이는 기존의 부정적인 사고나 태도가 긍정적으로 변화하는 과정이다. 이 단계에서는 내담자가 스스로 자아를 실현할 수 있는 능력을 키운다.

⑩ 자기 효능감의 향상

내담자는 변화를 경험한 후 자신의 능력과 자원을 믿기 시작한다. 이는 내담자가 자기 효능감을 갖게 되는 단계이다. 내담자는 자신의 문제를 해결할 수 있는 능력을 스스로 인식하며, 더 큰 도전에도 자신감을 가지게 된다.

⑪ 자기 가치와 자아 존중감의 증대

상담 과정 중 내담자는 자기 가치를 인정하고 자아 존중감을 높이게 된다. 내담자는 자신을 있는 그대로 받아들일 수 있는 능력을 키우며, 외부의 평가에 덜 의존하게 된다.

⑫ 상담의 종결과 자립적 성장

내담자가 상담의 목표를 달성하고 자아 실현에 가까워지면서 상담을 종결하게 된다. 이 단계에서는 내담자가 스스로 상담 없이도 자신의 문제를 해결할 수 있는 능력을 기르게 된다. 상담자는 내담자가 앞으로도 지속적으로 성장할 수 있도록 격려하며 종결을 한다.

이렇게 인간 중심(비지시적) 상담에서 기본적인 상담 기술은 내담자로 하여금 명확하게 자기 감정, 태도 및 반응형식을 인정, 이해하도록 도와주고 내담자가 그것들에 대해서 이야기하도록 장려해 주는 것이다. 이러한 상담 기법을 지시적 상담과 비교하면 〈표 8-1〉과 같다.

〈표 8-1〉 지시적 상담과 인간 중심(비지시적) 상담 특성 비교

구 분	지시적 상담	인간 중심적(비지시적) 상담
인간관	인간은 선하지만, 스스로 문제를 해결하지 못하여 갈등을 겪음	인간은 생득적으로 목적 지향적이며, 충분히 기능하는 존재
상담 정의	학습자의 문제를 해결하기 위해 의도적으로 행동 변화를 이끎	내담자가 자율적으로 자신을 이해하고 발견하여 스스로 성장 · 발달하는 능력을 고취
상담 과정	분석 → 종합 → 진단 → 예진 → 상담 → 추후 관리	상담 관계의 형성 → 내담자의 문제 인식 → 감정 표현의 개방성 → 비판단적 수용 → 공감적 이해 → 자기 탐색 → 자아와 경험의 일치 → 자기 수용 → 변화의 경험 → 자기 효능감의 향상 → 자기 가치와 자아 존중감 증대 → 상담의 종결과 자립적 성장
상담 특징	• 상담자가 상담의 주체 • 내담자 스스로 문제해결 어려움 • 내담자의 특성이 무시되어 상담자와 내담자가 수직적 관계 • 지시, 충고, 암시	• 내담자가 상담의 주체 • 내담자 스스로 문제해결 • 상담 분위기 조성이 중요 • 수용일치, 공감적 이해 • 현재 삶의 가치 추구 • 자율적 문제 해결
적용관계	학업, 진학, 직업지도	여가, 성격, 사회성 지도

출처 : 나항진 외(2014); 권두승 · 조아미(2018) 재구성.

2 성인학습 상담 과정

상담 과정은 내담자를 바라보는 관점에 따라 다소 차이가 있다.

1) 코미에르와 핵니의 발달 단계적 상담 모델

(1) 발달 단계적 상담 모델의 개요

코미에르와 핵니(Cormier & Hackney, 2006; Hackney & Cormier, 2013)는 발달 단계적 상담 모델(DCT : Developmental Counseling and Therapy)을 통해 상담 이론에 중요한 기여를 하였다. 이 모델은 사람의 발달적 요구와 단계에 맞춰 상담을

진행하는 접근법으로, 내담자가 각기 다른 발달 단계에서 겪는 문제와 갈등을 해결하는 데 도움을 주기 위한 방법론이다. 발달 단계적 상담 모델은 상담자가 내담자의 발달적 특성을 이해하고 이를 바탕으로 적절한 개입을 하여 내담자가 건강한 성장을 이루도록 돕는 것을 목표로 한다.

이 모델은 상담자가 내담자의 발달적 요구를 중심으로 상담을 계획하고 진행해야 한다는 점에서 전통적인 문제 중심의 상담에서 벗어나 내담자의 전반적인 발달을 고려하였다는 중요한 의미를 가진다. 따라서 발달 단계적 상담 모델은 사람의 심리적 · 정서적 · 사회적 성장 과정을 반영하여 상담이 이루어져야 한다는 원칙을 강조한다. 코미에르와 핵니는 상담관계가 근원적으로 발달적이라는 가정에 기초하고 있다. 발달 단계적 상담 모델은 인간의 발달 과정을 다루는 여러 이론을 바탕으로 구성되어 있으며, 특히 인간의 발달은 단선적이지 않고 동적이며 다양한 요인에 영향을 받는다는 점을 강조한다. 코미에르와 핵니는 발달이란 생리적 · 인지적 · 정서적 측면에서의 복합적인 변화를 포함하며, 이 변화는 일정한 순서를 따르기보다는 개인의 특성, 환경적 요인, 사회적 관계에 따라 다양하게 나타날 수 있다고 보았다.

발달 단계적 상담 모델에서 중요한 것은 내담자의 심리적 · 정서적 요구와 현재 발달적 상태와 그가 직면한 문제를 정확히 파악한 후, 이에 적합한 상담 기법을 수행하는 것이다. 발달 단계적 상담 모델을 다섯 단계로 나누어 살펴보면 다음과 같다.

① 관계 형성 단계(Building the Relationship Phase)

초기 상담 단계는 내담자와 상담자가 관계를 맺는 관계 형성 단계이다. 이 단계에서는 상담자와 내담자 간의 신뢰를 구축한다. 내담자는 상담에 대해 불안하거나 긴장할 수 있기 때문에 상담자는 안전하고 편안한 환경을 제공하여 내담자가 자신을 편하게 표현할 수 있도록 해야 한다. 이 단계에서 상담자는 내담자의 심리적 상태를 파악하고 내담자가 상담에 대해 가지고 있는 기대와 우려를 명확히 해야 한다. 또한 이 단계는 상담자와 내담자 간의 신뢰 관계를 형성하는 과정이기도 하며, 상담자가 내담자의 개인적 배경과 발달적 특성을 고려하여 상담의 기초를 다지는 시기이다.

이때 상담자는 감정이입, 진실성, 그리고 무조건적 긍정적 존중(unconditional positive regard) 혹은 긍정적 관심과 존경을 보여주어야 한다. 내담자와 상담자 간에 문화적 차이가 있을 수 있으므로 상담자는 내담자의 문화적 배경을 이해하고 이 차이를 존중하는 자세를 취해야 한다. 이러한 점을 고려한 의사소통은 신뢰 형성에 중요한 역할을 한다. 이 단계에서 상담자는 내담자가 자신의 감정이나 생각을 자유롭게 표현할 수 있도록 유도하며, 반영(reflection), 명료화(clarification) 등의 기법을 사용하여 내담자가 말하는 내용을 잘 이해하고 있다는 것을 보여준다.

② 측정 단계(Measurement Phase)

두 번째 단계는 내담자의 현재 상태와 문제를 명확하게 파악하고, 상담 과정에서 다루어야 할 주요 영역을 정의하는 단계이다. 이 단계에서는 내담자에게 개방형 혹은 폐쇄형 질문을 사용하여 구체적인 정보를 수집하고, 상담 목표를 설정할 수 있는 기반을 마련한다.

- 질문 기법 : 이 단계에서는 상담자가 내담자에게 개방형 질문을 통해 내담자의 감정, 생각, 신념 등을 파악한다. 폐쇄형 질문을 통해서는 내담자가 보다 구체적인 정보를 제공할 수 있게 돕는다.
- 문제 정의 : 내담자가 겪고 있는 문제의 본질을 정의하고 내담자가 상담에 참여하는 이유를 명확히 한다. 이 과정에서 상담자는 내담자의 발달적 · 정서적 · 심리적 요구를 정확히 이해하려고 노력한다.
- 진단과 평가 : 이 단계는 내담자의 문제를 평가하고, 내담자가 경험하는 감정적 고통, 인지적 왜곡, 혹은 행동적 문제를 진단하는 데 중요한 역할을 한다.

③ 목표 설정 단계(Goal Setting Phase)

목표 설정 단계는 상담자와 내담자가 협력하여 상담의 구체적인 목표를 정의하는 시기이다. 이 단계에서는 내담자가 원하는 변화나 발전을 구체적으로 정리하고, 목표 달성을 위한 방법을 계획한다. 내담자는 이 단계에서 자신이 이루고자 하는 목표를 구체화한다. 목표는 동기적(motivational)·교육적(educational)·평가적(evaluative) 기능을 가지며, 동기 부여, 행동 변화, 문제 해결 등을 포함한다. 목표를 설정할 때에는 SMART 원칙[구체적(Specific), 측정 가능(Measurable), 실행 가능(Attainable), 관련성 있는(Relevant), 시간 내에 달성 가능한(Time-bound)]을 바탕으로 설정하는 것이 효과적이다. 상담자는 내담자가 이와 같은 SMART 목표를 설정할 수 있도록 돕는다. 목표를 설정할 때 직면기술, 상상과 가시화 그리고 역할연기와 같은 기법을 활용할 수 있다. 상담 진행 중 내담자의 목표가 바뀔 수도 있는데, 내담자가 새로운 통찰을 얻거나 상황이 변할 경우 목표를 재조정할 필요가 있다.

④ 교육 단계(Education Phase)

교육 단계는 상담에서 중요한 역할을 하는 핵심 단계이다. 이 단계에서 상담자는 내담자에게 필요한 정보, 기술, 행동 변화를 교육하여 실질적인 변화를 이끌어 낸다. 상담자는 내담자가 자신의 문제를 이해하고 이를 해결하기 위한 방법을 학습하도록 돕는다. 대부분의 상담자들은 정서, 인지, 행동, 체계적 교육으로 접근하고 있다. 정서적 교육은 내담자가 감정에 초점을 맞추도록 하는 것이고, 인지적 교육은 내담자의 신념체계를 변화시키도록 하는 것이며, 행동적 교육은 개인이 자신의 부적응적 행동을 좀 더 바람직한 것으로 대치하는 것을 돕는 것이다. 체계적 교육은 개인이 자신을 발견하는 체계를 변화시키도록 하는 것이다.

- 정서적 교육 : 내담자가 자신의 감정을 인식하고 이를 효과적으로 표현할 수 있도록 돕는 과정이다. 내담자가 자신의 감정을 이해하고 그 감정이

행동에 어떻게 영향을 미치는지 확인하도록 하여 감정상태의 변화와 통합을 돕는 것이다.

- **인지적 교육** : 내담자의 비효율적인 신념이나 왜곡된 사고 패턴을 재구성하고, 더 긍정적이고 현실적인 사고 방식을 채택하도록 돕는 과정이다.
- **행동적 교육** : 내담자가 부적응적 행동을 바람직한 행동으로 바꾸기 위한 실질적인 방법을 배운다. 예를 들어, 자기통제, 자기보상, 자기계약과 같은 자기 조절 전략과 같은 새로운 대처 전략이나 사회적 모델링, 역할연기와 연습 등 문제 해결 기술을 학습할 수 있다.
- **체계적 교육** : 내담자가 자신의 문제를 가족이나 학교 등과 같은 다양한 사회적 · 환경적 맥락에서 이해하고 모든 요소들과의 연관성을 체계적으로 분석하여 문제 해결할 수 있는 방법을 배우도록 돕는 것이다. 이 교육을 통해 내담자는 자기 발견(self-discovery)을 하고, 문제 해결 능력을 향상시킬 수 있다. 이 단계에서는 내담자가 자신이 속한 사회적 맥락, 즉 가족, 학교, 친구, 직장 등의 여러 시스템을 분석하고, 이들 간의 상호작용을 이해하는 데 중점을 둔다. 내담자는 문제의 원인을 시스템 내의 다양한 상호작용에서 찾고, 더 나아가 문제 해결을 위해 시스템적 접근(systemic approach)을 사용하도록 유도된다. 예를 들어, 내담자가 직장에서의 스트레스와 가정 내 갈등을 동시에 겪고 있다면, 두 시스템 간의 상호작용이 문제의 원인일 수 있다. 이때 상담자는 내담자가 두 시스템 간의 균형을 맞추고, 갈등을 해결할 수 있는 방법을 찾도록 도움을 준다.

⑤ 종결/추수 지도 단계(Termination and Follow-Up Phase)

마지막 단계는 종결과 추수 지도 단계이다. 상담자나 내담자가 상담 관계가 곧 끝날 것이라는 것을 결정하면서 이루어지는 마지막 단계이다. 이 단계에서 상담자는 내담자와 함께 상담 관계를 종료하고, 상담에서 얻은 통찰을 실제 생활에 적용하는 방법을 모색하고 실생활 전체에 어떠한 영향을 미치는지 살펴보아야 한다. 상담은 여러 가지 이유로 종료될 수 있으며, 상담자는 내담자가 상담을 통해 변화된 점을 점검하고, 후속 지도를 통해 지속적인 성장을 지원한다. 이때는 종결 여부와 상관없이 상담에서의 성과가 내담자와 상담에 의해 측정되어야 한다.

- **종결 준비** : 상담자와 내담자는 상담의 종료 시점에 대해 미리 상의하고, 종료 후 내담자가 지속적으로 성장할 수 있는 방법을 모색한다. 내담자가 이후에도 상담을 통해 얻은 통찰을 일상생활에 잘 적용할 수 있도록 돕는다.
- **후속 지도** : 상담이 끝난 후에도 내담자가 상담에서 배운 것을 지속적으로 실천할 수 있도록 후속 지도가 이루어진다. 상담자는 필요한 경우 추가 상담을 제공하며, 내담자가 변화의 과정에서 발생하는 어려움을 해결할 수 있도록 지원한다.
- **상담 평가** : 상담이 종료되면서 내담자는 상담의 효과를 평가하고, 자신의 변화에 대한 피드백을 제공한다. 상담자는 내담자의 평가를 통해 상담의 유효성을 확인하고, 향후 상담 과정에 개선점을 적용할 수 있다.

(2) 발달 단계적 상담 모델의 성인학습 상담에의 기여

성인학습자는 다양한 발달적 요구와 문제를 가진 사람들로, 그들의 학습과 변화는 단순히 지식이나 기술 습득에 그치지 않고 깊은 정서적 · 인지적 · 사회적 변화를 포함한다. 이 모델은 성인학습자에게 특히 유용한 몇 가지 중요한 요소를 제공한다.

① 성인학습자의 발달적 요구에 맞춘 맞춤형 접근

성인학습자들은 다양한 삶의 단계에서 학습을 진행하게 되며, 그들이 겪는 발달적 요구는 나이에 따라 다르다. 코미에르와 핵니의 발달 단계적 상담 모델은 이러한 요구를 충족시키는 데 초점을 맞추고 있다. 성인학습자는 학습 과정에서 정서적 · 사회적 · 인지적 변화를 경험하므로, 이 모델은 성인학습

자가 각기 다른 발달 단계에서 겪는 어려움이나 갈등을 해결할 수 있는 기회를 제공한다.

먼저, 성인학습자는 학습 동기, 자아 존중감, 직업적 목표 설정, 대인관계 등에서 각기 다른 발달적 요구를 가질 수 있다. 발달 단계적 모델은 이들의 발달적 상태를 파악하고 이에 맞춰 상담을 제공하여 학습 목표를 달성하는 데 도움을 준다. 덧붙여 성인학습자가 자아 정체성에 대한 고민, 직장 내 갈등, 가족과의 관계에서 발생하는 문제 등을 다룰 때, 이 모델은 그들의 내면적인 갈등을 이해하고 상담자가 이를 해결할 수 있도록 도와준다. 예를 들어, 직장 내 리더십 역할을 수행하는 중년 학습자는 자아 존중감에 관한 문제를 해결할 필요가 있을 수 있으며, 이를 위해 발달 단계적 상담이 효과적일 수 있다.

② 성인학습자의 자기 성찰 촉진

성인학습자의 학습 목적은 대부분 자신의 삶이나 경력에서 의미 있는 변화를 일으키려는 것이다. 이 모델은 내담자가 자신의 문제를 더 잘 이해하고 해결할 수 있도록 돕는 자기 성찰의 과정을 촉진한다. 자기 성찰은 성인학습자에게 매우 중요한 요소로, 학습의 결과가 단순히 지식 습득에 그치지 않고 내면적인 성장으로 이어지도록 한다.

먼저, 문제 해결 및 자기 탐색을 가능하게 한다. 학습자는 개인적인 갈등이나 학습 중에 겪는 어려움을 해결하는 과정에서 자기 탐색을 해야 한다. 발달 단계적 상담 모델은 내담자가 자신의 감정, 사고, 행동에 대해 깊이 성찰하고, 이러한 자기 탐색을 통해 학습의 방식을 변화시킬 수 있도록 돕는다. 예를 들어, 학습 중에 좌절감을 느끼거나 실패를 경험한 성인학습자가 이를 어떻게 극복할지에 대한 성찰을 도울 수 있다.

그리고 인지적 재구성을 촉구한다. 성인학습자는 종종 학습 과정에서 자신의 신념이나 기존의 사고 방식을 재검토하게 된다. 이 모델은 내담자가 부정적인 사고나 자아에 대한 부정적 인식을 긍정적으로 바꾸는 데 필요한 기법을 제공하며, 학습 중의 장애물이나 도전에 대해 새로운 관점을 가질 수 있도록 돕는다.

③ 학습 과정에서의 정서적 지원

성인학습자는 학습 과정에서 자주 정서적인 도전에 직면하게 된다. 일과 가정의 균형, 개인적 스트레스, 직업적 불안정 등이 학습에 큰 영향을 미칠 수 있다. 코미에르와 핵니의 발달 단계적 상담 모델은 비판단적 수용과 공감적 이해를 기반으로 하여 내담자의 정서적 필요를 충족시키는 데 중점을 둔다. 이러한 요소는 성인학습자가 학습 과정에서 겪는 감정적 어려움을 극복하는 데 중요한 역할을 한다.

성인학습자는 종종 자신이 겪는 감정을 표현하는 데 어려움을 겪을 수 있다. 발달 단계적 모델은 내담자가 자신을 표현할 수 있도록 돕고, 이를 통해 감정적인 억압이나 스트레스를 해소할 수 있는 기회를 제공한다. 예를 들어, 학습 중 스트레스나 불안감을 느끼는 학습자는 이를 상담을 통해 표출하고 이를 해결하기 위한 방법을 찾을 수 있다.

성인학습자는 학습을 통해 자신감을 얻고 자아 존중감을 향상시킬 필요가 있다. 발달 단계적 모델은 내담자가 자신의 능력을 믿고 학습의 성과에 대해 긍정적으로 평가할 수 있도록 돕는다. 이는 학습자의 자율적인 학습 능력을 향상시키고 지속적인 학습 동기를 부여한다.

④ 학습 목표와 상담 목표의 통합

성인학습자의 경우, 학습 목표와 개인적 발달 목표가 밀접하게 연관되어 있다. 코미에르와 핵니의 모델은 상담 목표와 학습 목표를 일치시키는 데 중점을 둔다. 학습자가 자신이 원하는 목표를 달성하려면 그들이 직면한 개인적·사회적 발달 문제를 해결해야 한다. 발달 단계적 모델은 내담자가 자신의 학습 목표를 명확히 하고, 이를 달성하기 위해 필요한 발달적 요소들을 지원하는 방식으로 상담을 진행한다.

성인학습자는 학습의 구체적인 목표를 설정하는 데 어려움을 겪을 수 있다. 이때 발달 단계적 모델은 내담자가 자신의 학습 목표를 더 명확히 설정하도록 돕고, 목표 달성에 필요한 발달적 요구를 충족시킬 수 있도록 지원한다. 예를 들어, 직업 전환을 목표로 하는 성인학습자는 이 목표를 달성하기 위한 발달적 단계를 명확히 하고, 그에 맞춰 상담자가 적절한 전략을 제공할 수 있다.

⑤ 성인학습자에 맞춘 유연한 접근

성인학습자는 다양한 배경과 경험을 가지고 있기 때문에, 상담에 있어 유연한 접근이 필요하다. 코미에르와 핵니의 발달 단계적 모델은 각 개인의 발달적 요구에 맞춰 상담을 진행하므로, 성인학습자의 개인적인 특성이나 경험에 맞춘 개별화된 상담을 제공할 수 있다.

발달 단계적 상담 모델은 내담자의 삶의 경험과 배경을 반영하여 개별적인 상담을 제공하여 개인화된 학습 자료를 제공한다. 성인학습자는 학습에 대한 다양한 접근 방식과 스타일을 가지고 있기 때문에, 이 모델은 각기 다른 학습자의 요구를 충족시키는 데 유용한 기법을 제공한다.

2) 카커프의 공감적 조력 모델

(1) 공감적 조력 모델의 개요

카커프(Carkhuff, 1987)의 공감적 조력 모델은 로저스의 인본주의적 상담법에서 강조된 공감적 이해를 발전시키고 체계화한 모델이다. 공감은 상대방이 하는 말과 표현을 상대방의 입장에서 이해하고, 생각과 느낌을 함께 느끼며, 그것을 적절한 말과 행동으로 전달하는 것을 의미한다. 이러한 공감을 활용해서 카커프는 공감 수준을 다섯 단계로 구분하였다(박성희, 2004).

〈표 8-2〉 카커프의 공감 수준 5단계

이해수준	공감적 이해 반응	상황 예시
1	• 내담자의 반응에 주의를 기울이지 않거나 중요성을 알지 못하는 반응 • 상대방이 하는 말을 이해하지 못하며, 더 나아가 상대방하는 말에 비난하기도 함	"뭐가 시간이 없다고 그럽니까... 공부하기 싫으니까 핑계 대시는 것 아닌가요."
2	• 내담자의 반응에 주의를 기울이지 않거나 중요성을 알지 못하는 반응(내담자의 중요한 정서를 간과)	"좀 바쁘더라도 시간을 어떻게든 내면 되잖아요."
3	• 내담자의 진술을 상담자가 재진술하는 것처럼 상담자는 내담자 수준의 감정이나 의미로써 내담자에게 반응	"그랬군요. 집에 할 일이 많으니까 공부하기 힘들지요?"
4	• 내담자보다 심오한 표현들로써 내담자의 표현을 현저하게 증가시킴(의사소통이 촉진되는 수준) • 더 내면적인 감정을 표현하면서 의사소통하는 수준	"당신이 학습할 때, 가족들이 이해해 주면 좋겠다는 말이지요?"
5	• 상대의 내면적 자기 탐색과 같은 몰입 수준에서 상대방이 표현한 감정과 의미를 파악하여 의사소통하는 수준 • 상대방의 적극적인 성장동기를 이해하여 표현 • 표면적 · 내면적 감정에 대해 정확하게 반응하며, 함께 경험하고 상대의 말을 깊이 이해함 • 이렇게 함으로써 상대가 이전에 깨닫지 못했던 인간존재의 의미를 탐색하도록 함 • 내담자 자신이 누구인가를 충분히 인식하고 상대방의 가장 깊은 감정까지 포용하여 정확한 공감적 이해를 통해 의사소통하는 수준	"가족들이 조용히 각자 할 일을 해주면, 공부할 때 더 잘할 수 있을 것 같다는 말씀이지요?"

이러한 공감적 이해 반응을 바탕으로 카커프는 상담자가 내담자를 돕기 위해 필요한 구체적인 접근 방식을 단계별로 제시하며, 궁극적으로 내담자가 자신의 문제를 탐색하고 해결할 수 있도록 하는 데 중점을 둔다. 공감적 조력 모델은 상담자가 내담자의 입장에서 그들의 감정과 사고를 깊이 이해하고, 이를 바탕으로 반응하며, 내담자가 스스로의 문제를 파악하고 행동으로 옮길 수 있도록 촉진하는 과정을 포함한다. 이 모델을 활용한 상담의 목표는 상담자가 단순히 문제를 해결하는 역할에 그치지 않고, 내담자가 자아 인식과 성장의 과정을 거쳐 자기 주도적 해결로 나아갈 수 있도록 안내하는 것을 목표로 한다. 이 모델은 내담자와 상담자 간의 신뢰 형성과 상호작용을 토대

로 내담자가 심리적 안정과 자아 성장을 이루어 낼 수 있도록 돕는 네 가지 주요 단계로 구성된다.

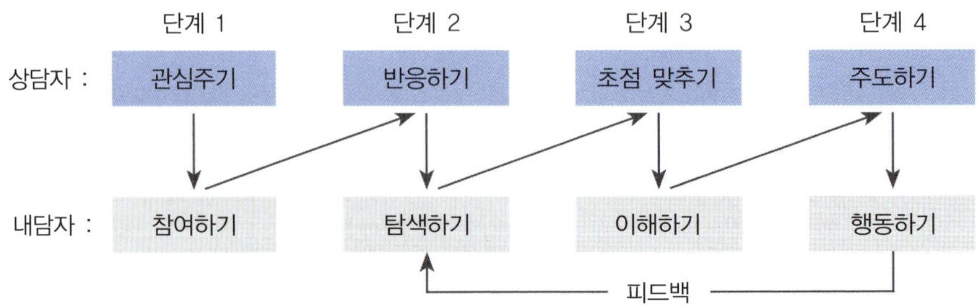

|그림 8-1| 카커프의 상담 모델

출처 : 권승두 · 조아미(2018).

① 제1단계 : 상담자–관심주기/내담자–참여하기

첫 번째 단계는 상담자가 내담자에게 신뢰를 주기 위해 보여주는 관심과 참여를 강조한다. 상담자는 언어적 · 비언어적인 방법으로 내담자에게 강력한 관심을 표현한다. 예를 들어, 상담자가 고개를 끄덕이거나 눈을 맞추며 경청하는 것은 내담자가 스스로 상담에 참여하고 신뢰를 형성하는 데 도움을 준다. 이때 상담자는 내담자가 말하는 내용을 그대로 반영하거나 요약하며, 내담자의 말을 진지하게 듣고 있다는 신호를 준다. 내담자는 이러한 환경에서 자신이 존중받고 있다는 느낌을 받으며 상담 관계에 적극적으로 참여하게 된다.

② 제2단계 : 상담자–반응하기/내담자–탐색하기

이 단계에서는 상담자가 내담자가 표현하는 감정과 생각을 이해하고 적절하게 반응하는 것이 중요하다. 상담자는 내담자가 표현하는 내용을 파악하고, 이를 적절하게 바꾸어 말하기나 5W1H 기법(누가, 왜, 무엇을, 어떻게, 언제, 어디서)을 통해 내담자가 말한 내용을 더 깊이 탐구한다. 예를 들어, 내담자가 "직장에서 계속 스트레스를 받아요"라고 말할 때, 상담자는 "그 스트레스는 주로 어떤 상황에서 발생하나요?"라고 물어 내담자의 내적 경험을 구체적으로 탐색하도록 이끌 수 있다. 이러한 반응은 내담자의 '내적 준거틀'에 기반한 공감적 반응으로, 내담자가 자신의 감정과 경험을 더 깊이 탐구할 수 있도록 도와준다.

③ 제3단계 : 상담자–초점 맞추기/내담자–이해하기

이 단계에서 상담자는 내담자가 가진 문제, 목표, 감정 등의 요소를 명확히 하고 이에 초점을 맞추어 내담자와 협력하여 구체적인 이해를 돕는다. 상담자는 내담자와의 상호작용을 통해 문제의 본질을 정리하고 내담자의 경험을 개인화하는 데 도움을 준다. 예를 들어, 내담자가 여러 가지 혼란스러운 문제를 이야기할 때 상담자는 "그렇다면, 지금 당신이 가장 중요하게 다루고 싶은 문제는 무엇인가요?"라고 질문하여 내담자의 초점을 좁히고 이해를 심화시킨다. 이러한 과정을 통해 내담자는 자신의 문제를 더 명확히 인식하고, 문제해결을 위한 준비 과정을 밟게 된다.

④ 제4단계 : 상담자–주도하기/내담자–행동하기

마지막 단계는 상담자가 내담자가 계획을 세우고 행동으로 옮길 수 있도록 돕는 과정이다. 상담자는 상담 전체의 진행을 주도하며, 내담자가 설정한 목표를 바탕으로 구체적인 계획을 세우고 이를 강화할 수 있는 방법을 설계한다. 예를 들어, 내담자가 "불안감을 줄이고 싶어요"라고 했을 때, 상담자는 "그럼 다음 주까지 매일 10분 동안 명상을 해보는 것은 어떨까요? 그리고 그 경험을 기록해 보세요"와 같이 구체적인 행동 계획을 제안할 수 있다. 이후 상담자는 내담자가 이 행동을 이행할 수 있도록 주기적으로 체크하며 피드백을 제공한다. 필요한 경우 다시 2단계로 돌아가 내담자의 감정 탐색 과정을 재점검할 수도 있다.

카커프의 공감적 조력 모델은 이러한 네 단계를 통해 내담자가 자기 이해를 심화하고 자기 주도적 행동을 촉진함으로써 문제 해결을 향한 긍정적인 변화를 이끌어 내도록 돕는다.

(2) 공감적 조력 모델의 성인학습 상담에의 기여

카커프의 공감적 조력 모델은 성인학습 상담에 있어 상담자가 학습자의 경험과 정서적 요구를 깊이 이해하고 그에 맞는 적절한 지원을 제공하도록 한다. 성인학습자들은 자율성과 독립성이 강한 반면, 학습 과정에서 발생하는 스트레스나 동기 저하와 같은 심리적 장애에 직면할 가능성이 높다. 이 모델은 이러한 정서적 장애를 상담자가 공감적으로 이해하고 다룸으로써 학습자의 학습 동기를 유지하고 강화할 수 있도록 한다.

상담자는 학습자가 겪는 어려움과 문제를 탐색하여 그들이 학습 과정에서 겪는 인지적·정서적 장애를 명확히 인식할 수 있도록 돕는다. 이를 통해 학습자는 자신의 현재 상황을 더 잘 이해하고, 이를 기반으로 학습 목표를 보다 명확히 설정할 수 있다. 이러한 접근은 학습자가 학습 중에 경험하는 문제를 스스로 탐색하고 해결책을 모색하는 자기 주도적 학습 태도를 강화하는 데 기여한다.

① 자기 이해와 자기 주도성 강화

상담자가 학습자와의 관계에서 공감적 접근을 통해 학습자가 스스로 문제를 인식하고 해결할 수 있도록 돕는다. 이는 학습자가 자신의 학습 여정에서 주체적인 역할을 하게 하며, 학습 과정에서의 자기 이해를 높이는 데 기여한다.

② 정서적 지지 제공

학습자들은 학습 중 여러 심리적 및 정서적 장애에 부딪힐 수 있다. 상담자는 학습자의 불안, 스트레스, 좌절감을 공감적으로 수용하고, 그들의 정서적 요구에 맞는 지원을 제공하여 학습자가 긍정적인 태도를 유지하도록 도와준다. 이는 학습자의 학습 지속성과 성취감 증대에 큰 도움이 된다.

③ 목표 설정과 구체적 계획 수립

카커프의 모델은 학습자가 구체적인 목표를 설정하고 이를 달성하기 위한 계획을 세우는 데 중요한 역할을 한다. 상담자는 학습자가 설정한 목표가 실현 가능하도록 전략을 제안하고 실행을 돕는 피드백을 제공한다. 이 과정에서 학습자는 목표를 달성하는 데 필요한 실질적인 단계를 설정하고 이를 따라가며 성취감을 느낄 수 있다.

④ 동기 부여와 지속적 지원

학습자는 자율성을 가지면서도 계획을 실행하는 과정에서 지지와 피드백이 필요할 수 있다. 상담자는 학습자가 행동 계획을 이행하는 데 있어 필요한 격려와 조언을 제공하여 학습자가 지속적으로 목표를 향해 나아갈 수 있도록 한다. 이러한 지원은 학습자의 자기 효능감을 강화하고 학습 목표에 대한 일관된 행동을 유지하게 한다.

⑤ 성인학습 성과 증대

카커프의 공감적 조력 모델은 성인학습자가 학습 과정에서 스스로의 강점과 약점을 파악하고 이를 기반으로 자기 주도적으로 학습을 설계하고 실행할 수 있도록 지원한다. 이는 학습자가 학습 과정에서 경험하는 문제를 보다 효과적으로 다룰 수 있도록 하며, 학습에 대한 긍정적인 태도와 만족도를 높이는 데 기여한다. 또한 학습자들은 상담을 통해 자신이 가진 학습 전략을 조정하고 새로운 학습 방법을 탐색할 수 있는 기회를 가지게 된다. 이러한 경험은 궁극적으로 학습자가 장기적으로 성장하고 발전할 수 있는 기반을 마련한다.

카커프의 공감적 조력 모델은 단순히 학습 문제를 해결하는 것에서 나아가 학습자의 전반적인 학습 경험을 풍부하게 하고, 학습자가 목표 달성을 위해 능동적으로 행동할 수 있도록 돕는 중요한 역할을 한다. 이 모델은 성인학습자가 학습의 주체로서 자신의 학습 과정을 관리하고 지속적으로 발전할 수 있는 능력을 갖추게 함으로써 성인학습 상담에서 매우 중요한 도구로 작용한다. 이러한 과정은 성인학습자가 지속적으로 성장하고 발전할 수 있는 발판을 마련하며, 학습 과정에서의 만족도와 성취감을 높이는 데 기여한다.

3) 힐의 3단계 상담 모델

(1) 3단계 상담 모델의 개요

클라라 힐(Clara Hill, 2012)의 3단계 상담 모델은 심리상담 분야에서 내담자의 자기 탐색과 문제 해결을 지원하기 위한 통합적인 접근법으로 널리 알려져 있다. 힐의 상담 모델은 인간 본성에 대한 깊은 통찰과 상담에서의 변화 기제를 바탕으로 내담자가 자신의 잠재력과 목표를 실현할 수 있도록 돕는 기술을 중점으로 두고 있다. 각 단계는 내담자의 자아 탐색과 자기 인식을 촉진하고, 궁극적으로 그들의 행동 변화를 유도한다. 상담자는 각 단계에서 내담자와 협력하여 신뢰 관계를 구축하고, 내담자가 자기 탐색과 변화를 위한 과정을 성공적으로 이끌어 갈 수 있도록 지원한다. 3단계 상담 모델을 통한 상담은 각 단계에서 내담자가 자신의 문제를 깊이 이해하고, 새로운 통찰을 통해 변화를 도모하며, 이를 행동으로 옮기도록 돕는 것을 목표로 한다. 이 모델의 독창성은 내담자가 자신의 삶에서 문제를 탐색하고 그에 대한 통찰을 얻어 실제로 행동을 취하는 데 필요한 과정을 체계적으로 안내한다는 데 있다.

힐의 상담 모델은 탐색, 통찰, 실행의 세 가지 주요 단계로 구성되어 있다. 탐색 단계에서는 내담자의 이야기와 감정 탐색을 통해 신뢰 관계가 형성되고, 통찰 단계에서는 내담자가 문제를 재구성하며 깊은 자각을 얻게 되며, 실행 단계에서는 이 자각을 바탕으로 구체적인 행동 계획이 수립되고 실천된다.

① 단계 1 : 탐색 단계

탐색 단계는 상담자와 내담자 사이의 라포(rapport)를 형성하고 신뢰 관계를 구축하는 것이 핵심이다. 이 단계에서 상담자는 내담자가 자신을 자유롭게 표현할 수 있도록 지지하며, 내담자의 감정과 생각을 탐색할 수 있도록 돕는다. 탐색 단계는 상담자가 내담자의 비언어적 표현에 주의를 기울이고 그들의 말에 경청하며, 질문과 반영을 통해 내담자가 자신의 감정을 인식하고 표현하도록 장려한다. 예를 들어, 내담자가 직장에서의 스트레스를 이야기할 때 상담자는 "그때 어떤 기분이 드셨나요?"와 같은 질문을 통해 내담자가 자신의 감정을 탐색할 수 있도록 유도할 수 있다. 상담자는 내담자의 얼굴 표정, 몸짓, 목소리 톤과 같은 비언어적 신호를 통해 내담자의 정서적 상태를 파악하며 그들의 감정에 공감한다. 이러한 접근은 내담자가 자신의 감정을 더 깊이 인식하고 상담 관계에 더욱 개방적이 되도록 만든다.

② 단계 2 : 통찰 단계

통찰 단계는 내담자가 자신의 문제에 대한 새로운 자각을 얻고 그 문제에 대한 책임과 역할을 인식하도록 돕는 단계이다. 이 단계에서 상담자는 내담자와 협력하여 문제의 근본 원인을 탐색하고 내담자가 자신이 문제에 어떻게 기여했는지에 대한 통찰을 얻을 수 있도록 지원한다. 내담자는 이 과정에서 자신이 기존에 인식하지 못했던 행동 패턴과 심리적 요인을 깨닫게 된다. 예를 들어, 내담자가 직장 내 갈등을 자주 겪는다면 상담자는 "그 상황에서 당신은 어떤 반응을 보이셨나요?"와 같은 질문을 통해 내담자가 자신의 역할과 반응을 재검토할 수 있게 한다. 이러한 질문은 내담자가 자신의 행동에 대한 책임을 인식하고, 문제 상황에서 다른 선택을 할 수 있는 가능성을 탐색하도록 만든다. 통찰은 내담자가 문제를 더 명확하게 이해하고, 그 문제를 다른 관점에서 바라보는 데 필요한 중요한 요소이다.

이 단계는 특히 내담자의 자기 성찰과 변화 의지를 자극하는 데 중점을 둔다. 내담자는 자신의 감정과 행동 패턴을 되돌아보며 이를 바탕으로 문제를 새롭게 정의하고 해결 방안을 찾기 시작한다. 통찰은 내담자가 자신의 삶에 더 큰 통제감을 갖게 하며, 변화를 위한 동기를 강화한다.

③ 단계 3 : 실행 단계

실행 단계는 내담자가 통찰 단계에서 얻은 깨달음을 실제 행동으로 옮기는 과정이다. 상담자는 내담자가 구체적인 목표를 설정하고 이를 실현하기 위한 계획을 수립하도록 지도한다. 이 단계에서 상담자는 내담자가 실행 가능한 여러 방안을 탐색하고 선택하도록 돕는다. 예를 들어, 내담자가 스트레스를 관리하기 위해 규칙적인 운동을 시작하기로 결정했다면, 상담자는 "어떤 운동이 당신에게 가장 적합할까요?"와 같은 질문을 통해 내담자의 행동 계획을 구체화할 수 있도록 유도한다.

상담자는 실행 단계에서 내담자가 직면할 수 있는 도전과 장애물을 미리 파악하고 대비할 수 있도록 돕는다. 또한 상담 과정 중 내담자가 불안을 느끼거나 계획을 변경할 필요가 있을 때, 상담자는 지속적으로 피드백을 제공하여 내담자가 긍정적인 변화를 유지할 수 있도록 지원한다. 궁극적으로 실행 단계에서 상담자는 내담자가 자기 효능감을 키우고, 새로운 행동을 통해 지속적인 변화를 경험하도록 돕는다.

(2) 3단계 상담 모델의 성인학습 상담에의 기여

힐의 3단계 상담 모델은 성인학습 상담에서 성인학습자들이 학습 과정에서 발생하는 다양한 문제를 탐색하고 해결할 수 있도록 돕는 포괄적이고 효과적인 접근법이다. 이 모델은 학습자가 자신을 탐색하고 문제를 이해하며, 목표 달성을 위해 실행할 수 있는 구체적인 전략을 제공하여 지속적인 학습 성장을 촉진한다. 성인학습자들은 이러한 과정을 통해 자신감을 얻고, 학습 경험을 풍부하게 하며, 더 나은 학습 성과를 이루게 된다.

① 자기 탐색과 이해 촉진

힐의 모델은 성인학습자가 자신의 학습 과정에서 느끼는 감정과 경험을 탐색하고, 이 과정에서 생기는 다양한 정서적 반응을 인식할 수 있도록 돕는다. 성인학습자는 탐색을 통해 자신이 학습에 접근하는 방식을 더 잘 이해하고, 학습 중 발생하는 문제의 원인을 파악할 수 있다. 이를 통해 내담자는 자신의 학습 경험에 대한 인식을 넓히고, 문제 해결을 위한 첫걸음을 내딛게 된다.

② 심층적 통찰과 패턴 인식

성인학습자들은 종종 과거의 학습 경험에서 비롯된 행동 패턴을 반복한다. 힐의 상담 모델은 학습자가 자신의 학습 방식과 그로 인한 결과를 깊이 이해하고, 학습에 방해가 되는 행동이나 사고 패턴을 인식하도록 지원한다. 이러한 통찰은 학습자가 학습 과정에서 더 나은 선택을 할 수 있도록 준비시키며, 자기 인식과 성찰을 통해 학습 효율성을 높이는 데 기여한다.

③ 자기 주도적 실행 지원

힐의 모델은 학습자가 통찰을 바탕으로 실천 가능한 목표와 전략을 수립하고 실행에 옮기도록 돕는다. 성인학습자들은 높은 자율성을 가지고 학습에 접근하지만, 계획을 실행하는 과정에서 동기 부여와 일관된 지지가 필요할 수 있다. 상담자는 실행 계획을 현실적으로 수립할 수 있도록 돕고, 성취를 위한 구체적인 단계를 설정하여 학습자가 자기 효능감을 유지하며 목표에 도달하도록 지원한다.

④ 감정 관리와 스트레스 해소

성인학습자들은 학습 과정에서 스트레스와 불안에 자주 직면한다. 힐의 모델을 통해 학습자는 자신의 감정을 탐색하고, 스트레스 요인을 인식하여 효과적으로 대처할 수 있는 방법을 배우게 되며, 이는 학습 동기를 유지하고 학습에 대한 긍정적인 태도를 강화하는 데 기여한다.

⑤ 효과적인 목표 설정

성인학습자는 학습 목표를 명확히 하고 이 목표를 달성하기 위한 구체적인 전략을 수립해야 한다. 힐의 모델은 성인학습자가 자신의 학습 목표를 이해하고 이를 현실적인 계획으로 구체화할 수 있도록 돕는다. 학습자가 실행 가능한 계획을 세우고 이를 일관되게 실천할 수 있도록 지원받는 것은 성공적인 학습 경험을 위한 중요한 요소이다.

⑥ 자기 효능감과 지속적인 동기 부여

힐의 상담 모델은 학습자가 실행 단계에서 지속적으로 지원과 피드백을 받으며 학습 목표를 성취할 수 있도록 돕는다. 상담자는 학습자가 학습 과정에서 겪는 도전과 성취를 반영하고 격려함으로써 자기 효능감을 높이고, 학습자가 긍정적인 변화를 지속할 수 있도록 돕는다.

3 성인학습 상담 기법

상담의 기법은 상담 이론마다 다양하지만, 효과적인 상담의 목적을 달성하기 위해 상담자들은 일반적인 상담의 기법을 사용할 수 있다. 이 절에서는 성인학습 상담에서 많이 활용되는 주의집중, 공감적 이해와 경청, 질문과 반영, 직접적 지도 등의 기법에 대해 알아보겠다.

1) 주의집중

주의집중(attending)은 상담에서 기본이 되는 중요한 기술로, 모든 대인관계의 시작은 상대방에게 관심을 기울이고 주의를 집중하는 것에서 비롯된다. 상담 과정에서도 상담자는 신체적으로나 심리적으로 내담자에게 집중함으로써 그들의 문제와 감정에 진정한 관심을 가지고 있음을 전달할 수 있다. 이는 내담자와의 신뢰 관계 형성과 상호작용을 촉진하고, 상담의 효과를 높이는 데 중요한 역할을 한다.

제라드 이건(Gerard Egan, 2010)은 상담자가 주의집중을 할 때 사용할 수 있는 구체적인 미시적 기술을 SOLER(정면으로 마주 보기, 개방적인 자세, 기울이기, 눈 마주치기, 편안한 자세)라는 약어로 정리하였다. SOLER는 상담자가 내담자에게 어떻게 비언어적으로 주의집중을 기울일 수 있는지를 구체적으로 설명한다.

① 정면으로 마주 보기(Squarely)

상담자는 내담자와 정면으로 마주하며 앉아야 한다. 이를 통해 내담자에게 그들이 중요하며, 상담자가 온전히 그들에게 집중하고 있음을 보여준다. 정면으로 앉는 자세는 내담자에게 심리적 안전감을 제공하며 상담 과정에서의 신뢰감을 높인다. 예를 들어, 상담자가 몸을 내담자와 정면으로 마주하고 있으면 내담자는 상담자가 자신에게 전적으로 관심을 기울이고 있다는 인상을 받는다. 이러한 자세는 내담자가 자신의 이야기를 더 자유롭게 털어놓을 수 있는 심리적 환경을 조성한다.

② 개방적인 자세 취하기(Open)

상담자는 내담자에게 열린 자세를 취해야 한다. 팔짱을 끼거나 몸을 닫아 놓은 자세는 방어적이거나 거리를 두고 있다는 인상을 줄 수 있다. 개방적인 자세는 상담자가 내담자에게 수용적이고 비판적이지 않다는 메시지를 전달한다. 예를 들어, 상담자가 팔을 자연스럽게 내려놓고 몸을 편안하게 유지하면 내담자는 심리적 안전감을 느끼며, 자신의 감정을 더 쉽게 표현할 수 있게 된다.

③ 상대방 쪽으로 몸을 기울이기(Leaning)

상담자는 내담자 쪽으로 약간 기울이는 자세를 통해 적극적인 관심과 참여를 표현할 수 있다. 이는 내담자에게 상담자가 이야기에 몰두하고 있다는 느낌을 준다. 그러나 지나치게 가까이 다가가는 것은 부담을 줄 수 있으므로 적절한 거리와 기울기가 중요하다. 예를 들어, 내담자가 중요한 감정을 표현할 때 상담자가 몸을 약간 기울임으로써 그 이야기를 진지하게 듣고 있다는 신호를 보낼 수 있다. 이 행동은 내담자에게 상담자의 진정성을 전달하여 신뢰를 증진시킨다.

④ 지속적으로 시선 마주치기(Eye Contact)

상담자는 내담자와 적절한 눈 마주치기를 유지하여 관심과 존중을 표현해야 한다. 눈 마주치기는 상담자가 내담자의 말에 귀를 기울이고 있으며, 그들이 하는 말을 중요하게 여긴다는 신호로 작용한다. 다만, 지나치게 응시하는 것은 불편함을 초래할 수 있으므로 자연스러운 눈 맞춤을 유지하는 것이 중요하다. 예를 들어, 내담자가 감정적인 이야기를 할 때 상담자가 따뜻하고 지속적인 눈 맞춤을 통해 그들을 지지하고 있다는 것을 보여줄 수 있다. 이는 내담자에게 상담자가 자신의 말에 깊이 공감하고 있음을 느끼게 한다.

⑤ 편안한 자세 취하기(Relaxed)

상담자는 내담자와의 대화 중 긴장을 풀고 편안한 자세를 유지해야 한다. 이는 내담자가 편안하게 자신의 감정을 표현할 수 있도록 돕는다. 상담자가 긴장하거나 불안한 모습을 보이면 내담자도 비슷한 감정을 느끼게 되어 상담 과정이 원활하지 않을 수 있다. 예를 들어, 상담자가 어깨에 힘을 빼고 자연스러운 자세를 유지할 때 내담자는 심리적 안정감을 느끼고 자신을 더 개방적으로 표현할 수 있다. 편안한 자세는 내담자에게 안정감을 제공하며 상담 관계의 긍정적인 발전을 돕는다.

SOLER 기법(제라드 이건, 2010)은 상담자가 내담자와의 관계에서 비언어적 소통을 통해 신뢰감을 형성하고, 내담자가 자신의 이야기를 보다 자유롭게 할 수 있도록 돕는 중요한 기술이다. 이러한 비언어적 소통은 상담자가 내담자의 감정과 이야기에 진정으로 관심을 가지고 있다는 것을 보여주며 상담 과정에서의 심리적 안전감을 조성한다. 이 기법은 특히 내담자가 어려움을 겪고 있거나 불안한 상황에서 안정감을 제공하여 내담자가 자신을 더욱 잘 표현할 수 있게 한다. 이렇게 주의집중 기술은 상담자가 내담자에게 진정으로 다가가고, 공감과 이해를 바탕으로 하는 상담 관계를 발전시키는 데 필수적이다. 이 기법을 통해 상담자는 내담자와의 신뢰 관계를 강화하고, 상담의 질을 높일 수 있다.

2) 공감적 이해와 경청

공감적 이해(empathy)는 상담에서 핵심적인 요소로, 내담자가 자신의 경험과 감정을 자유롭게 표현하고 탐색할 수 있도록 돕는 데 중요한 역할을 한다. 로저스(Rogers, 1957)의 인본주의적 접근에서 공감이란 내담자의 감정을 진정으로 이해하고 그들이 느끼는 감정의 깊이를 함께 나누는 것을 의미한다. 이는 상담자가 단순히 내담자의 말을 듣는 것을 넘어, 내담자의 내면세계를 이해하고 그들의 입장에서 공감하는 능력을 포함한다. 공감적 이해는 내담자와의 관계 형성에 있어서 필수적이며, 상담자가 내담자와 심리적 안전감을 조성하고 신뢰를 구축하는 데 기여한다. 로저스는 공감적 이해가 단순히 기술적 측면에서 벗어나 '존재 양식'임을 강조하였다. 공감은 내담자의 입장에서 그들의 감정을 느끼고 그 경험을 공유하려는 상담자의 진정한 태도를 요구한다. 공감적 이해는 상담자가 내담자의 말을 들을 때 그들의 감정을 중심으로 하여 듣고, 내담자가 전달하고자 하는 본질을 함께 느끼는 것이다. 이는 단순히 표현된 말 이상의 것을 이해하고, 내담자의 미묘한 감정과 의도를 파악하는 데 중요한 역할을 한다.

공감적 라포 형성은 내담자와 상담자 간의 상호작용을 통해 이루어지며, 상담자가 내담자에게 진정으로 관심을 기울일 때 가능해진다. 이는 내담자가 자신이 존중받고 있다고 느낄 때 더 솔직하고 깊은 이야기를 할 수 있도록 돕는다. 로저스는 공감이 상담의 중요한 기초임을 강조하며, 공감적 태도를 통해 내담자가 자기 자신을 수용하고 성장할 수 있는 환경을 조성할 수 있다고 하였다. 공감을 사용하기 위한 몇 가지 원칙을 제시하면 다음과 같다(Rogers, 1957).

- 공감은 이상적으로 말하면, 전문적인 역할이나 커뮤니케이션 기술이기보다는 일종의 존재양식이라는 점을 명심하라.
- 내담자가 가진 관점에 관심을 기울이고 경청하라.
- 자기 자신의 판단은 일단 접어두고 학습자의 입장에서 생각해 보라.
- 학습자의 핵심 메시지에 자주 반응하되, 간결하게 하라.

- 어떤 가정에 묶이지 말고 유연하게 대처하라.
- 내담자로 하여금 중요한 문제에 초점을 맞추게 하라.
- 민감한 주제나 감정에 대하여는 서서히 탐색하라.
- 공감적으로 반응한 뒤, 반응의 정확성을 확인시켜 주거나 부정적인 단서에 주의하라. 학습자(내담자)가 스트레스를 받거나 저항할 때 그 이유를 생각해 보라.
- 공감의 전달 기술이 아무리 중요하다고 해도 이는 하나의 도구에 불과하다는 점을 명심하라.

경청(listening)은 내담자가 자신의 이야기를 할 때 그 메시지가 언어적 혹은 비언어적으로 전달되든, 분명하거나 모호하든, 내담자가 전달하려는 메시지를 상담자가 포착하고 이해하는 능력을 의미한다. 적극적 경청은 내담자의 음성 언어뿐만 아니라 비언어적 신호(자세, 표정, 몸짓 등)를 관찰하고, 내담자의 입장에서 함께 느끼며 공감하는 과정을 포함한다. 이를 통해 내담자는 상담자에게 진정으로 이해받고 있다고 느끼게 되어 상담의 질이 높아진다. 공감적 경청은 상담자와 내담자 사이의 의사소통적 조율을 통해 신뢰와 심리적 안전감을 형성한다. 상담자는 내담자의 메시지를 정확하게 이해했는지를 확인하기 위해 때로는 내담자의 말을 요약하거나 반영할 수 있다. "말씀하신 내용을 들어보니 지금의 상황이 많이 힘드신 것 같아요. 맞나요?"라는 질문은 내담자가 상담자의 공감적 이해를 확인할 수 있는 기회를 제공한다. 이러한 조율은 상담의 일관성을 유지하고 내담자가 상담자와 정서적으로 연결되어 있음을 느끼게 한다.

공감적 이해를 통한 경청을 하려면, 먼저 내담자가 하는 말을 주의 깊게 듣고, 그 의미를 정확히 파악해야 한다. 이는 내담자의 말에서 핵심 메시지를 포착하고 상담자가 이해하고 있다는 것을 전달하는 데 필수적이다. 예를 들어, "그때 정말 힘드셨겠네요"와 같은 반응은 내담자가 자신이 이해받고 있다고 느끼게 한다. 둘째, 내담자의 표정, 자세, 몸의 움직임, 목소리 톤 등 비언어적 단서를 관찰함으로써 내담자의 감정 상태를 더 깊이 이해할 수 있다. 상담자는 내담자의 비언어적 행동을 읽고, 이에 따라 공감적 반응을 조정할 수 있어야 한다. “지금 말씀하실 때 얼굴이 많이 굳어지신 것 같아요”와 같은 피드백은 내담자의 감정을 인식하고 있다는 신호를 준다. 셋째, 내담자가 처한 사회적·문화적 환경을 이해하고 그 안에서 내담자를 바라보아야 한다. 이는 내담자의 경험을 더욱 잘 이해하고 공감하는 데 도움을 준다. 예를 들어, 학업과 직장을 병행하는 성인학습자의 경우, 그들의 환경적 스트레스와 책임감을 이해하는 것이 중요하다. 넷째, 공감적 경청은 단순히 듣는 것에서 그치지 않고 내담자가 전달한 내용에 대해 적절한 반응과 피드백을 제공하는 것을 포함한다. 내담자가 중요한 문제에 집중하도록 돕고, 그들이 표현한 감정을 다시 반영하여 공감적 피드백을 제공한다. 예를 들어, “이 부분이 가장 큰 걱정이시군요. 그게 정말 스트레스를 많이 주셨을 것 같아요”와 같은 반응은 내담자가 이해받고 있음을 확인시켜 준다.

공감적 이해와 경청은 내담자가 자신의 경험을 공유할 수 있도록 지지하며, 상담 과정에서 심리적 안정감을 제공한다. 이는 내담자가 스스로를 수용하고 문제를 탐색할 수 있는 안전한 환경을 조성하며, 상담의 목표를 향해 나아가게 한다. 로저스의 공감적 이해와 이건의 경청 기술은 상담자가 내담자의 깊이 있는 라포를 형성하고, 그들의 감정을 중심으로 한 공감적 의사소통을 통해 상담의 효과를 극대화하는 데 필수적인 요소로 작용한다.

3) 질문과 반영

상담자가 성인학습자와의 상담에서 사용하는 질문은 내담자가 자신의 문제를 더 깊이 탐색하고 구체적인 정보를 제공할 수 있도록 돕는 중요한 도구이다. 이 질문들은 성인학습자가 직면하고 있는 특정 상황이나 주제를 탐구하도록 유도하며, 그들의 생각과 감정을 명확히 표현할 수 있게 한다. 그러나 잘못된 질문은 성인학습자의 주의를 산만하게 하거나 대화의 흐름을 방해할 수 있다.

질문은 크게 폐쇄형 질문과 개방형 질문으로 나눌 수 있다. 또한 사지선다형 질문도 있으나, 이는 문제가 가진 핵심 주제에서 벗어날 위험이 있다. 폐쇄형 질문은 주로 성인학습자가 짧고 명확한 답변을 제공할 때 사용된다. 이 질문은 대개 '예' 또는 '아니요'와 같은 단답형 답변을 유도한다. 예를 들어, 성인학습자가 "최근 업무로 스트레스를 많이 받고 있습니다"고 말했을 때 상담자가 "이 스트레스가 업무량 때문인가요?"라고 물을 수 있다. 이러한 질문은 특정 정보를 확인할 때 유용하지만, 깊이 있는 탐색에는 한계가 있을 수 있다.

개방형 질문은 성인학습자가 자유롭게 자신의 경험, 감정, 사건 등을 설명할 수 있도록 돕는다. 이 질문은 정해진 틀이 없기 때문에 성인학습자가 자신을 보다 깊이 탐구할 수 있게 한다. 예를 들어, 상담자가 "최근 업무와 학업을 병행하면서 어떤 어려움이 있었나요?"라고 물었을 때, 성인학습자는 "업무와 학업을 병행하다 보니 체력적으로 많이 지치고, 가족과의 시간도 줄어들어 죄책감이 듭니다"와 같은 자세한 답변을 할 수 있다. 이러한 질문은 내담자의 감정과 상황을 포괄적으로 이해하는 데 도움이 된다.

문제의 핵심을 파악하기 위해 단일질문(single question)의 사용이 바람직하다. 단일질문은 내담자에게 하나의 주제에만 집중하게 하여 응답의 명확성을 높이고, 상담자가 혼란을 줄일 수 있도록 돕는다. 상담자가 질문을 던진 후에는 잠시 기다리며 내담자가 심리적 압박을 느끼지 않도록 충분한 시간을 주는 것이 중요하다. 성인학습자가 생각할 시간을 갖고 자신의 감정을 정리한 후 답변할 수 있도록 배려하는 것은 상담의 질을 높이고 내담자의 자발적인 표현을 이끌어 낸다. 예를 들어, 상담자가 "최근 과제 중에 특히 어려웠던 순간이 있었나요?"라고 묻고 잠시 기다려 주면, 성인학습자는 자신의 경험을 차분히 생각하고 대답할 수 있는 시간을 가지게 된다. 이처럼 적절한 질문은 상담자가 성인학습자의 내면을 이해하고, 그들이 자신의 상황을 깊이 탐색하도록 돕는 핵심적인 방법이다.

반영(reflection)은 성인학습자의 말과 행동에 표현된 감정, 생각, 태도를 상담자가 새로운 방식으로 되돌려주는 중요한 상담 기법이다. 반영은 주로 내담자가 말한 내용을 중심으로 한 내용반영과 내담자의 정서에 초점을 맞춘 감정반영으로 나뉜다.

내용반영은 성인학습자가 말한 내용을 다시 간단하게 요약하거나 재구성하여 내담자에게 전달하는 기법이다. 여기에는 사람들, 대상, 상황, 사건, 생각, 의견, 판단, 행동, 경험 등과 같은 다양한 요소가 포함된다. 이 기법은 내담자가 표현한 사실적 · 인지적 요소에 중점을 두어 상담자가 이를 다시 전달함으로써 내담자가 자신의 경험이나 상황을 더 명확하게 이해하도록 돕는다. 예를 들어, 한 성인학습자가 "최근 직장 프로젝트가 너무 많아서 스트레스를 받고 있습니다. 그로 인해 집에서 가족과의 시간이 줄어드는 것 같아요"라고 말했을 때, 상담자는 "직장에서의 프로젝트가 많아 스트레스를 받고 있고, 그로 인해 가족과의 시간이 줄어드는 것에 대해 걱정하고 있군요"라고 반영할 수 있다. 이를 통해 내담자는 자신의 상황을 보다 명확하게 인식하고, 상담자와의 대화가 깊어질 수 있다.

감정반영은 내담자가 말한 내용 속에 내재된 감정을 파악하고 이를 내담자에게 다시 전달하는 기법이다. 내담자가 표현하지 않았지만 그 말 속에 숨겨진 감정을 읽어내어 내담자가 그 감정을 인식하고 표현할 수 있도록 돕는 것이다. 감정반영은 내담자의 기분과 감정에 집중하여 그 감정을 다시 전달함으로써 내담자가 자신의 감정을 이해하고 인정하는 데 도움을 준다. 예를 들어, 한 성인학습자가 "요즘 강의를 들으면서 내 능력이 부족하다고 느껴져요. 동료들이 더 잘하는 것 같아 자신감이 떨어져요"라고 말했을 때, 상담자는 "강의를 들으면서 스스로 능력이 부족하다고 느끼고, 동료들이 더 잘하는 것 같아서 자신감이 줄어드는 것에 대해 무력감을 느끼고 계시군요"라고 반응할 수 있다. 이를 통해 내담자는 자신의 감정 상태를 더 명확히 이해하고, 상담자와의 신뢰관계를 강화할 수 있다.

성인학습자인 A씨의 사례를 통해 반영을 살펴보자. A씨는 최근 업무와 학업을 병행하며 느끼는 스트레스를 상담 세션에서 이야기하고 있다. A씨는 "매일 회사 업무에 치이고, 남는 시간에는 학업 과제를 하다 보니 너무 지칩

니다. 제가 아무리 노력해도 성과가 부족하다고 느껴져요"라고 말한다. 이에 상담자는 이 발언에서 A씨의 피로와 무기력감이라는 감정을 파악하고, "회사의 업무와 학업을 동시에 해내면서 몸도 마음도 지쳐있고, 아무리 노력해도 성과가 부족하다는 느낌 때문에 무력감을 느끼고 계신 것 같아요"라고 감정 반영을 할 수 있다. 이 반응은 A씨가 자신의 감정을 더 깊이 인식하고, 상담자와의 대화를 통해 스트레스 상황을 분석하고 해결책을 찾을 수 있는 기초가 된다. 이렇게 반영 기법은 이처럼 내담자가 자신의 상황과 감정을 인식하고 수용할 수 있도록 돕는 중요한 도구이다.

4) 직접적 지도

직접적인 지도(direct guidance)는 상담자가 제안하는 것, 지시를 주는 것, 학습자가 해야 한다고 그들이 생각하는 것에 대하여 충고를 제공하는 것이다. 이것은 단순한 정보제공과는 다르다. 직접적 지도에는 조언, 지시, 일치성과 전략개방, 직면 등이 있으며, 직접적인 지도를 실시할 때 명료화, 구체화, 일치성, 직면하기 전략을 적용할 수 있다.

(1) 조언

상담자의 조언(advice)은 성인학습자에게 실질적으로 도움이 되어야 하며, 그들이 이를 받아들이고 실행할 수 있도록 해야 한다. 상담자는 학습자가 조언을 수용할 준비가 되어 있는지 확인하고, 구체적이고 간단한 형태로 조언을 제공한다. 예를 들어, 성인학습자 B씨는 시간관리를 어려워하며 과제를 매번 늦게 제출한다. 이때, 상담가는 "매일 아침 30분 일찍 일어나 하루 일정을 계획해 보는 것은 어떨까요?"라고 조언하고, 성인학습자는 이를 즉각적으로 시도해 보고 난 이후 긍정적인 피드백을 줄 수 있다. 이렇게 조언은 학습자가 즉각적으로 실천할 수 있는 방안을 제시한다. 조언은 학습자가 새로운 시각을 가지고 문제를 해결할 수 있도록 돕는 역할을 하며, 상담자는 조언 후 내담자의 피드백을 받아 조언의 효과를 평가해야 한다. 이를 통해 상담자는 학습자가 조언을 어떻게 받아들이고 행동에 옮겼는지를 확인하고 추가적인 지원을 제공할 수 있다.

(2) 지시

상담자는 필요에 따라 학습자에게 명확한 지시(directives)를 내릴 수 있다. 이는 내담자가 특정 행동을 수행하도록 유도하기 위해 사용된다. 예를 들어, "다음 주까지 학습 계획을 작성해 오세요"와 같은 지시는 학습자가 명확한 과제를 인식하고 수행하도록 한다. 지시는 명확하고 실현 가능해야 하며, 내담자가 이를 실행했을 때 상담자는 그 경험을 통해 어떤 배움을 얻었는지 확인할 필요가 있다. 지시는 학습자가 새로운 행동 패턴을 시도하고 이를 통해 자기 효능감을 높이는 데 기여한다. 이는 내담자가 특정 행동을 수행하도록 유도하기 위해 사용된다.

조언을 하거나 지시를 내릴 때에는 명료화와 구체화 전략을 활용하는 것이 좋다. 명료화는 내담자가 이야기하는 내용 중 상대방이 표현한 바를 정확하게 지각하고 있는지 확인하는 것이다. 구체화는 내담자가 제시한 내용을 더 구체적으로 탐색하도록 유도하는 것이다. 예를 들어, "구체적으로 어떤 점이 어려우셨나요?"라는 질문을 통해 내담자가 생각을 정리하도록 돕는다. 이는 학습자가 자신의 상황을 보다 명확히 이해하고 해결 방안을 모색하는 데 중요한 역할을 한다.

(3) 일치성과 전략개방

일치성(congruence)은 상담자가 내담자에게 진솔하고 개방적인 태도를 유지하며, 자신의 감정과 행동이 일치되게 보여주는 것을 의미한다. 이는 상담자가 내담자와의 신뢰 관계를 강화하고 진정성을 전달하는 중요한 요소다. 전략개방(strategy disclosure)은 상담자가 자신의 경험을 공유하여 내담자가 새로운 시각과 통찰을 얻을 수 있도록 돕는 기법이다. 전략개방은 일치성의 한 유형으로, 상담자가 과거에 시도했던 전략이나 경험을 공유하며 내담자에게 해결책을 제시하는 방식이다. 전략개방은 상담자가 어떤 통찰을 획득했던 개인적 경험에 대한 표현을 언급하는 자기개방의 한 유형으로 내담자에게 진정성 있는 조언을 제공한다.

전략개방은 상담자가 자신이 과거에 시도했던 전략을 개방함으로써 학습자에게 적절한 방법을 제안할 수 있으며, 내담자가 상담자의 경험을 통해 자신의 문제에 대한 해결책을 발견하도록 돕는 데 효과적이다. 예를 들어, 상담자가 “저도 과거에 업무와 학업을 병행하며 비슷한 어려움을 겪었는데, 일정 관리를 통해 큰 도움이 되었습니다”라고 말하면, 학습자는 이를 바탕으로 자신의 상황에 적용할 수 있다. 다음과 같은 사례는 상담자와 내담자의 일치성을 활용하여 전략개방 기법을 적용한 사례이다. 성인학습자 G씨는 중요한 시험을 앞두고 긴장감을 극복하지 못했다. 상담자가 “저도 비슷한 상황에서 명상과 짧은 산책을 통해 긴장을 완화했던 경험이 있다”고 전략개방을 하자, G씨는 이를 시도해 보고 긴장 관리에 큰 도움을 받을 수 있었다.

(4) 직면

직면(confrontation)은 상담자가 내담자가 인식하지 못하거나 회피하려는 불일치나 모순을 지적하여 그들의 성찰과 변화를 촉진하는 중요한 기법이다. 직면은 내담자의 행동, 말, 그리고 감정 사이의 차이나 모순을 드러내어 내담자가 그 사실을 깨닫고 보다 명확하게 이해하도록 한다. 이를 통해 내담자는 자신의 무의식적인 패턴을 인식하고 문제를 해결하기 위한 새로운 시각을 얻을 수 있다.

상담자는 단순히 내담자의 이야기를 듣는 데 그치지 않고, 내담자의 진술에서 발견되는 모순점을 부드럽게 드러내는 역할을 한다. 예를 들어, 내담자가 “학습이 내 인생에서 가장 중요한 일이다”라고 말하면서 실제로는 학습에 많은 시간을 할애하지 않는 경우, 상담자는 이러한 불일치를 지적할 수 있다. 이는 내담자에게 감정적 부담을 주지 않도록 민감하게 다루어야 하며, 상대방이 거부감을 느끼지 않도록 신중한 표현을 사용해야 한다.

직면하기는 내담자가 자신이 회피하거나 인지하지 못한 문제에 직면하게 함으로써 성찰과 행동 변화를 촉진한다. 내담자는 이를 통해 자신의 내면을 더 깊이 들여다보고, 문제 해결을 위한 구체적인 방안을 모색할 수 있다. 다음은 직면하기를 통해 상담을 실시한 사례이다. 성인학습자 H씨는 상담 중에 "시간이 없어서 학습을 못 한다"고 자주 말했다. 그러나 상담자가 "학습이 중요하다고 말씀하셨지만, 실제로 학습을 위해 시간을 내지 않으셨다고 하셨죠?"라고 직면하자, H씨는 자신이 시간 관리에 소홀했음을 인식하고 문제 해결을 위한 행동 계획을 세우기 시작했다. 이렇게 직면은 내담자가 자신의 행동과 생각을 성찰하도록 돕고, 변화를 위한 기회를 제공하는 중요한 상담 기법이다. 직면이 적절히 사용될 때 내담자는 자신의 문제를 보다 명확하게 인식하고 해결책을 모색할 수 있다.

이처럼 다양한 상담기법과 직접적 지도의 활용은 성인학습자가 자신의 상황을 인식하고 해결책을 찾는 데 중요한 역할을 한다.

4 멘토링

1) 멘토링의 개념

멘토링(mentoring)은 경험이 많고 숙련된 개인(멘토, mentor)이 상대적으로 경험이 적은 사람(멘티, mentee)에게 지식, 조언, 지지, 그리고 방향성을 제공하여 그들의 성장을 돕는 과정이다. 이 관계는 학업, 경력, 또는 개인적 성장과 발전을 목표로 하는 경우가 많으며, 멘토는 멘티의 개인적인 목표를 달성할 수 있도록 정서적·실질적인 도움을 준다.

멘토(mentor)라는 말은 그리스 신화인 호머(Homer)의 오디세이(Odyssey)에서 유래되었다. B.C 1250년경 그리스 신화에 나오는 이타카 왕국의 왕인 오디세우스(Odysseus)는 트로이와 10년이나 걸릴 것으로 예상되는 전쟁에 출정하면서 자기 가문과 아들 텔레마커스(Telemachus)를 도와 그의 왕국을 잘 보호해 줄 것을 오랜 친구인 멘토(Mentor)에게 부탁하였는데, 멘토는 10년간 텔레마커스의 스승이자 조언자, 친구, 아버지, 대리인으로서의 역할을 성실히 수행하여 지혜롭고 현명한 왕으로 성장시켰다.

이와 같이 고대 그리스에서는 젊은 남성에게 아버지의 친구나 친척 중에서 경험이 많은 남성을 짝지어 주어 그의 경험과 가치관을 배우고 모방하도록 하는 관습이 있었는데, 17C 프랑스의 성직자 겸 작가인 페늘롱(Fênelon)이 『텔레마크의 모험』이라는 책을 통해 멘토에 대해 자세히 기술하면서 멘토라는 말이 보통명사로 사용되게 되었다.

멘토링은 기업에서도 활발히 사용되고 있는데, 멘토링이란 한마디로 말하면 현장 훈련을 통한 인재 육성 활동으로 정의할 수 있다. 즉, 회사나 업무에 대한 풍부한 경험과 전문 지식을 가지고 있는 사람이 1:1로 전담하여 구성원(멘티)을 지도, 코치, 조언하면서 실력과 잠재력을 개발, 성장시키는 활동이라 할 수 있다. 많은 기업들이 도입하고 있는 후견인 제도가 바로 멘토링의 전형적인 사례이다.

2) 멘토링의 효과

성인학습 상담에서 멘토링은 매우 효과적인 접근 방식으로, 성인학습자가 자신의 목표를 달성하고 학습 및 경력 개발에서 성공을 이루는 데 도움을 준다. 멘토링은 상담자(멘토)와 학습자(멘티) 간의 일대일 관계를 통해 학습자에게 지식과 경험을 전수하고 방향을 제시하며, 정서적 지지를 제공하는 중요한 방법이다. 주요 특징은 다음과 같다.

첫째, 경험 공유와 실천적 조언이다. 멘토는 자신의 경력이나 삶에서 겪은 경험을 바탕으로 멘티에게 실질적인 조언을 제공한다. 성인학습자들은 종종 이론적인 학습보다 실제 경험을 바탕으로 한 학습을 선호하기 때문에, 멘토가 제공하는 실천적 조언은 큰 도움이 된다. 학습자가 실제 문제를 해결하거나 새로운 도전에 대비하는 데 필요한 실질적인 인사이트를 얻게 된다.

둘째, 장기적인 관계 형성이다. 멘토링은 단기적인 상담보다는 장기적인 관계를 형성하는 데 중점을 둔다. 성인학습자는 멘토와의 관계를 통해 지속적인 학습과 성장을 추구할 수 있다. 멘토링 관계는 시간이 지남에 따라 신뢰를 기반으로 강화되며, 학습자는 더 깊이 있는 피드백과 지원을 받을 수 있다.

셋째, 정서적 지지와 동기 부여이다. 멘토는 단순한 학습 상담 역할을 넘어, 학습자의 감정적·정서적 요구를 이해하고 지지할 수 있어야 한다. 성인학습자는 다양한 책임과 도전에 직면할 수 있기 때문에, 멘토는 그들이 스트레스나 좌절감을 느낄 때 정서적인 지원을 제공하며 학습을 지속할 수 있도록 격려한다. 이를 통해 학습자는 학습 과정에서 동기를 유지하고 자기 자신에 대한 신뢰감을 키울 수 있다.

넷째, 경력 개발 및 네트워킹 지원이다. 성인학습자는 학업 외에도 자신의 경력 개발에 큰 관심을 가지고 있다. 멘토는 자신의 인맥과 네트워크를 활용해 멘티가 경력을 발전시키고 새로운 기회를 찾을 수 있도록 지원한다. 또한 멘토는 멘티에게 경력 전환이나 발전에 필요한 스킬과 전략을 제시하며, 이들이 전문성을 강화하는 데 도움을 준다.

다섯째, 피드백과 성찰이다. 멘토링에서는 정기적으로 학습자가 자신의 성과를 평가하고 성찰하는 기회를 제공해야 한다. 멘토는 학습자가 자신의 행동과 선택을 반성하고, 이를 개선하는 방법을 모색할 수 있도록 도와준다. 멘티는 피드백을 통해 자신의 강점과 약점을 파악하고 발전할 수 있는 기회를 얻게 된다.

여섯째, 학습 목표 설정 및 지원이다. 멘토는 학습자가 현실적이고 달성 가능한 목표를 설정하도록 돕는다. 학습자가 스스로 목표를 설정하는 데 어려움을 느낄 경우, 멘토는 목표 설정 과정에서 안내자 역할을 하며 구체적인 계획 수립을 지원한다. 이후 멘토는 학습자가 설정한 목표를 달성하기 위해 필요한 자원과 학습 전략을 제공하며, 이 과정에서 지속적으로 피드백을 준다.

3) 멘토링의 유형

멘토링은 그 결속이 자발적이냐 인위적이냐에 따라 크게 공식 멘토링(formal mentoring)과 비공식 멘토링(informal mentoring)으로 구분할 수 있다. 공식 멘토링은 기업, 학교, 또는 기타 조직에서 주도적으로 멘토와 멘티를 짝지어 주는 방식으로 이루어진다. 이 경우 목표, 기간, 평가 방식 등이 명확하게 설정되어 있으며, 성과에 따라 프로그램이 평가된다. 이에 반해 자연스럽게 형성된 멘토-멘티 관계를 비공식 멘토링이라고 한다. 이는 개인적인 관계에서 비롯될 수 있으며, 공식적인 평가나 기간 없이 유연하게 운영된다. 비공식 멘토링은 종종 장기적인 관계로 발전할 수 있다. 멘토링은 참여하는 수에 따라 1:1 멘토링, 그룹 멘토링, 팀:팀 멘토링으로 구분할 수 있다.

4) 멘토링의 장점

멘토링은 다음과 같은 장점을 가진다. 첫째, 멘티가 성장할 수 있도록 촉진한다. 멘토링은 멘티가 자신의 경력 및 개인적 목표를 달성하는 데 있어 중요한 지침과 동기를 제공한다. 멘토를 통해 더 나은 결정과 성과를 이끌어 낼 수 있는 방향을 찾게 된다. 둘째, 멘토의 자기 성장이다. 멘토링은 멘토에게도 의미 있는 경험이다. 멘토는 자신의 경험과 지식을 나누는 과정에서 새로운 통찰을 얻고, 자신의 지도력과 커뮤니케이션 기술을 향상시킬 수 있다. 셋째, 네트워크 확장이다. 멘토링을 통해 멘티는 멘토의 네트워크를 활용할 수 있으며, 이는 경력 개발에 중요한 기회를 제공할 수 있다. 반대로 멘토 또한 멘티를 통해 새로운 사람들과 연결될 기회를 얻을 수 있다.

5) 멘토링의 성공 조건

다음은 멘토링이 효과적으로 실행되기 위한 조건이다. 첫째, 신뢰 구축이 필요하다. 멘토와 멘티 간의 신뢰는 멘토링의 성공에 중요한 요소이다. 학습자는 멘토에게 자신의 고민이나 도전에 대해 솔직하게 이야기할 수 있어야 하며, 멘토는 이를 존중하고 비밀을 유지해야 한다. 둘째, 지속적인 의사소통이 필요하다. 멘토링 관계는 일회성 대화로 끝나지 않고 지속적인 의사소통이 필요하다. 정기적인 만남과 소통은 멘티의 발전을 지속적으로 모니터링하고 필요한 지원을 적시에 제공할 수 있게 한다. 셋째, 멘티의 주도성이 필요하다. 멘토링에서 중요한 점은 멘티가 학습 과정에서 주도적인 역할을 해야 한다는 것이다. 멘토는 조언자와 안내자의 역할을 하지만 궁극적인 책임은 멘티에게 있으며, 멘토는 이를 지지하고 강화하는 역할을 한다.

6) 멘토링 이론

멘토링 이론은 멘토링 관계와 그 효과를 설명하는 여러 가지 이론적 모델과 접근 방식을 포함한다. 대표적인 멘토링 이론은 다음과 같다.

(1) 역할 모델 이론(Role Model Theory)

반두라(A. Bandura)의 사회 학습 이론에서 출발한다. 멘토는 멘티에게 이상적인 역할 모델이 되어 그들이 따라가야 할 본보기를 제공한다. 이 이론에 따르면, 멘토는 멘티가 모방하고 싶어 하는 성공적인 역할을 수행하며, 멘티는 그 모델을 통해 자신의 목표를 구체화하고 달성하는 데 필요한 기술과 태도를 배운다.

(2) 교환 이론(Social Exchange Theory)

호만스(G. Homans)와 블라우(P. Blau)에 의해 형성된 이론으로, 멘토링 관계를 일종의 상호 이익을 주고받는 관계로 본다. 이 이론에 따르면, 멘토와 멘티는 상호작용을 통해 서로에게 이익을 제공한다. 멘토는 자신의 경험을 나눔으로써 보람을 얻고, 멘티는 그로부터 지식과 조언을 얻는다. 이 상호작용이 긍정적일수록 멘토링 관계는 더 오래 지속되고 그 효과도 커진다.

연습문제

1. 성인학습 상담에서 사용하는 주요 상담 전략을 설명하고, 각 전략이 어떻게 학습자의 요구와 목표를 효과적으로 지원할 수 있는지 구체적인 예를 들어보세요. 예를 들어, 동기 부여, 문제 해결, 피드백 제공 등의 전략을 학습자가 직면한 실제 문제 상황에 적용해 설명해 보세요.

2. 성인학습 상담에서 사용하는 주요 상담 기술과 기법을 설명하고, 이러한 기술이 상담 과정에서 어떻게 활용될 수 있는지 사례를 들어 설명해 보세요. 예를 들어, 적극적인 경청, 개방형 질문, 반영 및 명료화 등의 기술을 사용하여 학습자가 자신의 학습 목표를 명확히 하고 실질적인 계획을 세울 수 있도록 도와주는 방법을 논의해 보세요.

참/고/문/헌

교육부(2023). 2023년 한국 성인의 평생학습실태. 한국교육개발원.

______(2024. 7. 1). 2023년 평생교육통계 및 한국성인의 평생학습 실태조사 자료집.

권두승 · 이경아(2019). 평생교육기관 실태조사분석을 통한 성인교육 참여율 제고방안. 교육부 정책연구보고서.

권두승 · 조아미(2016). **성인학습 및 상담**. 교육과학사.

_____________(2018). **성인학습 및 상담**. 교육과학사.

김금선 · 김혜영(2010). 초등학생의 자기조절학습 능력 구조와 발달 양상 : SLRCS-K 검사를 중심으로. **교육심리연구**, 24(2), 245-267.

김정희 · 김대영(2008). 한국형 자기조절학습능력 척도(SLRCS-K) 개발. **교육평가연구**, 21(1), 65-89.

나항진 · 강갑원 · 권희완 · 김경미 · 박성희 · 송선희(2014). **성인학습 및 상담**. 양서원.

박성희(2004). **공감학 : 어제와 오늘**. 학지사.

조성연 · 박미진 · 문미란(2018). **성인학습 및 상담**. 학지사.

한국교육개발원(2021). 2021년 성인학습자 학습 경험 조사. 한국교육개발원.

한국교육과정평가원(2002). 자기주도적 학습능력 척도 개발 및 타당화 연구. 한국교육과정평가원.

Brookfield, S. D.(1986). *Understanding and Facilitating Adult Learning*. Jossey-Bass.

Brown, S. D., & Lent, R. W.(2013). *Career development and counseling : Putting theory and research to work*(2nd ed.). John Wiley & Sons.

Corey, G.(2015). *Theory and practice of counseling and psychotherapy*(10th ed.). Cengage Learning.

Cormier, W. H., & Hackney, H.(2003). *Counseling strategies and interventions*(6th ed.). Pearson.

Egan, G.(2018). *The skilled helpe : A problem-management and opportunity-development approach to helping*(11th ed.). Cengage Learning.

Geldard, K., & Geldard, D.(2016). *Counseling adolescents : The proactive approach for young people*(4th ed.). SAGE.

Hackney, H., & Cormier, W. H.(2013). *The professional counselor : A process guide to helping*(7th ed.). Pearson.

Hill, C. E.(2020). *Helping skills : Facilitating exploration, insight, and action*(5th ed.). American Psychological Association.

Knowles, M. S.(1980). *The Modern Practice of Adult Education : From Pedagogy to Andragogy*. Prentice Hall/Cambridge.

Merriam, S. B., & Baumgartner, L. M.(2020). *Learning in adulthood : A comprehensive guide*(4th ed.). Jossey-Bass.

Merriam, S. B., & Bierema, L. L.(2014). *Adult Education : Foundations of Practice*. Jossey-Bass.

Mezirow, J.(1997). Transformative Learning : Theory to Practice. *New Directions for Adult and Continuing Education, 74*, 5-12.

Roeser, R. W., Schonert-Reichl, K. A., Jha, A., Cullen, M., Wallace, L., Wilensky, R., ... & Harrison, J.(2013). Mindfulness training and reductions in teacher stress and burnout : Results from two randomized, waitlist-control field trials. *Journal of Educational Psychology, 105*(3), 787-804.

Rogers, C. R.(1957). *Client-centered therapy : Its current practice, implications, and theory*. Houghton Mifflin.

____________(1961). *On Becoming a Person : A Therapist's View of Psychotherapy*. Houghton Mifflin.

____________(1980). *A Way of Being*. Houghton Mifflin.

Schmid, P. F.(2014). *The Dialogical Relationship in Person-Centered Therapy*. Springer.

Shapiro, S. L., Brown, K. W., & Astin, J. A.(2011). Toward the integration of meditation into higher education : A review of research. *Teachers College Record, 113*(3), 493-528.

09 CHAPTER

성인학습 상담자의 역량

성인학습 상담은 성인학습자가 학습 과정에서 겪는 다양한 심리적, 정서적, 그리고 실질적인 문제를 해결하고, 성공적인 학습 경험을 지원하기 위해 필수적인 요소로 자리 잡고 있다. 성인학습 상담자의 역할은 단순한 정보 제공자가 아니라 학습자의 잠재력을 이끌어 내고, 학습 목표를 달성하도록 돕는 조력자로서의 위치를 갖는다(Knowles, 2020). 특히 현대 사회에서 학습 환경이 점점 더 복잡해지고 다양해짐에 따라, 상담자의 역량은 학습자 중심의 접근 방식을 실현하기 위한 핵심 요소로 부각되고 있다(Dirkx, 2021).

1 학습자 중심 접근 역량

학습자 중심 접근 역량은 성인학습 상담자가 학습자의 개인적 특성과 경험을 존중하며, 학습자 중심의 철학을 실현하는 데 필요한 핵심 역량이다. 이 접근은 학습자의 목표, 필요, 배경에 맞춘 맞춤형 지원을 제공하는 것을 강조하며, 성인학습자가 학습 과정에서 주체적인 역할을 수행할 수 있도록 돕는 데 초점을 둔다. 학습자 중심 접근은 성인학습의 자율성과 자기 주도성을 강조하는 이론적 배경을 바탕으로 하며, 학습자가 기존의 관점과 신념을 재구성하고 성장하도록 돕는 것을 목표로 한다.

1) 이론적 배경

(1) 노울즈의 성인학습 이론(Andragogy)

노울즈(Knowles, 2020)는 성인학습의 주요 원칙으로 자율성과 자기 주도성을 강조한다. 성인학습자는 자신의 학습 과정을 스스로 통제하며, 학습 목표와 내용을 자신에게 맞게 선택하고 조정하려는 경향이 있다. 따라서 상담자는 다음을 중점적으로 고려해야 한다.

- **자율성 강화** : 학습자가 학습 과정에서 주체적인 역할을 할 수 있도록 지원
- **실질적 목표 연결** : 학습자의 목표와 삶의 경험이 학습 과정과 직접적으로 연계될 수 있도록 조력
- **학습 환경 설계** : 학습자가 편안하게 참여할 수 있는 환경을 조성하며, 학습 과정에서 스스로의 성장을 느낄 수 있도록 도움

(2) 메지로우의 전환학습 이론

메지로우(Mezirow, 1991)는 학습자 중심 접근이 학습자의 기존 관점과 신념을 재구성하는 전환학습(transformative learning) 과정을 포함한다고 설명한다. 전환학습은 학습자가 자신의 과거 경험과 기존 신념을 비판적으로 성찰하며, 새로운 관점을 형성하는 과정을 말한다. 이 과정에서 상담자는 학습자가 다음과 같은 변화를 경험하도록 돕는 역할을 한다.

- **비판적 성찰 촉진** : 학습자가 자신의 경험과 관점을 성찰하며, 새로운 사고 방식을 수용할 수 있도록 지원
- **새로운 학습 맥락 제공** : 학습자가 기존의 사고 방식을 넘어 새로운 아이디어와 관점을 탐구할 수 있는 기회를 제공

(3) 듀이의 경험 중심 학습 이론

듀이(Dewey)는 학습이 학습자의 과거 경험과 현재의 학습 과정을 연결하는

데 기반을 두어야 한다고 주장했다. 학습자는 자신의 경험을 통해 학습 내용을 이해하고 적용하려는 경향이 있기 때문에 상담자는 학습자의 경험을 학습 과정의 중요한 자원으로 활용해야 한다.

2) 학습자 중심 접근 역량의 구체적 요소

(1) 개인화된 학습 지원

상담자는 학습자의 개인적 특성과 경험을 고려하여 맞춤형 학습 지원을 제공해야 한다.

- **학습자 목표 파악** : 학습자가 이루고자 하는 단기적 및 장기적 목표를 명확히 이해하고 이를 지원
- **학습 스타일 존중** : 학습자의 선호 학습 방식(시각적, 청각적, 체험적 등)을 반영하여 학습 전략을 설계
- **유연성 제공** : 학습자가 자신의 일정과 속도에 맞춰 학습을 진행할 수 있도록 유연한 접근을 허용

(2) 경험 중심의 학습 설계

성인학습자의 경험은 학습 과정에서 중요한 자원이 된다. 상담자는 학습자가 자신의 경험을 기반으로 학습 내용을 이해하고 적용할 수 있도록 돕는다.

- **경험 공유 기회 제공** : 학습자가 자신의 경험을 다른 학습자와 공유하며, 이를 통해 학습의 폭을 확장하도록 지원
- **맥락화(contextualization)** : 학습자가 학습 내용을 자신의 삶과 연결 지을 수 있는 방법을 모색
- **문제 중심 학습 지원** : 학습자가 자신의 경험을 바탕으로 실제 문제를 해결하는 방식으로 학습을 진행하도록 도움

(3) 비판적 사고와 자기 성찰 촉진

학습자는 기존의 신념과 관점을 비판적으로 평가하고 새로운 관점을 형성하는 과정을 통해 성장할 수 있다.

- **질문 기법 활용** : 학습자가 자신의 관점을 재평가하고 새로운 아이디어를 탐구하도록 질문
- **자기 성찰 유도** : 학습자가 자신의 경험과 관점을 돌아보고 학습 목표에 대해 다시 생각하도록 격려
- **다양한 관점 제공** : 학습자가 다른 관점을 탐구하며, 자신의 관점을 확장할 수 있도록 다양한 자료와 사례를 제공

(4) 학습자-상담자 간 신뢰 형성

상담자와 학습자 간의 신뢰는 학습자 중심 접근을 성공적으로 실행하는 데 중요한 요소이다.

- **상호 존중** : 학습자의 의견과 선택을 존중하며, 학습 과정에서 그들의 목소리가 반영되도록 함
- **적극적 경청** : 학습자의 경험과 필요를 진지하게 듣고 그에 맞는 지원을 제공
- **정서적 지원** : 학습자가 학습 과정에서 겪는 어려움을 극복할 수 있도록 정서적 지원을 제공

2 심리적 지원 및 정서적 지능

심리적 지원 및 정서적 지능은 성인학습 상담자가 학습자와의 상호작용에서 감정과 심리적 상태를 이해하고, 이를 효과적으로 관리하며 지원하는 데 필요한 중요한 역량이다. 성인학습자는 학습 과정에서 다양한 정서적 도전을

경험할 수 있으며, 이러한 상황에서 상담자의 정서적 지능과 심리적 지원 능력이 학습자의 성공과 만족도에 큰 영향을 미친다.

1) 이론적 배경

(1) 골먼의 정서지능 이론

골먼(D. Goleman, 2005)은 정서지능(emotional intelligence)을 자기 인식, 자기 조절, 사회적 기술, 공감, 동기부여의 다섯 가지 요소로 정의했다. 상담자는 학습자의 감정을 민감하게 인식하고 적절히 반응하며, 학습자가 긍정적인 정서를 유지하도록 돕는 역할을 해야 한다.

- **자기 인식**(self-awareness) : 상담자가 자신의 감정을 인식하고 통제할 수 있어야 학습자의 감정에 효과적으로 반응할 수 있음
- **자기 조절**(self-regulation) : 상담자가 자신의 감정을 조절하고, 스트레스 상황에서도 침착함을 유지할 수 있어야 학습자의 자기 조절을 도울 수 있음
- **사회적 기술**(social skills) : 학습자와의 긍정적인 관계를 형성하고, 학습자 간 협력과 상호작용을 촉진함
- **공감**(empathy) : 학습자의 감정을 이해하고 수용하며, 정서적 어려움 속에서도 학습을 지속할 수 있도록 격려함
- **동기부여**(motivation) : 학습자가 외부의 보상보다 자신의 내적 가치나 목표를 위해 꾸준히 노력하고 성취를 추구하도록 도울 수 있음

(2) 덕스의 정서 중심 학습 이론

덕스(Dirkx, 1997)는 성인학습에서의 정서적 경험이 전환학습(transformative learning)의 핵심 요소임을 강조했다. 즉, 학습 과정에서 감정은 단순한 방해 요소가 아니라 변화와 성장을 촉진하는 중요한 동력이 된다는 것이다. 학습자는 종종 학습 과정에서 자신의 과거 경험과 신념을 반성하며 정서적 변화

를 겪는다. 상담자는 이러한 정서적 경험을 학습과 연결하고, 학습자가 이를 긍정적인 전환의 기회로 활용할 수 있도록 도와야 한다.

(3) 성인학습의 심리적 맥락

성인학습자는 학습 과정에서 스트레스, 자신감 부족, 동기 저하 등 다양한 심리적 문제를 경험할 수 있다. 이러한 맥락에서 상담자의 심리적 지원 역량은 학습자가 어려움을 극복하고 지속적으로 학습에 몰입할 수 있도록 돕는 데 필수적이다.

2) 심리적 지원 및 정서적 지능의 구체적 요소

(1) 감정 인식 및 관리

상담자는 학습자의 감정을 민감하게 인식하고 이를 효과적으로 관리해야 한다.

- 감정 탐색 : 학습자의 말과 행동에서 나타나는 정서적 신호를 민감하게 관찰하고 이를 이해함
- 감정 조율 : 학습자가 느끼는 스트레스나 불안을 완화할 수 있는 환경을 조성함
- 긍정적 감정 유도 : 학습자가 학습에 대한 자신감을 가질 수 있도록 칭찬하고 격려함

(2) 정서적 지원 제공

학습자가 학습 과정에서 경험하는 정서적 문제를 해결할 수 있도록 심리적 지원을 제공한다.

- 공감적 경청 : 학습자의 이야기를 경청하며, 그들의 감정과 경험을 수용함
- 스트레스 관리 기술 : 학습자가 학습 중 경험하는 스트레스를 줄이는 전략

을 함께 탐색함

- 정서적 피드백 : 학습자가 자신의 감정을 더 잘 이해하고 표현할 수 있도록 지원함

(3) 동기 부여 및 심리적 회복력 강화

성인학습자는 자신의 목표를 성취하기 위해 높은 동기와 회복력이 필요하며, 상담자는 이를 강화하는 역할을 한다.

- 내적 동기 부여 : 학습자가 자신의 목표와 가치에 대해 다시 생각하도록 도와 학습의 내적 동기를 강화함
- 작은 성공 축하 : 학습자가 목표에 도달하는 중간 과정에서 성취를 느낄 수 있도록 지원함
- 회복 탄력성 강화 : 학습자가 실패나 좌절을 극복할 수 있는 심리적 탄력성을 개발하도록 도움

(4) 심리적 안전감 조성

성인학습자는 심리적으로 안전한 환경에서 자신의 감정을 자유롭게 표현할 때 학습에 몰입할 가능성이 높아진다.

- 비판 없는 환경 제공 : 학습자가 자신의 의견이나 질문을 자유롭게 표현할 수 있는 분위기를 조성함
- 긍정적 학습 문화 구축 : 학습자 간 상호 존중과 지지를 바탕으로 한 학습 문화를 형성함
- 개인화된 피드백 제공 : 학습자의 감정과 상황을 고려한 맞춤형 피드백을 제공함

3 문제 해결 능력

문제 해결 능력은 성인학습 상담자가 학습자가 직면하는 다양한 도전과 장애물을 극복하도록 돕는 핵심 역량이다. 이 능력은 학습자가 자신의 강점을 활용하고, 학습 과정에서 발생하는 문제를 효과적으로 해결할 수 있도록 지원하는 데 중점을 둔다. 특히 성인학습자는 다양한 배경과 경험을 가지고 있으며, 학습 과정에서 실질적이고 복합적인 문제를 마주하기 때문에 문제 해결 능력은 상담자의 중요한 자질로 꼽힌다.

1) 이론적 배경

(1) 버그와 데 용의 해결 중심 상담 모델

버그와 데 용(Berg & De Jong, 2012)은 해결 중심 상담 모델(Solution-Focused Brief Therapy)을 통해 상담자가 학습자가 가진 강점을 인식하고 이를 기반으로 문제 해결을 지원해야 한다고 강조했다. 이 모델은 문제 자체보다는 해결책에 집중하며, 학습자가 자신의 자원을 활용해 문제를 스스로 해결할 수 있도록 돕는다.

- **강점 중심 접근** : 학습자의 긍정적인 경험과 성공 사례를 기반으로 새로운 해결책을 도출함
- **작은 목표 설정** : 학습자가 실현 가능한 작은 목표를 설정하고, 이를 달성하면서 점진적으로 문제를 해결하도록 도움
- **미래 지향적 사고** : 과거의 문제보다는 학습자가 원하는 미래에 초점을 맞춤

(2) 성인학습 이론과 문제 해결

노울즈의 성인학습 이론에 따르면, 성인학습자는 학습 과정에서 실질적이고 현실적인 문제를 해결하는 것을 선호한다. 상담자는 학습자가 문제를 단순히 인식하는 데 그치지 않고, 이를 해결하기 위한 구체적인 전략을 수립하

도록 지원해야 한다. 이러한 과정은 학습자의 자기 효능감(self-efficacy)을 강화하고, 학습 경험을 삶에 통합하는 데 기여한다.

(3) 자기결정 이론

데시와 라이언(Deci & Ryan)의 자기결정 이론(SDT : Self-Determination Theory)은 학습자가 자율성, 유능성, 관계성을 바탕으로 문제를 해결할 때 더 높은 동기와 만족을 경험한다고 주장한다. 상담자는 학습자가 스스로 문제 해결 과정을 주도할 수 있도록 지원하며, 학습자가 자신의 능력을 신뢰하도록 격려해야 한다.

2) 문제 해결 능력의 구체적 요소

(1) 강점 기반 접근

문제 해결의 핵심은 학습자가 자신의 강점을 인식하고 이를 문제 해결 과정에 활용할 수 있도록 돕는 것이다.

- **강점 탐색** : 학습자가 자신의 성공 사례와 강점을 되돌아보도록 유도
- **자원 활용** : 학습자가 자신의 경험, 네트워크, 기술 등 다양한 자원을 효과적으로 활용하도록 지원
- **긍정적 피드백 제공** : 학습자가 자신의 강점을 더욱 확신하도록 칭찬과 격려를 제공

(2) 구체적이고 실행 가능한 계획 수립

상담자는 학습자가 문제를 해결하기 위한 구체적인 전략을 수립하고 실행할 수 있도록 돕는다.

- **문제 구체화** : 학습자가 직면한 문제를 명확히 정의하고 이를 구체적으로 이해하도록 도움

- 작은 단계로 나누기 : 큰 문제를 작고 실행 가능한 단계로 나누어 학습자가 점진적으로 해결할 수 있도록 지도
- 실행 계획 점검 : 학습자의 실행 계획을 주기적으로 점검하고, 필요한 경우 수정하도록 지원

(3) 창의적 문제 해결 촉진

문제를 해결하는 데 있어 창의적이고 새로운 접근을 시도하도록 장려한다.

- 대안 탐색 : 학습자가 여러 가지 해결 방안을 탐구하고, 그중 최적의 방안을 선택하도록 지원
- 창의적 사고 유도 : 기존의 관점에서 벗어나 새로운 아이디어와 해결책을 모색하도록 도움
- 실험적 접근 장려 : 학습자가 실패를 두려워하지 않고 새로운 접근 방식을 시도할 수 있는 환경을 제공

(4) 자기 효능감 강화

문제를 성공적으로 해결한 경험은 학습자의 자기 효능감을 높이고, 향후 더 큰 도전을 극복할 수 있는 자신감을 심어준다.

- 작은 성공 경험 제공 : 학습자가 달성할 수 있는 작은 목표를 설정하고, 이를 통해 성취감을 느끼도록 함
- 긍정적 사고 강화 : 학습자가 자신에 대한 긍정적인 믿음을 가질 수 있도록 격려
- 독립적 문제 해결 능력 지원 : 학습자가 상담자의 도움 없이도 문제를 해결할 수 있도록 독립성을 강화

4 문화적 민감성과 다양성 수용

문화적 민감성과 다양성 수용은 성인학습 상담자가 점점 더 다문화적이고 다양성이 증대하는 현대의 학습 환경에서 필수적으로 갖추어야 할 핵심 역량이다. 이 역량은 학습자의 문화적 배경, 가치관, 신념을 존중하며, 다양한 관점을 포용하는 태도를 기반으로 한다. 성인학습자는 각기 다른 문화적 경험과 세계관을 바탕으로 학습에 접근하기 때문에, 상담자는 이들을 효과적으로 지원하기 위해 문화적 민감성을 바탕으로 다양성을 이해하고 수용하는 능력을 발휘해야 한다.

1) 이론적 배경

(1) 홉스테드의 문화적 차원 이론

홉스테드(Hofstede, 2004)의 문화적 차원 이론은 다양한 국가와 지역의 문화적 차이를 분석하여 이를 조직, 교육, 상호작용에 적용할 수 있는 유용한 틀을 제공한다. 이 이론에 따르면, 문화적 차이는 권력 거리, 개인주의와 집단주의, 남성성과 여성성, 불확실성 회피, 장기 및 단기 지향성, 허용적 문화와 억제적 문화의 여섯 가지 차원에서 나타난다. 상담자는 학습자의 문화적 배경이 학습 과정에 어떤 영향을 미치는지 이해하고, 이를 기반으로 학습자를 지원해야 한다.

- **권력 거리**(power distance) : 학습자가 권력의 불평등과 위계 구조를 사회적으로 얼마나 수용하는지
- **개인주의 대 집단주의**(individualism vs. collectivism) : 학습자가 개인의 자율성을 중시하는지, 아니면 집단의 유대를 강조하는지
- **남성성 대 여성성**(masculinity vs. femininity) : 학습자가 경쟁과 성취를 중시하는지, 혹은 협력과 삶의 질을 중시하는지

- **불확실성 회피**(uncertainty avoidance) : 학습자가 미래의 불확실성과 모호성을 얼마나 용인하거나 회피하는지
- **장기 지향 대 단기 지향**(long-term vs. short-term orientation) : 학습자가 전통과 현재를 중시하는지, 아니면 미래를 위한 계획과 지속적인 노력을 중시하는지
- **허용적 문화 대 억제적 문화**(indulgence vs. restraint) : 개인의 욕구와 즐거움을 얼마나 자유롭게 표현하거나 억제하는지

(2) 베넷의 문화적 민감성 모델

베넷(Bennett)의 문화적 민감성 모델은 개인이 문화적 차이를 이해하고 수용하는 과정을 설명한다. 이 모델은 부정(denial), 방어(defense), 최소화(minimization), 수용(acceptance), 적응(adaptation), 통합(integration)의 6단계로 구성되며, 성인학습 상담자는 학습자가 자신의 문화적 정체성을 유지하면서도 다양한 문화와 상호작용할 수 있도록 지원해야 한다.

(3) 다문화 교육 이론

다문화 교육 이론은 교육 환경에서 문화적 다양성을 존중하고 포용하는 접근법을 제시한다. 성인학습 상담자는 학습자가 자신만의 고유한 문화적 관점을 유지하면서도 다른 문화와 협력할 수 있도록 돕는 역할을 해야 한다.

2) 문화적 민감성과 다양성 수용의 구체적 요소

(1) 문화적 차이에 대한 이해

상담자는 학습자의 문화적 배경이 학습 동기, 스타일, 목표에 어떤 영향을 미치는지 깊이 이해해야 한다.

- **문화적 배경 조사** : 학습자의 언어, 종교, 사회적 가치, 의사소통 스타일을 이해하기 위해 시간을 투자

- **다양성의 맥락 파악** : 학습자가 속한 문화적 맥락에서 특정 행동이나 사고 방식이 어떤 의미를 가지는지 파악
- **문화적 차이 존중** : 상담자는 모든 문화적 차이를 가치 있는 것으로 간주하고 이를 학습 환경에 반영

(2) 다문화적 학습 환경 조성

상담자는 학습자들이 서로의 문화를 이해하고 존중할 수 있는 환경을 조성해야 한다.

- **포용적 학습 환경 구축** : 모든 학습자가 자신이 존중받고 있다는 느낌을 받을 수 있도록 학습 환경을 설계
- **상호문화적 학습 기회 제공** : 학습자들이 서로 다른 문화적 관점을 공유하고 학습할 수 있는 기회를 제공
- **차별 방지** : 상담자는 의도적이든 비의도적이든 학습 환경에서의 차별을 인식하고 이를 방지하기 위한 노력을 기울임

(3) 문화적 민감성을 반영한 상담 접근

문화적 민감성은 학습자와 상담자의 상호작용에서 필수적인 요소이다.

- **개별화된 상담** : 학습자의 문화적 배경과 개인적 목표를 반영한 맞춤형 상담을 제공
- **문화적 관점 수용** : 상담자는 자신의 관점과 편견을 자각하고, 학습자의 관점을 존중
- **적응적 의사소통** : 상담자는 학습자의 언어적 · 비언어적 의사소통 스타일에 맞추어 대화를 진행

(4) 문화적 정체성 지원

성인학습자는 자신의 문화적 정체성을 유지하면서도 학습 목표를 달성하고자 한다. 상담자는 이 과정에서 중요한 역할을 한다.

- 문화적 자긍심 강화 : 학습자가 자신의 문화적 배경에 대해 긍정적인 태도를 가질 수 있도록 격려
- 개인적 목표와 문화적 가치 조화 : 학습자가 자신의 목표와 문화적 가치를 조화롭게 통합할 수 있도록 도움
- 문화적 자원 활용 : 학습자가 자신의 문화적 지식과 경험을 학습 과정에서 활용하도록 장려

5 디지털 역량과 기술 활용 능력

디지털 역량과 기술 활용 능력은 현대의 디지털화된 학습 환경에서 성인학습 상담자가 필수적으로 갖추어야 할 핵심 역량 중 하나이다. 디지털 기술은 학습 접근성을 확대하고 학습 경험을 개인화하며, 학습자와의 실시간 상호작용을 가능하게 한다. 성인학습 상담자는 디지털 도구와 플랫폼을 효과적으로 활용하여 학습자의 디지털 리터러시를 향상시키고, 학습 목표 달성을 지원해야 한다.

1) 이론적 배경

(1) 존슨 등(2022)의 디지털 학습 접근 이론

존슨 등(Johnson et al., 2022)은 상담자가 디지털 플랫폼과 학습관리 시스템(LMS : Learning Management Systems)을 활용하여 학습자와의 상호작용을 강화하고, 학습자의 디지털 기술 활용 능력을 증진시키는 것이 중요하다고 주장했다. 특히 디지털 학습 환경에서는 다음과 같은 역량이 요구된다.

- 디지털 플랫폼 활용 능력 : 상담자가 Zoom, Microsoft Teams, Google Classroom 등 다양한 플랫폼을 효과적으로 운영하는 능력
- 디지털 리터러시 지원 : 학습자가 디지털 도구를 사용하여 정보를 탐색, 평가, 생성할 수 있도록 돕는 기술
- 데이터 분석 역량 : 학습자의 참여도와 성과를 분석하여 맞춤형 피드백과 지원을 제공

(2) 베이츠의 디지털 교육 모델

베이츠(T. Bates, 2015)는 디지털 기술이 성인학습에서 학습 접근성을 확대하고 개인화된 학습 경험을 제공하며, 학습의 효율성을 높이는 데 기여한다고 강조했다. 디지털 기술은 특히 직장 학습자나 원격 학습자를 지원하는 데 중요한 역할을 한다.

(3) 성인학습과 기술 수용 모델

기술 수용 모델(TAM : Technology Acceptance Model)은 사용자의 기술 활용도와 수용 정도가 유용성과 사용 용이성에 따라 결정된다고 설명한다. 상담자는 학습자가 디지털 도구를 쉽게 이해하고 사용할 수 있도록 지원하며, 이를 통해 학습 성과를 높이는 데 기여해야 한다.

2) 디지털 역량과 기술 활용 능력의 구체적 요소

(1) 디지털 플랫폼 활용 능력

상담자는 학습관리 시스템(LMS)과 온라인 학습 플랫폼을 효과적으로 활용하여 학습 경험을 향상시켜야 한다.

- 플랫폼 선택과 운영 : 학습자의 필요와 목표에 맞는 디지털 플랫폼을 선택하고 효율적으로 운영

- **멀티미디어 학습 자료 제작** : 동영상, 인터랙티브 퀴즈, 시뮬레이션 등 다양한 형식의 학습 자료를 제작하여 학습 경험을 풍부하게 만듦
- **온라인 학습 커뮤니티 형성** : 학습자 간의 협력과 상호작용을 촉진할 수 있는 디지털 공간을 제공

(2) 디지털 리터러시 지원

학습자의 디지털 역량을 강화하여 정보 탐색, 평가, 생성 능력을 높이는 데 중점을 둔다.

- **기초 디지털 기술 교육** : 학습자가 컴퓨터와 인터넷 사용, 디지털 자료 탐색 등의 기본 기술을 익힐 수 있도록 지원
- **정보 평가 능력 향상** : 학습자가 온라인에서 접하는 정보를 비판적으로 평가하고 활용할 수 있도록 함
- **창의적 활용 지도** : 학습자가 디지털 도구를 창의적으로 활용하여 학습 내용을 구성하고 공유할 수 있도록 격려

(3) 데이터 기반 학습 지원

디지털 기술을 활용하여 학습자의 성과와 참여 데이터를 분석하고, 이를 기반으로 학습 지원을 제공해야 한다.

- **학습 데이터 분석** : 학습자의 참여도, 성과, 학습 패턴을 모니터링하고, 이를 기반으로 맞춤형 피드백을 제공
- **실시간 피드백 제공** : 디지털 도구를 활용하여 학습자가 필요할 때 즉각적으로 피드백을 받을 수 있도록 지원
- **개별화된 학습 계획 설계** : 학습 데이터 분석 결과를 바탕으로 학습자의 필요에 맞는 맞춤형 학습 계획을 제안

(4) 디지털 접근성 확대

상담자는 디지털 기술을 활용하여 모든 학습자가 동등하게 학습에 접근할 수 있는 환경을 조성해야 한다.

- **포용적 디자인** : 장애를 가진 학습자나 기술에 익숙하지 않은 학습자도 쉽게 접근할 수 있는 디지털 학습 자료와 환경을 설계
- **언제 어디서나 학습 가능** : 모바일 디바이스와 클라우드 기반 플랫폼을 활용하여 학습자가 시간과 장소의 제약 없이 학습할 수 있도록 지원
- **다양한 언어 지원** : 다양한 언어와 문화적 배경을 고려한 학습 자료를 제공

6 윤리적 판단과 전문성

윤리적 판단과 전문성은 성인학습 상담자가 학습자와의 관계에서 신뢰를 구축하고, 상담 과정에서 올바른 결정을 내리며, 자신의 역할을 충실히 수행하기 위해 반드시 갖추어야 할 핵심 역량이다. 이 역량은 학습자의 권리와 복지를 보호하고, 상담자로서의 신뢰성과 공정성을 유지하며, 학습자의 학습 목표를 지원하는 과정에서 중요한 역할을 한다.

1) 이론적 배경

(1) 코리 등(2018)의 윤리적 상담 모델

코리 등(Corey et al., 2018)은 상담 과정에서 학습자의 권리를 보호하고, 상담자의 행동이 윤리적 기준에 부합해야 한다고 강조했다. 이 모델은 윤리적 판단과 전문성을 유지하기 위해 다음과 같은 요소를 제시한다.

- **학습자의 개인정보 보호** : 학습자의 개인정보와 학습 기록은 철저히 비밀로 유지되어야 하며, 학습자의 동의 없이 공유되어서는 안 됨

- 신뢰 형성 : 학습자가 상담자를 신뢰할 수 있도록 투명하고 일관된 태도를 유지해야 함
- 공정성 보장 : 학습자의 배경, 문화, 신념에 관계없이 공평하고 공정한 지원을 제공

(2) 상담 윤리 강령

상담 윤리 강령은 상담자가 따라야 할 도덕적 원칙과 행동 지침을 명확히 제시한다. 이 강령은 학습자의 복지를 최우선으로 하며, 상담자의 전문성과 윤리성을 보장하기 위한 기준을 제공한다.

- 자율성 : 학습자가 자신의 학습과 삶에 대해 독립적으로 결정할 권리를 존중
- 선행 : 학습자의 이익을 우선시하며, 그들의 학습 목표 달성을 도움
- 무해성 : 상담 과정에서 학습자에게 해를 끼치지 않도록 주의
- 정의 : 학습자 간의 공정한 대우를 보장
- 신의성 : 상담자는 학습자와의 약속을 지키고, 신뢰를 유지

(3) 전문성의 지속적 개발

상담자는 학습 환경의 변화와 새로운 기술 및 이론을 따라잡기 위해 지속적으로 자신의 전문성을 개발해야 한다. 이는 상담자가 윤리적이고 효과적인 지원을 제공하는 데 필수적이다.

2) 윤리적 판단과 전문성의 구체적 요소

(1) 학습자의 권리 보호

상담자는 학습자의 개인정보와 권리를 보호하며, 학습자가 상담 과정에서 안전함을 느낄 수 있도록 해야 한다.

- **개인정보 비밀 유지** : 학습자의 동의 없이 그들의 정보를 타인과 공유하지 않음
- **투명성 보장** : 상담 과정, 목표, 방법에 대해 학습자와 명확히 논의함
- **윤리적 경계 설정** : 학습자와의 관계에서 개인적 이익이나 편견이 개입되지 않도록 경계를 유지함

(2) 신뢰와 공정성 구축

윤리적 판단과 전문성은 상담자가 학습자와의 관계에서 신뢰를 형성하고 공정성을 보장하는 데 필수적이다.

- **공정한 대우** : 학습자의 성별, 문화, 신념, 배경에 관계없이 평등하게 대우함
- **일관된 태도** : 학습자가 상담자를 신뢰할 수 있도록 모든 상황에서 일관된 태도를 유지함
- **피드백 투명성** : 학습자에게 솔직하고 건설적인 피드백을 제공함

(3) 윤리적 문제 해결

상담자는 학습 과정에서 발생할 수 있는 윤리적 문제를 인식하고, 이를 해결하기 위한 적절한 전략을 수립해야 한다.

- **윤리적 문제 식별** : 상담 과정에서 윤리적 딜레마나 문제를 조기에 인식
- **결정 과정에 학습자 참여** : 학습자가 윤리적 문제 해결 과정에 참여하도록 격려
- **전문적 자문 활용** : 복잡한 윤리적 문제는 동료나 전문가의 자문을 통해 해결

(4) 전문성 유지와 발전

상담자는 지속적으로 자신의 지식과 기술을 발전시켜 전문성을 유지해야 한다.

- **지속적인 교육 참여** : 워크숍, 세미나, 전문 교육 프로그램에 참여하여 최신 상담 기술과 이론을 학습
- **자기 성찰** : 자신의 상담 과정을 정기적으로 검토하고, 개선할 점을 파악
- **전문적 네트워크 구축** : 동료 상담자와의 교류를 통해 지식과 경험을 공유

7 지속적인 자기계발과 학습

지속적인 자기계발과 학습은 성인학습 상담자가 자신의 전문성을 유지하고 학습자를 효과적으로 지원하기 위해 필수적으로 갖춰야 할 핵심 역량이다. 성인학습 상담자는 스스로 평생학습자로서의 자세를 유지하며, 변화하는 학습 환경과 학습자의 요구에 적응하기 위해 지속적으로 자신의 지식과 기술을 발전시켜야 한다. 이를 통해 최신의 학습 이론, 방법론, 기술을 활용하여 학습자에게 최적의 지원을 제공할 수 있다.

1) 이론적 배경

(1) 브룩필드의 지속적 학습 이론

브룩필드(Brookfield, 2015)는 성인학습 상담자가 학습자의 성장과 발전을 돕기 위해 자신의 역량을 지속적으로 강화해야 한다고 강조했다. 그는 특히 다음과 같은 측면을 강조했다.

- **비판적 반성(critical reflection)** : 자신의 상담 경험과 관행을 비판적으로 돌아보고, 개선 방안을 모색
- **새로운 학습 방법론 탐구** : 급변하는 학습 환경에서 최신 이론과 방법론을 탐구하고 이를 실천에 통합
- **변화에 대한 유연성(flexibility)** : 새로운 기술과 학습 도구를 빠르게 습득하고, 변화하는 환경에 적응하는 능력이 필요

(2) 콜브의 경험 학습 이론

콜브(Kolb, 1984)의 경험 학습 이론(Experiential Learning Theory)에 따르면, 지속적인 학습은 경험(experience), 성찰(reflection), 개념화(conceptualization), 실험(experimentation)의 순환 과정을 통해 이루어진다. 성인학습 상담자는 자신의 상담 경험을 통해 배운 교훈을 성찰하고, 이를 바탕으로 새로운 접근법을 시도하며 학습을 심화시킬 수 있다.

(3) 노울즈의 자기 주도 학습

노울즈의 자기 주도 학습(Self-Directed Learning) 이론은 학습자가 자신의 학습 목표를 설정하고 학습 과정을 스스로 계획하고 관리하는 능력을 강조한다. 성인학습 상담자는 학습자의 자기 주도적 학습을 지원하기 위해 자신의 학습 과정에서도 이러한 접근법을 실천해야 한다.

2) 지속적인 자기계발과 학습의 구체적 요소

(1) 최신 학습 이론과 기술 습득

상담자는 학습자들에게 더 나은 지원을 제공하기 위해 학습 관련 이론과 기술을 지속적으로 습득해야 한다.

- **최신 연구 및 동향 학습** : 학습 과학, 심리학, 교육학 등 관련 분야에서 최신 연구를 탐구하고 이를 상담 실무에 적용
- **기술 역량 강화** : 디지털 학습 도구, 온라인 학습 플랫폼, 데이터 분석 기술 등을 학습하여 효과적으로 활용
- **학습 모델 통합** : 전통적 학습 이론과 최신 학습 모델을 통합하여 다양한 학습자들에게 맞는 접근법을 개발

(2) 전문적 자기성찰과 피드백

지속적인 자기계발은 상담자가 자신의 경험을 반성하고 피드백을 활용하여 개선하는 데에서 시작된다.

- **자기 성찰 훈련** : 자신의 상담 과정, 강점, 약점을 분석하고 개선점을 찾아내는 습관을 형성
- **동료 및 학습자 피드백** : 동료 상담자와 학습자로부터 피드백을 받고, 이를 바탕으로 자신의 접근법을 조정
- **성과 평가 및 개선** : 자신의 상담 성과를 정기적으로 평가하고, 학습자에게 더 나은 결과를 제공하기 위해 계획을 수정

(3) 지속적인 학습 환경 조성

상담자는 자신만의 학습 환경을 구축하고, 새로운 지식과 기술을 배우기 위한 기회를 지속적으로 추구해야 한다.

- **전문 교육 참여** : 워크숍, 세미나, 학술대회에 참석하여 최신 학습 기술과 연구 동향을 학습
- **전문적 네트워크 구축** : 전문가와 교류하며 최신 학습 도구와 사례를 공유
- **자기 주도적 학습 실천** : 독서, 온라인 강의 수강, 연구 등을 통해 새로운 지식을 습득

(4) 변화에 대한 적응력 개발

현대 학습 환경은 빠르게 변화하고 있으며, 상담자는 이에 유연하게 대응할 수 있어야 한다.

- **변화 수용** : 새로운 학습 도구와 접근법을 열린 자세로 받아들이고, 실험적으로 적용
- **창의적 문제 해결 능력 개발** : 변화 속에서 새로운 문제를 해결하기 위한

창의적 사고를 강화

- **미래 트렌드 예측** : 학습 환경의 변화 방향을 예측하고, 이를 기반으로 자신의 학습과 지원 방법을 조정

8 협력적 관계 구축 능력

협력적 관계 구축 능력은 성인학습 상담자가 학습자, 동료 상담자, 학습 기관, 그리고 지역사회와의 협력적 네트워크를 형성하고 유지하는 데 필요한 중요한 역량이다. 이 능력은 학습 과정에서 다양한 이해관계자 간의 상호작용을 촉진하며, 학습자가 더 풍부한 학습 지원과 기회를 활용할 수 있도록 돕는다. 협력적 관계는 학습의 질을 높이고, 학습자가 자신의 목표를 달성하는 데 있어 중요한 지원 체계를 형성한다.

1) 이론적 배경

(1) 비고츠키의 사회적 구성주의 이론

비고츠키(Vygotsky, 1980)는 학습이 사회적 상호작용을 통해 더욱 효과적으로 이루어진다고 주장했다. 그는 특히 다음과 같은 요소를 강조했다.

- **근접발달영역**(ZPD : Zone of Proximal Development) : 학습자는 더 유능한 사람(동료, 상담자, 전문가)의 도움을 받아 자신의 현재 능력을 넘어선 학습을 이룰 수 있음
- **사회적 상호작용** : 협력적 상호작용은 학습자의 사고와 문제 해결 능력을 확장하는 데 중요한 역할을 함
- **문화적 도구 활용** : 학습자는 사회와 문화적 맥락에서 제공하는 도구와 자원을 통해 자신의 학습을 심화시킬 수 있음

(2) 반두라의 사회학습 이론

반두라(Bandura)의 사회학습 이론은 사람들이 상호작용과 관찰을 통해 배우는 과정을 설명한다. 학습자가 상담자와 동료 학습자, 지역사회의 구성원들과 협력적인 관계를 형성하면 더 깊이 있는 학습 경험을 얻을 수 있다.

(3) 협력적 학습 이론

협력적 학습(Collaborative Learning) 이론에 따르면, 학습자는 다른 사람들과 협력하면서 문제를 해결하고 지식을 공유하며, 공동의 목표를 달성한다. 상담자는 이러한 협력적 학습 환경을 조성하고, 학습자가 상호작용을 통해 학습을 증진할 수 있도록 돕는 역할을 해야 한다.

2) 협력적 관계 구축 능력의 구체적 요소

(1) 학습자와의 협력적 관계 형성

상담자는 학습자와 신뢰를 바탕으로 한 협력적 관계를 구축해야 한다.

- 학습자 중심의 접근 : 학습자의 목표와 필요를 중심으로 상담 과정을 설계하여 상호작용의 질을 높임
- 정기적 피드백 제공 : 학습자가 자신의 학습 진행 상황에 대해 피드백을 받고, 이를 바탕으로 계획을 조정할 수 있도록 지원
- 상호 존중 기반 : 상담자는 학습자의 의견과 선택을 존중하며, 학습 과정에서의 협력을 촉진

(2) 동료 상담자와의 협력

상담자는 동료 상담자와의 협력을 통해 자신의 전문성을 강화하고, 학습자에게 더 나은 지원을 제공할 수 있다.

- **경험과 아이디어 공유** : 동료 상담자와 학습 사례를 공유하고, 효과적인 방법을 탐구
- **상담 팀워크 강화** : 팀 기반 접근법을 통해 복잡한 학습 문제를 해결하고, 다양한 관점을 통합
- **멘토링 및 피어코칭** : 경험 많은 상담자와 신입 상담자 간의 멘토링을 통해 지식과 경험을 전달

(3) 학습 기관 및 지역사회와의 협력

학습자는 학습 기관과 지역사회에서 제공하는 다양한 자원을 활용하여 학습 경험을 확장할 수 있다. 상담자는 이 과정을 촉진해야 한다.

- **학습 자원 연결** : 학습자가 도서관, 워크숍, 커뮤니티 센터 등 학습 기관의 자원을 활용하도록 안내
- **지역사회 네트워크 구축** : 지역사회의 전문가, 기관, 조직과 협력하여 학습자가 현실적인 문제를 해결할 수 있도록 지원
- **산학 협력 프로그램 활용** : 학습자가 자신의 학습을 직업적 맥락에 연결할 수 있도록 기업과의 협력 기회를 제공

(4) 협력적 학습 환경 조성

상담자는 학습자가 서로 협력하며 학습할 수 있는 환경을 조성해야 한다.

- **팀 기반 학습 지원** : 학습자들이 팀을 이루어 프로젝트를 수행하거나 문제를 해결하도록 장려
- **의사소통 촉진** : 학습자 간의 열린 대화와 피드백 교환을 촉진하여 협력을 강화
- **포용적 환경 조성** : 다양한 배경과 관점을 가진 학습자들이 서로를 이해하고 존중할 수 있는 분위기를 조성

성인학습 상담자는 학습자 중심 접근, 심리적 지원, 문제 해결 능력, 문화적 민감성, 디지털 역량, 윤리적 판단, 지속적인 자기계발, 그리고 협력적 관계 구축과 같은 다양한 역량을 갖추어야 한다. 이러한 역량은 학습자가 학습 과정에서 직면하는 도전과 문제를 효과적으로 극복하고, 학습 목표를 성공적으로 달성하도록 지원하는 데 필수적이다. 향후 연구는 이러한 역량을 강화할 수 있는 교육 프로그램과 지원 체계를 개발하는 데 초점을 맞추어야 한다.

연습문제

1. 성인학습 상담자가 갖추어야 할 주요 전문성 요건을 설명하고, 이러한 전문성이 상담 과정에서 어떻게 발휘될 수 있는지 예시를 들어보세요. 예를 들어, 학습 이론에 대한 깊은 이해, 효과적인 의사소통 기술, 상황 분석 능력 등이 포함될 수 있습니다. 상담자가 실제 사례에서 어떻게 이러한 전문성을 발휘하여 학습자의 성과를 향상시킬 수 있는지 논의해 보세요.

2. 성인학습 상담자가 지켜야 할 윤리적 책임과 원칙을 설명하고, 이러한 윤리적 기준이 상담 상황에서 어떻게 적용될 수 있는지 구체적인 사례를 들어 설명해 보세요. 예를 들어, 학습자의 개인정보 보호, 공정한 대우, 정직한 피드백 제공 등이 포함될 수 있습니다. 상담자가 윤리적 책임을 다하면서 학습자의 신뢰를 얻고 효과적인 상담을 제공할 수 있는 방법을 논의해 보세요.

참/고/문/헌

Bates, T.(2015). *Teaching in a Digital Age : Guidelines for Desinging Teaching and Learning*. University of British Columbia.

Berg, I. K., & De Jong, P.(2012). *Interviewing for Solutions*. Cengage Learning.

Brookfield, S. D.(2015). *The Skillful Teacher : On technique, trust, and responsiveness in the classroom*. Jossey-Bass.

Corey, G., Corey, M. S., & Callanan, P.(2018). *Issues and Ethics in the Helping Professions*. Cengage Learning.

Dirkx, J. M.(1997). *Nurturing Soul in Adult Learning : Transformative learning and the emotional self*. Jossey-Bass.

Goleman, D.(2005). *Emotional Intelligence : Why it can matter more than IQ*. Bantam.

Hofstede, G.(2004). *Cultures and Organizations : Software of the Mind*. McGraw-Hill.

Knowles, M. S.(2020). *The Adult Learner : The definitive classic in adult education and human resource development*. Routledge.

Kolb, D. A.(1984). *Experiential Learning : Experience as the Source of Learning and Development*. Prentice Hall.

Mezirow, J.(1991). *Transformative Dimensions of Adult Learning*. Jossey-Bass.

Vygotsky, L. S.(1980). *Mind in Society : The development of higher psychological processes*. Harvard University Press.

Wei, Z.(2023). Navigating Digital Learning Landscapes : Unveiling the Interplay between Learning Behaviors, Digital Literacy, and Educational Outcomes. *Journal of the Knowledge Economy, 15*, 10516-10546.

10 CHAPTER 성인학습 및 상담의 실천과제

현대는 기술혁신, 그리고 고령화와 같은 인구 구조의 변화가 급격히 이루어지고 있는 시대이다. 이러한 변화는 개인과 사회가 지속적인 학습을 통해 새로운 환경에 적응하고 경쟁력을 유지해야 한다는 과제를 제시한다. 특히 성인학습은 개인의 자기계발과 직업적 발전을 넘어 사회적 통합과 평등을 촉진하는 중요한 수단으로 간주된다.

성인학습이 단순히 지식과 기술을 습득하는 것에 그치지 않고 학습자의 심리적 · 정서적 요구를 충족시키기 위해서는 체계적이고 전문적인 상담이 필수적이다. 성인학습자는 청소년과는 달리 삶의 다양한 경험과 고유한 맥락을 지니고 있으며, 이러한 특성은 학습 동기와 목표, 참여 방식에 깊은 영향을 미친다. 따라서 성인학습의 효과성을 극대화하려면 개별 학습자의 필요를 이해하고 지원하는 상담의 역할이 강조된다. 성인학습과 상담의 확장과 발전을 위한 필요한 실천과제를 살펴보면 다음과 같다.

1 성인학습의 접근성 확대

성인학습 접근성 확대는 모든 학습자가 사회적 · 경제적 · 지리적 배경에 관계없이 학습에 참여할 수 있도록 지원하는 것을 목표로 한다. 이를 위해 다양한 방법론과 정책적 지원이 필요하다. 한국교육개발원이 발표한 '2021년 한국 성인의 평생학습 실태'에 따르면, 만 25~79세 성인의 평생학습 참여율은 28.5%로 나타났다. 이는 성인학습 참여율이 여전히 낮은 수준임을 보여주며, 특히 사회적 소외계층의 참여가 저조하다는 점이 지적된다. 또한 유네스코의 「제4차 성인학습 및 교육에 관한 글로벌 보고서」에 따르면, 많은 국가에서 성인 장애인, 노년층, 이주자 및 난민, 사회적 소수자 집단과 같은 사회적 소외계층의 성인학습 및 교육 참여가 저조하다는 점이 강조되었다.

성인학습의 접근성을 높이기 위해서는 다양한 정책적 노력이 필요하다. 독일은 '성인역량 국가전략(2012~2016)'을 수립하여 2020년까지 전체 평생학습 참가율을 50%로, 저학력 성인의 참여율을 30%로 설정한 바 있다. 이러한 목표를 통해 독일은 평생교육 참여율을 높이고자 했다. 싱가포르는 'SkillsFuture' 프로그램을 통해 전 국민의 생애에 걸친 잠재력 개발 기회를 제공하고 있다. 이 프로그램은 학생부터 사회초년생, 숙련된 노동자에 이르기까지 모든 국민에게 학습 바우처를 제공하여 평생교육 참여를 독려하고 있다. 이를 통해 싱가포르 국민은 고용시장에서 경쟁력을 유지하고, 경제의 혁신성과 역동성을 높이고자 하는 중요한 국가 차원의 이니셔티브를 추진하고 있다. 이러한 사례들은 성인학습의 접근성을 높이기 위한 정책적 노력이 각국에서 어떻게 이루어지고 있는지를 보여준다.

2 성인학습자 맞춤형 교육 프로그램 개발

성인학습자는 각자의 개인적 필요와 목표에 따라 학습 경로가 달라야 하므로 맞춤형 프로그램 개발이 중요하다. 이를 위해 다음과 같은 전략이 필요하다.

1) 개별 학습자의 목표와 수준에 따른 단계적 학습 과정 설계

성인학습자는 다양한 경험과 배경을 지니고 있어, 일률적인 교육 방식으로는 효과적인 학습을 기대하기 어렵다. 따라서 학습자의 현재 수준과 목표를 정확히 파악하여 이에 맞는 단계적 학습 과정을 설계하는 것이 중요하다. 이는 학습자의 동기 부여와 학습 효과 향상에 직접적인 영향을 미친다(노유석 외, 2019).

2) 학습 코칭 및 멘토링 제공

성인학습자는 자기 주도적 학습 능력을 갖추고 있으나, 학습 과정에서의 방향 설정이나 동기 부여 측면에서 지원이 필요하다. 코칭과 멘토링은 이러한 지원을 제공하는 효과적인 방법이다. 코칭은 학습자가 자신의 목표를 설정하고 달성하도록 도와주며, 멘토링은 경험이 풍부한 멘토가 학습자에게 조언과 지침을 제공하여 학습 과정을 지원한다. 이러한 접근법은 성인학습자의 학습 만족도와 성과를 높이는 데 기여한다. 한 연구에 따르면, 멘토링과 코칭 과정에서 안드라고지의 원리와 주요 성인학습 이론을 연계하는 것이 효과적이라고 한다(김주섭, 2012).

3) 학습 진단 도구를 활용한 맞춤형 학습 경로 제시

학습 진단 도구는 학습자의 현재 역량, 학습 스타일, 선호도 등을 평가하여 개인화된 학습 경로를 제시하는 데 유용하다. 이를 통해 학습자는 자신의 필요와 목표에 부합하는 학습 계획을 수립할 수 있으며, 이는 학습 동기와 참여도를 높이는 데 도움이 된다. 예를 들어, A대학에서는 성인학습자의 기초 학습 역량, 전공 기초 역량 및 전공 직무 역량 등을 진단하여 맞춤형 교육 서비스를 제공하고 있다.

3 지역사회와 협력하여 학습 생태계 구축

성인학습의 효과성과 지속성을 높이기 위해 지역사회와 협력하여 통합적 학습 생태계를 구축하는 것이 중요하다. 사회적 자본 이론(Social Capital Theory)

은 지역사회 내 네트워크와 신뢰가 학습자의 참여와 성공에 중요한 역할을 한다고 설명한다. 퍼트넘(Putnam, 2000)은 그의 저서 『Bowling Alone』에서 사회적 자본이 개인의 학습 동기와 성과에 미치는 영향을 강조하였다.

1) 지역사회 기반 학습 프로그램 개발

지역사회의 특성과 주민들의 요구를 반영한 학습 프로그램을 개발해야 한다. 이를 통해 학습자들은 자신이 속한 지역과 밀접한 관련이 있는 지식과 기술을 습득할 수 있으며, 이는 학습 동기와 참여도를 높이는 데 기여한다. 예를 들어, 평생학습도시로 지정된 지역에서는 지역 특성에 맞는 다양한 평생교육 사업을 추진하고 있으며, 이는 주민들의 학습 참여를 촉진하고 있다.

2) 공공기관, 민간단체, 기업 간 협력 체계 구축

성인학습을 지원하기 위해서는 지역 내 다양한 기관 간의 협력이 필수적이다. 공공기관, 민간단체, 기업이 함께 협력하여 학습 자원을 공유하고, 공동의 목표를 설정하며, 통합된 학습 지원 체계를 구축해야 한다. 이러한 협력은 학습자들에게 다양한 학습 기회를 제공하고, 지역사회의 학습 문화를 조성하는 데 도움이 된다. 한 연구에 따르면, 대학과 지역사회의 연계는 평생교육 활성화에 긍정적인 영향을 미친다.

3) 지역사회의 자원을 활용한 학습 기회 제공

지역사회에는 도서관, 문화센터, 박물관 등 다양한 학습 자원이 존재한다. 이러한 자원을 적극 활용하여 성인학습자들에게 다양한 학습 기회를 제공하는 것이 중요하다. 또한 지역 주민들이 서로의 지식과 경험을 공유할 수 있는 학습 공동체를 형성함으로써 학습 효과를 극대화할 수 있다. 예를 들어, 지역 주민의 학습 역량 제고를 위한 프로그램은 주민들의 학습 참여를 촉진하고, 지역사회의 발전에 기여한다.

4 디지털 기술을 활용한 학습 기회 제공

디지털 기술은 성인학습자에게 시간과 장소의 제약을 넘어선 학습 기회를 제공한다. 커넥티비즘(Connectivism) 이론은 디지털 환경에서 학습이 네트워크를 통해 이루어진다고 설명한다. 시멘스(Siemens, 2005)는 디지털 시대의 학습 이론으로 커넥티비즘을 제시하며, 학습자가 다양한 정보원과의 연결을 통해 지식을 구축한다고 주장하였다.

1) 온라인 학습 플랫폼과 디지털 콘텐츠 개발

온라인 학습 플랫폼은 성인학습자들에게 다양한 학습 자원과 상호작용 기회를 제공한다. 이를 통해 학습자들은 자신의 일정에 맞춰 학습할 수 있으며, 다양한 주제와 수준의 콘텐츠를 선택할 수 있다. 예를 들어, 사이버대학의 모바일러닝 시스템 활용 실태를 분석한 연구에 따르면, 성인학습자들은 최신 모바일 기기를 활용하여 적극적으로 모바일러닝에 참여하고 있으며, 이는 학업 성취도에 긍정적인 영향을 미친다.

2) 가상현실(VR)과 증강현실(AR)을 활용한 몰입형 학습 경험 제공

VR과 AR 기술은 학습자들에게 현실감 넘치는 학습 환경을 제공하여 학습 동기와 참여도를 높인다. 이러한 기술을 활용하면 복잡한 개념이나 실제 경험이 어려운 상황을 시뮬레이션하여 학습할 수 있다. 예를 들어, 디지털 기술을 활용한 성인학습 프로그램은 학습자들이 온라인 토론, 그룹 프로젝트 및 협력 학습 플랫폼과 같은 참여 학습 경험에 더 쉽게 협력하고 참여할 수 있게 해준다.

3) 디지털 격차를 해소하기 위한 기술 지원 프로그램 마련

디지털 기술 활용에 익숙하지 않은 성인학습자들을 위해 기술 지원 프로그램을 제공하는 것이 중요하다. 이를 통해 모든 학습자가 동등한 학습 기회를 가질 수 있으며, 디지털 리터러시를 향상시킬 수 있다. 한 연구에 따르면, 성인학습자의 디지털 도구 활용과 정보 관리 능력이 높을수록 학업 성취도에 긍정적인 영향을 미친다.

5 성인교육, 평생교육 담당자를 대상으로 한 재교육

성인교육과 평생교육 담당자를 대상으로 한 재교육은 현대 교육 패러다임의 변화에 부응하기 위해 필수적이다. 교육의 개념이 '가르치다(敎育)'에서 '잠재력을 밖으로 이끌어 내다(e+ducare)'로 전환되고 있으며, 이는 성인교육에서도 요구되고 있다. 현재 우리나라의 평생교육자들은 교사 중심의 강의식 수업에 익숙하며, 대부분의 수업이 이러한 방식으로 진행되고 있다. 그러나 학습자 중심의 교육 방법에 대한 인식과 교육이 필요하며, 프로그램이나 교수법 개발, 교육자나 교육기관의 역할 변화에 대한 적극적인 수용이 요구된다.

1) 학습자 중심의 교육 방법에 대한 재교육 실시

성인교육자들에게 토론, 발표, 프로젝트 학습 등 학습자 중심의 교육 방법에 대한 재교육을 제공하여, 이들이 다양한 교수법을 습득하고 적용할 수 있도록 지원해야 한다. 이를 통해 교육자들은 학습자의 참여를 촉진하고, 학습 효과를 극대화할 수 있다. 한 연구에 따르면, 성인학습자를 위한 학습지원 전략 모색이 필요하며, 이를 위해 교수자들의 교수법 개선이 중요하다고 강조하고 있다(김윤주, 2022).

2) 프로그램 및 교수법 개발 역량 강화

교육자들이 학습자 중심의 프로그램과 교수법을 개발할 수 있도록 역량 강화 프로그램을 제공해야 한다. 이는 교육자들이 변화하는 교육 환경에 적응하고, 학습자의 다양한 요구에 부응하는 프로그램을 설계하는 데 도움이 된다. 예를 들어, 성인친화형 대학 플랫폼 전환을 위한 학사체계 개편 및 교육과정 운영 사례에서는 성인학습자를 위한 교육과정 개발 및 운영 사례를 통해 교육자들의 역량 강화를 도모하고 있다.

3) 자기 주도 학습에 대한 긍정적 인식과 실행 의지 함양

성인교육자들이 자기 주도 학습의 중요성을 인식하고, 이를 교육 현장에서 실천할 수 있도록 동기 부여와 지원이 필요하다. 이는 학습자들의 자기 주도적 학습 능력을 향상시키는 데 중요한 역할을 한다. 또한 성인학습자의 학습 능력 향상을 위한 교수법 적용 연구에서는 교수자의 수업 역량 향상을 위해 PBL 교수법을 적용한 사례를 통해 성인학습자의 학습 능력 향상에 기여하고 있다.

6 평생교육의 중요성을 알리는 캠페인 진행

평생교육의 가치를 홍보하고 학습 참여를 장려하기 위해 다양한 캠페인을 진행하는 것이 필요하다. 학습 사회 이론(Learning Society Theory)은 모든 개인이 평생에 걸쳐 학습할 수 있는 환경을 조성해야 한다고 강조한다. 포레 등(Faure et al., 1972)은 유네스코 보고서 「Learning to Be」에서 이러한 학습 사회의 중요성을 역설하였다.

1) 다양한 미디어를 활용한 홍보 캠페인 전개

평생교육의 중요성을 널리 알리기 위해 TV, 라디오, 신문, 소셜 미디어 등 다양한 매체를 활용한 홍보가 필요하다. 특히 디지털 시대에는 온라인 플랫폼을 통한 홍보가 효과적이다. 예를 들어, 부산 금정구는 평생학습 인플루언서를 양성하여 블로그와 영상을 통해 평생교육을 홍보하는 활동을 진행하였다.

2) 평생교육의 성공 사례를 공유하는 행사 개최

성공적인 평생교육 사례를 공유함으로써 학습 동기를 부여하고 참여를 촉진할 수 있다. 이를 위해 세미나, 워크숍, 전시회 등을 개최하여 학습자들의 경험과 성과를 나누는 자리를 마련하는 것이 중요하다. 경기도는 평생학습대상 우수사례집을 발간하여 우수 사례를 공유하고 있다.

3) 지역사회와 협력하여 학습 동기를 촉진하는 프로그램 개발

지역사회와의 협력을 통해 주민들의 학습 참여를 유도하는 프로그램을 개발하는 것이 필요하다. 예를 들어, 전남 여수시는 섬 지역 주민들의 특성을 반영한 평생학습 프로그램을 운영하여 주민들의 자발적이고 능동적인 참여를 이끌어 냈다.

연습문제

1. 성인학습 및 상담을 실천하는 과정에서 직면할 수 있는 주요 도전 과제들을 설명하고, 이러한 과제들을 극복하기 위한 구체적인 전략을 제시해 보세요. 예를 들어, 시간관리, 동기 부여 부족, 경제적 제약 등이 포함될 수 있습니다. 이러한 도전 과제들을 해결하기 위한 방안을 논의해 보세요.

2. 성인학습 및 상담 프로그램을 지속적으로 개선하기 위해 필요한 평가 및 피드백 과정을 설명하고, 이러한 과정이 프로그램의 효과성을 어떻게 향상시킬 수 있는지 예시를 들어 설명해 보세요. 예를 들어, 학습자 피드백, 프로그램 평가 도구, 데이터 분석 등의 방법을 활용하여 프로그램의 질을 향상시키는 방법을 논의해 보세요.

참/고/문/헌

김윤주(2022). 성인학습자를 위한 학습지원 전략 모색 필요. 한국대학신문.

김주섭(2012). 멘토링과 코칭 과정에서 안드라고지의 원리와 주요 성인학습이론과의 연계. *Andragogy Today, 15*(4), 55-91.

노유석 · 송선희(2019), 성인의 학습특성과 평생학습 참여동기가 학습성과에 미치는 영향. **한국콘텐츠학회논문지**, 19(5), 389-403.

외교부(2017). 성인 인적역량(Skills) 현황과 평생학습정책 사례.

유네스코(2019). 제4차 성인학습 및 교육에 관한 글로벌 보고서.

한국교육개발원(2021). 2021년 한국 성인의 평생학습 실태.

____________(2023). 고등교육에서의 성인학습자 재교육 현황과 개선방안. 한국교육개발원 연구보고서.

Faure, E., et al.(1972). Learning to Be : The World of Education Today and Tomorrow. UNESCO.

Siemens, G.(2005). Connectivism : A Learning Theory for the Digital Age. *International Journal of Instructional Technology and Distance Learning*.

부록

평생교육 현장실습 일지

실습기관명		
기관주소		
기관전화번호		
실습지도자		
실습생 이름		

평생교육 현장실습의 개념

평생교육 현장실습(이하 현장실습)이란 정해진 교과목을 이수한 뒤, 일정 기간 동안 공인된 평생교육기관에서 실제적인 활동에 참관 및 참여하게 하는 과정을 의미한다. 이때 실제적인 활동이란 평생교육기관에서 이루어지는 평생교육활동을 위한 모든 과정, 즉 기획, 관리, 실행, 평가의 전 과정을 의미한다.

현장실습은 양성기관에서 이론적으로 학습한 것을 평생교육기관이라는 실제적 상황에 적용해 보는 과정이며, 이 과정을 통하여 평생교육 전문가로서 실무기능을 익히고 학습하게 된다.

평생교육 현장실습의 의의

현장실습은 양성기관에서 익힌 평생교육 이론을 평생교육 현장에 적용, 실천해 봄으로써 이론과 실제의 관련성을 몸소 체험하는 기회가 된다. 현장실습은 평생교육 전문가로서의 능력 내지는 적성을 시험해 보는 기회가 된다. 현장실습은 평생교육 전문가 양성을 위한 준비교육 내지는 훈련과정으로서 중요한 의미를 갖는다.

평생교육 현장실습의 목적

현장실습의 궁극적인 목적은 바람직하고 이상적인 평생교육 전문가를 만드는 데 있다. 이러한 목적과 관련하여 하위 목적들을 살펴보면 다음과 같다.

- 양성기관에서 익힌 전공과목에 대한 이론을 평생교육 현장에 적용, 실천 능력을 기른다.
- 예비 평생교육사라는 위치에서 평생교육이라는 특수한 활동을 경험한다.
- 현장에서 평생교육이 처해있는 참모습을 이해한다.
- 학생 자신의 인성이나 적성 또는 자질이나 능력을 평가해 보는 기회를 가진다.

현장실습일지 기록상 유의사항

- 실습일지는 실습내용을 충실하게 깨끗이 기록한다.
- 실습일지는 매일 기록하고, 실습이 끝나면 양성기관(실습지도교수)에 제출한다.
- 실습일지에 실습지도자로부터 확인받는다.
- 실습기관 현황 및 실습예정표는 기관 측의 협조를 받아 기재한다.
- 현장실습일지 기록 이외에 학습자, 실습지도자, 기관관리, 기관운영 및 업무추진과 관련된 사례연구 등도 성실하게 기록한다.
- 실습과정상에 있었던 내용들은 과장 없이 실제로 했던 내용만을 정확하게 기록한다.
- 객관적인 사실에 근거하여 정확하고 상세하게 기록한다.
- 은어나 속어는 자제하고 오자나 탈자가 없도록 주의하여 작성한다.

평 생 교 육 현 장 실 습 신 청 서

1. 실습자의 인적사항

<table>
<tr><td>이 름</td><td></td><td>생년월일</td><td></td><td>배움 ID</td><td></td></tr>
<tr><td>실습 기간</td><td colspan="5"></td></tr>
<tr><td>주 소</td><td colspan="5"></td></tr>
<tr><td>연락처</td><td colspan="2"></td><td>이메일</td><td colspan="2"></td></tr>
</table>

2. 현장실습 기관정보

<table>
<tr><td>기관명</td><td colspan="3"></td><td>기관장</td><td></td></tr>
<tr><td>기관주소</td><td colspan="5"></td></tr>
<tr><td>전화번호</td><td colspan="2"></td><td colspan="2">팩 스</td><td></td></tr>
<tr><td rowspan="2">실습
지도자</td><td rowspan="2">이 름</td><td rowspan="2"></td><td colspan="2">평생교육사 자격보유</td><td></td></tr>
<tr><td colspan="2">이메일</td><td></td></tr>
</table>

3. 필수과목 이수내역(<u>1과목이라도 미이수(F학점)된 경우, 실습 불가</u>)

과목명	이수기관	과목명	이수기관

상기 기관에서 현장실습 하고자 신청합니다.

20 　　년 　　월 　　일

신청자 　　　　　　　　　　인

실습일지 예시(1일차)

<table>
<tr><td>실습일</td><td colspan="3">20ㅇㅇ년 ㅇ월 ㅇ일(월요일)</td><td>실습지도자
확인</td><td>(서명 또는 인)</td></tr>
<tr><td rowspan="2">실습시간</td><td>출근일시</td><td>퇴근시간</td><td>점심시간</td><td>지각/조퇴결근 여부
(사유)</td><td>실습시간</td></tr>
<tr><td>09:00</td><td>18:00</td><td>12:00~13:00</td><td>없음</td><td>8시간</td></tr>
<tr><td>실습내용</td><td colspan="5">1. 오리엔테이션
1) 실습생 소개 및 실습지도자 소개 시간
2) ㅇㅇ평생교육원 실습기관 소개 및 파악
3) 향후 실습 계획 및 일정 안내 및 파악

2. 소개
1) 기관명 :
2) 주 소 :
3) 기관의 주요 업무
▶ 학점은행제도와 민간자격증 운영 사이트를 운영하고 있고, 자격증 취득에 관련된 전반적인 업무를 진행하고 있으며 재취업 관련 자격증 과정을 무료로 진행하고 있음
▶ 해당 기관은 평생교육사 실습 전문 교육을 통해 예비 평생교육사들에게 관련 직무에 대한 체계적 교육을 실시하고 있으며, 그 외 심리상담사 외 민간 자격증 약 60여 개 과정을 운영하고 있음

3. 실습기관 주요 대상 학습자 및 프로그램 이해
▶ 교육취약 계층의 교육서비스를 향상시키기 위해 다문화 가정의 구성원 · 고령자 등을 포함한 취약계층노동자 및 종합적인 교육사업과 재취업의 기회를 확대하기 위한 목적을 가지고 2016년 설립됨. 주요 사업으로는 ㅇㅇㅇ을 운영하고 있음

4. 구체적 실습목표 설정 및 실습지도자와 일정별 세부계획 수립
▶ 8시간이며 15일간 진행
부득이한 사정으로 일정이 변경될 경우, 사전에 조율하여 조정 가능
▶ 주차별로 시행할 실습 과정과 모의 프로그램 제작에 대한 일정을 논의함</td></tr>
<tr><td>실습소감
및
자기평가
(협의사항
포함)</td><td colspan="5">이론 수업에서 배운 평생교육을 실제 현장에서 체험하기 위해 실습 지도 선생님과 함께 오리엔테이션을 시작했습니다. 실습 기관의 소개와 주요 업무에 대해 설명을 듣고, 실습 진행 과정에 대한 전반적인 지도를 받았습니다. 앞으로 평생교육 현장에서 이루어지는 다양한 업무들을 체계적으로 배우고, 여러 평생교육 프로그램을 깊이 있게 이해할 수 있는 시간이 되길 바랍니다.</td></tr>
</table>

실습 전체 일정표 예시

지도자 성함 :

연번	실습일	실습시간	실습시간	실습 주제 (평생교육사의 책무 및 과업)	실습 상세 내용
1	20○○.○.○.	09:00~18:00	8	오리엔테이션	실습기관에 대한 소개
2	20○○.○.○.	09:00~18:00	8	기관 프로그램에 관한 설명	실습기관 프로그램 모니터링
3	20○○.○.○.	09:00~18:00	8	평생교육법의 이해	평생교육법, 부서별 업무 설명
4	20○○.○.○.	09:00~18:00	8	타 평생교육원의 프로그램과 본 평생교육원 프로그램 비교	프로그램 모니터링 (장단점 파악)
5	20○○.○.○.	09:00~18:00	8	모의 프로그램 개발	프로그램 개발의 이해, 프로그램 개발의 기반
6	20○○.○.○.	09:00~18:00	8	SWOT에 관한 교육	○○원격평생교육원 SWOT 분석
7	20○○.○.○.	09:00~18:00	8	행정 업무 학습자 데이터베이스 관리	기안문 작성 교육 사업예산안 편성 학습자 상담 및 매체 관리
8	20○○.○.○.	09:00~18:00	8	모의 프로그램 개발	모의 프로그램 개발의 단계 프로그램 개발과 마케팅 및 홍보
9	20○○.○.○.	09:00~18:00	8	모의 프로그램 개발	프로그램 개발 기획과 설계를 위한 자료 검색 및 수집 프로그램 주제 선정
10	20○○.○.○.	09:00~18:00	8	모의 프로그램 기획	프로그램 개발 필요성, 상황/대상 분석
11	20○○.○.○.	09:00~18:00	8	모의 프로그램 기획	요구분석 방법, 요구목록 작성 및 요구결정
12	20○○.○.○.	09:00~18:00	8	모의 프로그램 설계	목표설정, 교육내용과 교수방법 선정
13	20○○.○.○.	09:00~18:00	8	모의 프로그램 마케팅 및 실행	프로그램 마케팅 및 홍보, 자원 분배 및 운영
14	20○○.○.○.	09:00~18:00	8	프로그램 평가	평가와 보고서
15	20○○.○.○.	09:00~18:00	8	최종 정리	실습평가, 작성한 서류 검토

평생교육 현장실습 확인서

<table>
<tr><td colspan="2" rowspan="4">실습생
정보</td><td>성 명</td><td></td><td colspan="2">생년월일</td><td></td></tr>
<tr><td>학교/학과명</td><td></td><td colspan="2">실습지도교수명</td><td></td></tr>
<tr><td>실습기간</td><td colspan="4"></td></tr>
<tr><td>실습시간</td><td colspan="4"></td></tr>
<tr><td rowspan="12">실습기관정보</td><td rowspan="3">실습기관</td><td>기 관 명</td><td></td><td colspan="2">기관유형</td><td></td></tr>
<tr><td>전화번호</td><td></td><td colspan="2">실습운영부서</td><td></td></tr>
<tr><td>주 소</td><td colspan="4"></td></tr>
<tr><td rowspan="9">실습지도자</td><td>싱 명</td><td></td><td rowspan="4">평생교육사
자격소지</td><td>급수</td><td></td></tr>
<tr><td>생년월일</td><td></td><td>취득기관명</td><td></td></tr>
<tr><td rowspan="2">직 위</td><td rowspan="2"></td><td>취득일</td><td></td></tr>
<tr><td>자격번호</td><td></td></tr>
<tr><td colspan="5">실습지도자 평생교육 관련 경력</td></tr>
<tr><td>기관명</td><td>소속부서</td><td colspan="2">기간(연월)</td><td>담당 업무</td></tr>
<tr><td></td><td></td><td colspan="2">년 월~ 년 월(총 개월)</td><td></td></tr>
<tr><td></td><td></td><td colspan="2">년 월~ 년 월(총 개월)</td><td></td></tr>
<tr><td colspan="2">총 경력개월</td><td colspan="2">총 개월</td><td></td></tr>
</table>

위와 같이 실습 내용을 확인합니다.

20 년 월 일

실습지도자 : (서명 또는 인)

실습지도교수 : (서명 또는 인)

국가평생교육진흥원장 귀하

찾아보기

인명

내용

저/자/약/력

■ **전수경**

충남대학교 교육학과 학사
서울대학교 교육학과 석사
런던대학교 institute of Education 평생-비교교육 철학박사
전) 한국방송통신대학교 교육학과 강의전담교수
영남대학교 의과대학 의학교육학교실 연구강사
조달청 조달인력개발센터 전임교수
현) 남서울대학교 교양대학 부교수

■ **장지은**

동경대학교 대학원 교육학 연구과 박사
전) 경기도 자치분권협의회 위원
고려대학교 연구교수
현) 한국평생교육학회 이사
한국일본교육학회 부회장
성균관대학교 초빙교수

■ **이로미**

연세대학교 교육학과 학사
연세대학교 대학원 교육학 석사
캐나다 브리티시컬럼비아 주립대학교 교육학과 박사
전) 경인여자대학교 교양과 및 유아교육과 전임강사 및 조교수
브리티시컬럼비아 주립대학교 교육학과 방문교수
현) 한국방송통신대학교 교육학과 전임대우강의교수
한국노년교육학회 학술위원장

■ **이은주**

와세다대학교 교육학부 석사, 박사
전) 와세다대학교 특별연구원
현) 평생교육학회 이사
한국노년교육학회 총무이사
한국일본교육학회 홍보이사 외
명지전문대학 조교수

■ **장희선**

서울대학교 교육학 박사
The University of Sydney Postdoctoral Research Fellows
전) 한국교육개발원 연구원
현) 혜전대학교 유아교육과 부교수

■ **박주희**

전남대학교 철학과 학사
전남대학교 철학과 석사
고려대학교 교육학과 박사
교육 관련 학회 및 활동 다수

성인학습 및 상담

|공저자| 전수경 · 장지은 · 이로미 · 이은주 · 장희선 · 박주희

|1판 1쇄| 발행 2025년 5월 31일

|발행인| 김동훈

|발행처| 공 동 체

|주소| 경기도 고양시 일산동구 호수로 358-39, 동문타워 I 905호(백석동)
|전화| 031) 814-3000(대표)
|팩스| 031) 814-3100
|홈페이지| www.compub.co.kr
|전자우편| compub@naver.com
|출판등록| 2005년 10월 6일
|등록번호| 제396-2005-36호

|ISBN| 979-11-6725-804-5
정가 18,000원

저자와 협의하여 인지를 생략합니다.
무단전재와 복제를 금합니다.